Thilo Thielke

»An Gott kommt keiner vorbei…«

Das Leben des Reinhard »Stan« Libuda

Thilo Thielke

»An Gott kommt keiner vorbei...«

Das Leben des Reinhard »Stan« Libuda

VERLAG DIE WERKSTATT

CIP-Titelaufnahme der Deutschen Bibliothek

Thielke, Thilo:
"An Gott kommt keiner vorbei..." : das Leben des Reinhard "Stan" Libuda / Thilo Thielke. - Göttingen : Verl. Die Werkstatt, 1997
ISBN 3-89533-208-9

Fotonachweis:
Horst Müller (12; Titelfoto), Archiv Gerd Kolbe (6), Sven Simon (1), Archiv Rudi Gutenberg (2), F.J. Rickert (1), Günther Thomas (1)

1 2 3 4 2000 1999 1998 1997

Gesamtherstellung: Verlag Die Werkstatt,
Lotzestr. 24a, 37083 Göttingen
ISBN 3-89533-208-9

Inhalt

Verabschiedung eines Fußballspielers

Wenn der Verein Schalke 04 ehemaligen Spielern das letzte Geleit gibt, wird mit Gefühlen nicht gegeizt. Als der »unsterbliche« Ernst Kuzorra im Januar 1990 das Zeitliche segnete, da flossen selbst auf der für die Presse nachgestellten Beerdigung jede Menge Tränen – einige kamen offenbar nicht rechtzeitig aus dem Urlaub zurück, um an der Beisetzung des unerwartet Verstorbenen teilzunehmen, so daß die Führung des Klubs Tage später noch einmal im Blitzlichtgewitter der Fotografen ans frische Grab trat.

Reinhard Libudas Stärke waren derartige Veranstaltungen nicht. Als die sterblichen Überreste des Fußballidols Kuzorra unter die Erde gebracht wurden, war der ehemalige Ausnahmedribbler während der Trauerrede Pastor Dohms aufgestanden, unter den mißbilligenden Blicken der wenigen geladenen Gäste zur Kirchenpforte gestiefelt, hatte diese aufgestoßen wie »Indiana-Jones die Tür eines Saloons« (so die Erinnerung Bodo Bergs von der Schalker Fan-Initiative) und zielstrebig die nächstgelegene Kneipe aufgesucht.

Als die Schalker Glaubensgemeinschaft am 29. August 1996 nun von ihm, von »ihrem Schtenn«, Abschied zu nehmen hatte, da konnte er nicht mehr verschwinden.

Bierernst schleppte das ewig in Wallung befindliche Vereins-Maskottchen, der schwere Großgastronom Karl-Heinz »Charly« Neumann, ein Schalke-Banner mit Trauerflor hinter dem Sarg des Dribblers her und mußte dabei aufpassen, gepeinigt von plötzlich einsetzenden Sturmböen und peitschendem Regen, mit seiner Staffage nicht auf dem morastigen Friedhofsgrund auszurutschen: ein Prozessionsmarsch Gelsenkirchener Kickerherrlichkeit, dessen fußballfolkloristischer Charakter durch die vom Fahnenträger in die Fernsehkameras geschluchzte Feststellung noch unterstrichen wurde, jetzt habe man »das letzte Stück Schalke zu Grabe getragen«.

Der Fahne folgte in einigem Abstand die Familie des Verstorbenen, Mutter Martha Libuda und Sohn Matthias-Claudius, dicht gefolgt von ganzen Stürmer-, Mittelfeld- und Abwehrreihen aus der Bundesligageschichte: Löhr, Fichtel, Fischer, Grabowski, Paul, Kurrat, Kremers, Assauer, Emmerich, Rüssmann, Siebert, Abramczik und wie sie alle heißen.

Sie nahmen Abschied von einem, der eigentlich schon zu Lebzeiten nie so richtig bei ihnen war. Von einem, der nicht nur auf dem Rasen an der Außenlinie klebte, sondern auch in der Gesellschaft, und dem der Ruhrpott-Aphorismus »Grau ist alle Theorie, maßgebend ist auffen Platz« deshalb im Alltag auch keine rechte Lebenshilfe zu sein vermochte.

»Er hätte in Gelsenkirchen residieren können wie Kaiser Franz in Kitzbühel«, meinte der Sportchef der »Westdeutschen Allgemeinen Zeitung«, Hans-Josef Justen. Und Klaus Fischer bemerkte, Libuda sei wohl zu früh geboren worden, um am späteren Reichtum der Ligavereine stärker partizipieren zu können. Doch hatte er das gewollt? Wollte er in Gelsenkirchen das Leben eines Fußballfürsten führen? Und hatte er nicht genug verdient, um eigentlich ein sorgenfreies Leben führen zu können?

Der Fußballzirkus schnappt sich immer wieder talentierte Spieler und zerrt sie in seine Arenen, füttert sie mit schnellem Ruhm und schnellem Geld. Was sie dafür tun müssen, ist, zu rennen und Tore zu schießen. Die Organisation des Alltags wird selten trainiert. Doch während heute Scharen von Beratern und Managern, bisweilen dubiose Figuren, die Profi-Fußballer verhätscheln, blieb Libuda auf sich allein gestellt. Vieles mißglückte ihm dabei. Es mangelte ihm an Diplomatie, an Eloquenz und nicht zuletzt an Geschäftssinn. In Gelsenkirchen wird man dafür geliebt. Manchmal ist die Zuneigung erdrükkend. In Schalke haben sie ihn zum Pop-Proleten stilisiert. Zum Kult-Kumpel. Zum Opfer ihrer notorischen Schulterklopferei.

Ein Star auf dem Fußballrasen wollte er nie werden. Aber fand er Gefallen am Stigma vom ehrlichen, bescheidenen und einfachen Mann?

Irgendwann hatten sie ihn beinahe vergessen: die Reporter und auch die Leute vom Verein. Da hatte er dann endlich seine Ruhe. Wiederentdeckt haben sie ihn erst nach dem Tod. Da kamen sie alle auf den Gelsenkirchener Ostfriedhof im Stadtteil Bismarck. Günter Siebert war extra aus Gran Canaria angereist und Rudi Gutendorf aus Berlin. Schalker waren da und Dortmunder, Fans, Spieler, Präsidenten – letztes Geleit für einen der besten Rechtsaußen, die der deutsche Fußball hervorgebracht hat.

Kurz bevor der Sarg hinabgelassen wurde, senkte Charly Neumann seine klitschnasse Schalke-Fahne tief in das ausgehobene Grab. Nachdem er sie wieder herausgezogen hatte, nahm der Leichnam des Dribbelkünstlers den Weg der Fahne. Zuvor hatten die schwarzbefrackten Sargträger ihre Zylinder gezogen und sich vor dem Toten verneigt. Dann wandten sich die Trauernden schweigend ab und folgten Charly in seine »Zooterrassen«.

Beim nächsten Heimspiel sahen sich die meisten im Parkstadion wieder, am 14. September bei Schalke gegen Bayern. Nur im Block C fehlte an diesem Tag der schüchterne Herr mit der Dauerkarte Platz 58, Reihe 32 – derjenige mit der Sonnenbrille, der immer zehn Minuten vor Spielende ging, damit man ihm nicht schon wieder auf die Schulter klopfte, und der dann alleine mit dem Fahrrad nach Hause fuhr.

Und der, wenn ihn doch einmal jemand erwischte und rief »Stan, alter Kumpel…«, sagte »Wat solln der Scheiß. Ach, laß mich doch in Ruhe« und mit einer abwehrenden Handbewegung verschwand.

Flach wandert der Ball...

Anfänge

Reinhard Libuda wurde wohl wie kein zweiter in den letzten dreißig Jahren mit dem FC Schalke 04 identifiziert – Klaus Fischer blieb als Bayer immer ein Fremder im Kohlenpott, und Klaus Fichtel spielte sich in 552 Bundesligaeinsätzen, von denen er 477 für Schalke bestritt, zwar in die »Kicker«-Tabelle der Rekordspieler, doch nicht in die Herzen der Fans. Ihm fehlte es am nötigen Charisma. Libudas Nachfolger als Rechtsaußen, Rüdiger Abramczik, mangelte es hingegen am Vermögen, längere Zeit gut und erfolgreich Fußball zu spielen.

Außerdem endete mit Libuda die Zeit ohnehin, als das identitätsstiftende Bindeglied zwischen Schalke 04 und seinen Spielern der Gelsenkirchener Bergbau war und die Spieler des Vereins den Titel »Knappen« zu Recht und auch mit Stolz trugen. »Stan« war einer der letzten derer, die das Image des »Polen- und Proletenklubs« noch würdig zu vertreten vermochten: der Prototyp des vielbeschworenen Schalkers, ein Museumsstück im blau-weißen Fußballkabinett.

Geboren 1943 zwar in Wendlinghausen bei Lemgo, weil die Familie im zweiten Weltkrieg ausgebombt wurde und die Stadt verlassen mußte, wuchs Reinhard Libuda in einer Zechensiedlung im Stadtteil Haverkamp in Gelsenkirchen-Bismarck auf. Die kleine Familie – Reinhard blieb das einzige Kind – teilte sich mit anderen Kriegsheimkehrern eines der typischen spitzgiebligen Zechenhäuser: mit an Wochenenden liebevoll gestutztem Vorgarten, aber ohne fließendes Wasser und mit Toilette hinter dem Haus in einem garagenähnlichen Vorbau. Man schlug sich irgendwie durch im Nachkriegsdeutschland: Die Taubenzucht sorgte neben der Gartenpflege für einen gewissen Ausgleich, und auch dem Fußball kam eine Ventilfunktion zu – er wurde Reinhard geradezu in die Wiege gelegt.

„Die beste Fußballspieler gedeihen in der schlechtesten Luft" (Ulfert Schröder)

Vater Paul Libuda, Bergmann in der Zeche »Unser Fritz«, in der bald nach dem Krieg schon wieder Kohle abgebaut wurde, spielte, wann immer sich Zeit dafür ergab, mit seinem Sohn auf der Wiese vor dem Haus oder einfach auf der unbefahrenen Antonstraße. Mißtrauisch beäugt von Martha, die sich erinnert: »Als Knirps, nicht einmal eingeschult, habe ich ihn von morgens früh bis abends spät nicht von der Straße gekriegt. Das war ganz schlimm.« Doch Paul freute sich über das Engagement des Filius: »Dem Reinhard lag das Fußballspielen im Blut. Er war giftig und kannte keine Angst. Vor allem das Dribbeln war angeboren. Alles andere kapierte er schnell.« Der Kleine rannte mit dem Ball herum, daß es allen, die zuschauten, eine Freude war: Da wuchs in der Zechenlandschaft des Ruhrgebiets ein weiterer Fußballstar heran. Das war unübersehbar.

Ulfert Schröder stellte – Libuda war längst eine Berühmtheit – im Berliner »Tagesspiegel« gar die Behauptung auf, »daß die besten Fußballspieler in der schlechtesten Luft gedeihen, in den Tälern zwischen rotbraunen Schlackenhalden, im kratzenden Qualm der Hochöfen, in den tristen Gassen der Arbeitersiedlungen, durch die das Leben fließt wie ein zähes Rinnsal von Sorgen, Bier, Schweiß und Kleinkrediten. Nachdrücklich und tausendfach widerlegt der Fußball die Behauptung, wonach der Sport frische Luft brauche.« Jungs wie Libuda, will der Jack London der Sportberichterstattung beobachtet haben, »sind schon gebrannt und gehärtet wie die Schlacke auf den Halden, wenn sie gerade laufen können. Man kann ihnen nichts mehr vormachen, sie haben ihren Vater schuften sehen, und sie wissen, daß einem nichts geschenkt wird, trotz Weihnachtsgeld, Krankenkasse und Altersrente.«

An den Wochenenden nahm Vater Libuda den Sohn mit zu seinem Verein: Gelsenkirchen 07. Da fummelte Paul ziemlich erfolgreich als Außenstürmer, und der kleine Reinhard saß mit großen Augen am Spielfeldrand und bewunderte die erwachsenen Männer in den kurzen Hosen und die Ernsthaftigkeit ihres Treibens. Ernst Kuzorra bescheinigte Vater Libuda später in der

Vereinszeitung »Der Kreisel«: »Der Paul dribbelte noch besser als ich. Er war flink wie eine Katze.«

Es gab eine Zeit, da machte die »Gelbe Gefahr«, so genannt wegen ihrer Trikot- und Vereinsfarbe, ernsthaft den ruhmreichen Schalkern Konkurrenz. Doch das war in den zwanziger Jahren (1920 etwa verlor Schalke gegen Gelsenkirchen 07 noch mit 1:7), und mittlerweile sprach die ganze Stadt nur noch von den Königsblauen, die sechsmal Deutscher Meister geworden waren, zuletzt im Kriegsjahr 1942, und sich anschickten, den bis dahin dominierenden 1. FC Nürnberg einzuholen.

Ein Triumph des Revierfußballs und gleichsam kollektive Selbstbehauptung der Bergleute, an deren Klassenbewußtsein und Arbeiterstolz Schalke 04 mehr Anteil hatte als die Kommunistische Partei zu ihren besten Zeiten. Die Glückaufkampfbahn wurde »ihre Arena« und jeder Sieg gegen die »Bonzenklubs« zur kurzzeitigen Befreiung vom Joch des kohleschwarzen Alltags: Im Stadiontheater »Glück Auf« stand 90 Minuten »Spartakus« auf dem Spielplan und das mit der Chance, die Geschichte für kurze Zeit ein wenig erträglicher zu gestalten als im richtigen Leben. Danach ging es wieder in den Pütt. »Wenn ich 'auf Schalke' bin, weiß ich, was es heißt: Ich bin weg – weggerissen aus meinen Sorgen und Nöten, Verpflichtungen und Terminen«, sagte später sogar der Ruhrbischof Franz Kardinal Hengsbach, der wie viele andere kam, um zu vergessen: Panem et circenses. Brot und Spiele. Schalke gegen Hamburg, das hieß »Proleten« gegen »Pfeffersäcke«, Bergbau gegen Handel, Blaumann gegen Zwirn. Das war Klassenkampf mit Schiedsrichter und Seitenaus – die fraglos harmloseste Variante des Aufruhrs. Auf den Traversen des Stadions verschmolzen Tausende, geradezu andächtig ihre Hymne von der Liebe zu Blau-Weiß singend, zur Glaubens- und Klassengemeinschaft.

Der Fußball entwickelte sich zur Artikulationsform der Unterschicht. Hier entfalteten die Arbeiterkinder ihre Kreativität ohne große Worte. Hier befreiten sich Leute mit Schwierigkeiten, den Dativ vom Akkusativ zu unterscheiden, von den normativen Zwängen der Gesellschaft, hier waren die Randfiguren der Gesellschaft Künstler und standen im Mittelpunkt: »Spiel mir an, ich hau dat Ding rein.« Das war nicht nur die Sprache der Tribüne, sondern auch die des Spielfelds.

Hier gewannen sie, auch wenn sie sonst Verlierer waren. Hier waren die Malocher Virtuosen, und die Akademikerkinder, die »Brillenschleichen«, die mußten erstmal lernen, wie man einen Ball richtig stoppt. Der argentinische Weltmeisterschaftstrainer Luis César Menotti, Apologet des »linken Fußballs«, schrieb dazu einmal: »Die Ausgebeuteten entdeckten sich in diesem Spiel neu. In der Freude des Spiels fühlten sie sich frei, ihre schöpferischen Fähigkeiten zu entwickeln. Sie wurden sich ihres Talents bewußt, sie konnten ihre Intelligenz unter Beweis stellen – ja, sie fanden eine Identität. Der Fußball hat dieselbe Funktion in der Gesellschaft wie andere Ausdrucksformen der Kunst: ein guter Film, ein gutes Lied, ein gutes Bild.«

Daß die glorreichen Schalker Jahre vorbei waren, ahnte damals, nach dem zweiten Weltkrieg, freilich noch niemand in Gelsenkirchen. Ein einziger weiterer Meistertitel sollte dem Verein noch gelingen, allerdings erst 1958.

Reinhards Gladiatoren hießen Ernst Kuzorra und Fritz Szepan, und ihr Männerbund nannte sich »Schalker Kreisel«.

Obwohl der Schalker Fußball in den fünfziger Jahren noch einmal so etwas wie eine kleine Renaissance erfuhr, neigte sich seine Epoche dem Ende zu: Wichtige Spieler wie Adolf Urban waren im Krieg ums Leben gekommen, der Neuaufbau gestaltete sich schwieriger als erwartet.

Seine große Zeit hatte er in den Dreißigern und Vierzigern gehabt, doch die Anfänge lagen weiter zurück: Der Schalker Fußballglanz, der mit dem zweiten Weltkrieg endete, begann nach dem ersten. Da kamen die Brüder Hans und Fred Ballmann aus englischer Kriegsgefangenschaft und einem anschließenden Bildungsaufenthalt zurück – die britischen Universitäten hatten es den beiden angetan – und brachten nicht nur englische Sprachkenntnisse mit nach Gelsenkirchen, sondern auch den »schottischen Flachpaß«. Eine kleine Revolution auf dem deutschen Fußballrasen, der bis dahin von wüst hinter dem Ball herstürmenden Kämpfernaturen malträtiert wurde, die sich nicht allzuviele Gedanken über Taktik oder gar die Ästhetik des Spiels machten. Nicht »kick and rush« (nach vorne schießen und hinterherrennen), das dem britischen Fußball später wie ein Kainsmal anhaften sollte, sondern flach und schnell sollte fortan gespielt werden: Wer den Ball hatte, schaute sich um, wer freistand, und spielte zügig ab, noch bevor der gegnerische Verteidiger eingreifen konnte. Eine Kunst, die man sich heutzutage übrigens bereits wieder abgewöhnt hat, so daß sich sogar zwischenzeitlich die eher mediokren »Breisgau-Brasilianer« aus Freiburg einen Ruf als Ballakrobaten erwerben konnten.

»Nicht der, der im Ballbesitz war, bestimmte das Spiel, sondern die, die freigelaufen waren, zwangen den Ballführenden zum Abspiel«, so der Verteidiger Hans Bornemann, der mit Schalke sechsmal Deutscher Meister werden sollte, über das Prinzip, das später »Schalker Kreisel« getauft wurde.

»Flach wandert der Ball von Mann zu Mann«, schrieb der Dortmunder »Generalanzeiger«. So nahm die ruhmreiche Geschichte mit einer gewissen Zwangsläufigkeit ihren Lauf: 1924 trennte sich Schalkes Fußballabteilung von den Turnern des Vereins, gründete den »FC Schalke 04« und wurde kurz darauf Meister des Emscherkreises, des Ruhrgaus und der Kreisliga-West.

Trainiert wurde unter dem Kommando eines 18jährigen, der zum Messias kommender Fußball-Generationen werden sollte: Ernst Kuzorra, tagsüber Steiger im Schacht und nach Feierabend Künstler am Ball, der seinem folgenreichen Tun noch einen vagen ideologischen Überbau zu verleihen vermochte. »Arbeit und Armut waren Brüder, und als Ausgleich gesellte sich der Fußball hinzu«, soll er gesagt haben. Libuda wurde später in einer Kolumne der Satz »Fußball ist Klassenkampf« zugeschrieben. Der erscheint allerdings angesichts des wenig ausgeprägten politischen Bewußtseins des Rechtsaußens ziemlich unwahrscheinlich. Libuda als Lenin der Liga – ein absurder Gedanke.

Gemeinsam mit seinem Schwager Fritz Szepan dominierte Kuzorra nicht nur den Schalker Fußball, sondern bald auch den deutschen, selbst wenn den beiden größere Triumphe in der Nationalmannschaft versagt bleiben sollten. Zwischen 1932 und 1943 wurden die Gelsenkirchener insgesamt sechsmal Deutscher Meister, dreimal Vizemeister und standen in dieser Zeit fünfmal im Finale des DFB-Pokals, den sie allerdings nur 1938 (2:1 gegen Fortuna Düsseldorf) gewinnen konnten. Zum ersten Mal wurde in Deutschland ein Fußball gespielt, der auch den internationalen Vergleich nicht zu scheuen brauchte – was die Schalker eindrucksvoll unter Beweis stellten, als sie 1937 in einem legendären Freundschaftsspiel den amtierenden englischen Meister FC Brentford aus London mit 6:2 besiegten. So etwas hatte es bis dahin in Fußballdeutschland noch nicht gegeben.

Kuzorra, die Lichtgestalt im Dunkel des Kohlenpotts, wurde Libudas Idol und Vater Paul sein erster Trainer. Für die Schule konnte sich Reinhard, den seine Freunde »Köttel« nannten wegen seiner schwächlichen Statur oder auch »Möppel« wegen seiner krummen Beine, nicht gerade begeistern.

Als Libuda schon längst nicht mehr »Köttel« hieß, sondern »Stan«, und in der Glückaufkampfbahn das Publikum mit seinen Dribblings verzückte, hatte sein früherer Direktor von der katholischen Canesius-Schule nachfolgende Jahrgänge immer noch mit der ewig gleichen Anekdote über seinen prominentesten Schüler belustigt: »Ein Mann von der Schulaufsichtsbehörde hatte sich angekündigt und wollte den Mathematikunterricht in Libudas Klasse beobachten. Wir gingen also rein, stellten uns vor und baten den Lehrer, mit dem Unterricht fortzufahren. Der hatte sich folgende Rechnung ausgedacht: Wieviel Quadratmeter hat der Strafraum eines Fußballfeldes? Nun meldete sich ausgerechnet der schlechteste Schüler dieses Jahrgangs: Reinhard Libuda. Eine Blamage zeichnete sich ab. Doch 'Köttel' stand auf, rechnete vor und löste die Aufgabe richtig.« Gelächter: »Ja, ja – unser Stan. Keine Leuchte, immer nur Fußball im Kopf.« Ein Lachen, das ihn noch verfolgen sollte, als er seine Fußballerkarriere längst beendet hatte.

Glänzen konnte der Schmachthaken mit den krummen Beinen um so mehr im Sportunterricht und wenn es um die örtliche Schulmeisterschaft ging. Im Fußball behielten die Kicker von der »Canesius« gegen die Konkurrenz von der evangelischen Steinschule stets die Oberhand. Dank des schüchternen Knabens aus der letzten Reihe, der auf dem Fußballplatz eine wundersame Wandlung durchmachte: vom introvertierten Leisetreter zum exponierten Stürmerstar, der seine Gegner schwindelig spielen konnte.

Sport wurde zur einfachen Lösung aller Probleme: der fast krankhaften Angst vor seiner Umgebung und dem mangelnden Selbstbehauptungswillen und Selbstbewußtsein. In seiner Ersatzwelt auf dem Fußballrasen war er wer, da nötigte er den Gleichaltrigen den Respekt ab, der ihm in der Schule versagt blieb. Da schoß er Tore, da trickste er sie aus, da klatschten sie Beifall. Solch eine Anerkennung hatte Reinhard noch nicht erfahren.

Das schien die Formel zum Glück zu sein, das war der Weg nach oben. Plötzlich war alle Ungemach vergessen: Auf dem Rasen fragte niemand, ob er rechnen könne oder schreiben. Da war er auch nicht mehr der Schüchterne, der sich nicht traute, andere anzusprechen. Nicht mehr der kleine »Köttel« aus der letzten Reihe. Hier mieden sie den Unscheinbaren nicht, hier rissen sie sich darum, mit ihm in einer Mannschaft spielen zu dürfen. Nun lobten sie und spotteten nicht mehr. Nun lernten die anderen einmal von ihm und fragten: Mensch, wie machst Du das? Das fanden auch die Mädchen gut, »Köttel« kam groß 'raus. Er blühte auf. Er hatte plötzlich Lebensfreude.

Anfangs turnte Reinhard im Turnverein Einigkeit Bismarck und glänzte im Dreikampf Laufen-Werfen-Springen, dann zog es ihn zu den Fußballern bei Rot-Weiß Bismarck. Doch hier trainierte er nur lustlos mit. Eines Tages schleppte der drei Jahre ältere Benno, ein Freund vom Bolzplatz, den neunjährigen

Reinhard dann zu den Fußballern von ETuS, dem Eisenbahner Turn- und Sportverein im Stadtteil. Doch die Anwerbung des talentierten Stürmers geriet zum Fiasko. »Wisch Dir erstmal Deine Rotznase ab, bevor Du wiederkommst«, soll Zeugwart Polte den kleinen Libuda angeherrscht haben, der sich daraufhin verkrümelte und bei ETuS nie wieder gesehen wurde.

Fast hätte das bereits sämtliche Ambitionen des ob derart burschikoser Umgangsweise verängstigten Schülers zunichte gemacht, hätten nicht Freunde und insbesondere Vater Paul immer wieder beschwörend auf ihn eingeredet, sein Glück doch beim Knappenklub Schalke 04 auf die Probe zu stellen. Schalke war nicht nur der Humus, auf dem proletarisches Selbstbewußtsein gedieh, sondern wurde auch wegen seiner ausgezeichneten Jugendarbeit gelobt, die unter der Leitung von Fritz Thelen stand. Ein Mann mit Blick für Talente, der sich bereits 1935 als erster von Borussia Dortmund verpflichteter Trainer einen Namen gemacht hatte, indem er den Revierkonkurrenten in die Gauliga führte.

1954 war Thelen mit der Schalker A-Jugend Westdeutscher Meister geworden – mit Nachwuchsspielern wie Koslowski, Borutta und Soya, die sich später noch einen Namen im Verein machen sollten.

Es dauerte lange, bis Libuda dem Drängen der Ratgeber nachgab, zu groß war die Angst vor einer weiteren Zurechtweisung, zu groß der Respekt vor dem übergroßen Verein. »Ich hatte nicht den richtigen 'Schnuppen'«, gestand er einmal, »aber eines Tages ließ ich mich doch breitschlagen, zumal auch mein Vater in die Kerbe der Freunde haute.«

Nach anfänglichem Zögern soll Thelen, Spitzname »Spöller«, den Zaudernden aufgefordert haben: »Na, dann versuch doch mal Dein Glück«, und als der plötzlich wie enthemmt über das Spielfeld raste und reihenweise Gegenspieler stehenließ, habe ein staunender Thelen mit Kommandostimme quer über den Platz gebrüllt: »He, Kleiner! Lauf sofort zur Geschäftsstelle und hol Dir Deinen Schein.«

Der Beginn einer großen Karriere. Libuda: »Ich zuckte zusammen, sauste dann aber los, holte das Stück Papier und war wenige Tage später Mitglied beim berühmten FC Schalke 04.« Thelen hatte einen zukünftigen Star entdeckt. Nur einige Jahre später sollten die Zuschauer in der Glückaufkampfbahn nicht mehr im Chor »Schalke, Schalke« brüllen, um ihren Verein anzufeuern, sondern »Li-bu-da«.

Nachdem Reinhard Libuda in der achten Klasse die Hauptschule beendet hatte, begann er eine Schlosserlehre in Gelsenkirchens größter Zeche, der Consolidation. Der Bergbau erlebte in den fünfziger Jahren einen letzten Aufschwung im Ruhrgebiet: Die Schwerindustrie wurde neu strukturiert, jetzt rauchten im Trümmerdeutschland, das in Bundesrepublik umbenannt worden war, wieder die Schlote. »Kohle, Koks und Stahl waren die Fundamente des ... anhaltenden Aufschwungs. Die Bundesrepublik im Montanglück, das Ruhrgebiet in einem anhaltenden Fußballrausch«, schrieb Hans Dieter Baroth in »Jungens, Euch gehört der Himmel«.

Doch unter Tage mußte der Heranwachsende nur ein paar Mal: Der Beruf des Bergmanns bot dem hoffnungsvollen Sturmtalent keine ausreichende Perspektive. Eher reizte der Fußball als Möglichkeit des sozialen Ausbruchs aus dem barokken Gelsenkirchener Alltag, zumal dem Jugendspieler eine glorreiche Zukunft vorausgesagt wurde. »Du mußt nie wieder richtig arbeiten«, beschied man ihm schon auf dem Übungsgelände, obwohl zur damaligen Zeit mit Fußball nicht das große Geld zu machen war. Doch die »Traumwelt Fußball« versprach schon lange vor Einführung des Vollprofitums und der Gründung der Bundesliga zahlreiche Aufstiegsmöglichkeiten. Das war der Weg zum bescheidenen Glück. Schon früher war es so, daß die Spieler der ersten Schalker Mannschaft zwar nicht reich, aber mit angenehmeren Jobs bedacht wurden. Im Bergbau mußten sie nicht mehr arbeiten. Darüber hinaus erfuhren die Fußballhelden gerade im Ruhrgebiet eine hohe gesellschaftliche Anerkennung, die in grenzenlose Verehrung ausarten konnte.

Es ist bezeichnend, daß Libuda zu dieser Zeit mit dem Boxen liebäugelte. »In einem Einlagekampf gab ich als Junge für 'Schwarz-Weiß Unser Fritz' mein Debüt. Der Saal war proppenvoll. Mir gegenüber stand ein Gleichaltriger, der mir an Reichweite deutlich überlegen war. Doch ich hatte ein gutes Auge, schnelle Reflexe, sichere Reaktionen und war sehr geschmeidig. Wir beharkten uns ganz munter. Am anderen Tag schrieben die Zeitungen, daß es der beste Fight des Abends gewesen wäre«, erinnerte er sich in einem Interview.

Boxen und Fußball: Im Deutschland der Nachkriegszeit gab es wohl keine Sportarten, die derart symbolisch den Unterschichtstraum vom besseren Leben auszudrücken vermochten. »Und bist Du ein Nichts – in der Arena kannst Du jeden schlagen. Und wenn Du das lange genug tust, kommst Du irgendwann nach oben.« Schmeling und Kuzorra, Bubi Scholz und Beckenbauer. Auch Libuda sollte es schaffen – allerdings als Fußballer, nicht als Boxsportler. Trotz seiner optimistischen Selbsteinschätzung wäre aus dem Fliegengewicht nie ein brauchbarer Boxer geworden. Doch der Weg von der Zeche ins Rampenlicht der Glitzerwelt war noch weit.

Fritz Thelen, wie Fritz Szepan ein Schwager Kuzorras, war fasziniert von seinem Jungstar. »Der kam immer an«, erinnert sich Schalkes damaliger Stürmer Günter Siebert, »und schwärmte. Dann zog er uns regelrecht auf den Trainingsplatz zu seinen Jugendspielern und zeigte auf Libuda: 'Guck Dir mal den Köttel an, das wird ein ganz Großer.'« Libuda als Rechtsaußen und Karl-Heinz Bechmann links, das war Thelens Traumsturm. Beide sollten später auch gemeinsam in der Bundesliga spielen. Bechmann verließ allerdings 1967 den Verein, um bei Alemannia Aachen sein Glück zu suchen.

Obwohl Kuzorra als Schalker Idol seinen herausragenden Platz im Leben Reinhard Libudas einnahm, blieb sein sportliches Vorbild in diesen Jahren der Franzose Raymond Kopa, der seit 1956 bei Real Madrid spielte. Bezeichnenderweise hatte Kopa, ohne daß Libuda das wahrscheinlich gewußt hat, eine schalketypische Sozialisation erfahren. Ursprünglich hieß er

Raymond Kopaczewski und kam als Sohn eines polnischen Bergmanns 1930 in Noex-les-Mines im Nordosten Frankreichs zur Welt. Kopa arbeitete selbst noch im Bergbau, mußte die Arbeit allerdings aufgeben, nachdem ihm herabfallende Steine während eines Grubenunglücks die Hand zertrümmerten.

Und Kopa ging den Weg vom Bergmann zum Fußballstar voran, auf dem ihm Libuda später folgen sollte. Auch wenn dem Schalker die ganz großen Erfolge des französischen Mittelstürmers (zuletzt spielte Kopa neben Di Stefano und Ferenc Puskas auch Rechtsaußen) versagt bleiben sollten: Kopa wurde mit Real mehrfach spanischer Meister und Europapokalsieger und wurde 1958 zu Europas Fußballer des Jahres gewählt.

Im selben Jahr konnte der FC Schalke 04 noch einmal eine Deutsche Meisterschaft feiern. Im hannoverschen Niedersachsenstadion besiegte die Mannschaft des Altmeisters die »Seeler-Elf« vom Hamburger Sport-Verein mit 3:0, und in der St.-Josephskirche in Gelsenkirchen unterbrach Pfarrer Kohle (!) seine Nachmittagsandacht, um das Ergebnis des Spiels durchzugeben. Während sich eine – ab jetzt nicht mehr enden wollende – Kohle-Krise im Revier abzeichnete, feierte Gelsenkirchen überschwenglich die vermeintliche Auferstehung seiner Knappen. Ein Trugschluß, wie man heute weiß, der dennoch die Schmerzen der von zunehmender Arbeitslosigkeit gebeutelten Ruhrpottbevölkerung etwas zu lindern vermochte. Zumal das außergewöhnlich geringe Durchschnittsalter des Teams von 22,5 Jahren zukünftige Erfolge versprach – lediglich Bernie Klodt kannte Kuzorra und Szepan noch als Mannschaftskameraden. Die meisten anderen kamen aus der so fürsorglich gehegten Vereinsjugend. Doch ab jetzt befanden sich die Wirtschaft und der Fußballklub der Stadt in festem Gleichschritt in den Abgrund.

Fasziniert von den Verheißungen der Fußballwelt, in der »das Gute« nur noch siegte und somit einiges wieder ins »rechte Lot« brachte, brach Reinhard Libuda seine Schlosserlehre ab: 1954 hatte die Fritz-Walter-Elf in Bern die komplexbeladenen Deutschen von einem Teil ihrer Schuldgefühle entledigt, und

1958 wurde das Proletariat in seiner blau-weißen Vertretung Deutscher Meister. Fußball als politische Kraft, Fußball als Weg aus der Depression und auch als Kompensationsmittel gebeutelter pubertierender Arbeiterkinder, denen die Meisterung des Lebens weniger gelang als die des gekonnten Torschusses.

Der Entschluß, sein Glück im Fußballzirkus zu suchen, stand schon lange fest. Die vielversprechenden Prognosen seiner Trainer machten jeden Überzeugungsversuch seitens der Familie, die Ausbildung doch um Himmels Willen abzuschließen, zunichte.

Mutter Martha Libuda war schier verzweifelt darüber (»Was habe ich gebettelt und gefleht, daß er die Lehre beenden soll!«), doch der Erfolg schien dem Sprößling anfangs recht zu geben; bereits nach kurzer Zeit wurde er von Dettmar Cramer und Helmut Schön in die Jugendnationalmannschaft berufen. Nachdem er mit dieser fünf Länderspiele absolviert hatte, unterschrieb Libuda im Alter von achtzehn Jahren seinen ersten Vertrag bei Schalke 04. Etwas kokett bemerkte er später: »Um ein Haar wäre ich zu den Bayern gegangen. Sepp Maier hatte oft genug versucht, mich abzuwerben. Aber schließlich konnte mich unser Jugendleiter Julius Eckmann überreden hierzubleiben. Hätte ich zu dem Zeitpunkt noch bei Rot-Weiß Bismarck gespielt, hätte ich wahrscheinlich noch viel mehr Angebote bekommen, doch an den FC Schalke 04 traute sich niemand heran. Und wer ging auch schon von hier weg?«

Nur Martha Libuda, skeptisch angesichts des unseriösen Berufs, den ihr Sprößling zu ergreifen sich anschickte, ahnte Böses: »Aber diese Begeisterung, dieser Jubel um meinen Sohn…«

Auf dem Fußballplatz machten sie Libuda das zur damaligen Zeit vielleicht größtmögliche Kompliment: Sie nannten ihn nicht mehr »Möppel/Köttel«, sondern nur noch »Stan« – in Anlehnung an den berühmten englischen Rechtsaußen Stanley Matthews (Jahrgang 1915), der seine Landsleute dermaßen zu begeistern vermochte, daß ihm Queen Elizabeth II. 1957 die Auszeichnung »Commander of the British Empire« verlieh, und als er endlich als Fünfzigjähriger aufhörte, Fußball zu spielen, erhob ihn der Herzog von Edinburgh mit dem Satz »Stan, Sie sind eine Legende« in den Adelsstand.

Es war der sogenannte Matthews-Trick, der Libuda den Ehrennamen einbrachte: Links antäuschen, rechts vorbei. Diese Finte beherrschte er schon als Jugendlicher fast so gut wie die britische Stürmerlegende, einige sagten: besser.

Der deutsche »Stan«, der beste Spieler, den Fritz Thelen jemals entdeckt hatte, steuerte zielstrebig eine Karriere als Fußballprofi an. Thelen, der 62jährig an den Folgen eines Mopedunfalls starb, er kollidierte mit einem Fahrradfahrer in der Gelsenkirchener Feldmark, soll noch kurz vor seinem Tod gesagt haben: »Ein größeres Talent hat Schalke nicht gesehen.«

Hoffen und Harren

Eine neue Epoche

Für den deutschen Fußball begann die neue Zeitrechnung am 28. Juli 1962. Im Goldsaal der Dortmunder Westfalenhalle versammelten sich die Abgeordneten des DFB-Bundestags, um über eine gemeinsame Spielklasse der verschiedenen regionalen Fußballverbände zu entscheiden und gleichzeitig eine heilige Kuh des Verbandes zu opfern: den Amateurstatus, der zu diesem Zeitpunkt aber ohnehin schon durch zahlreiche Eingeständnisse an die Vereine verwässert worden war. Entscheidungen, gegen die man sich lange gesträubt hatte, die aber angesichts des Rückstandes gegenüber anderen europäischen Fußballverbänden – Europapokalsieger der Landesmeister wurden ausschließlich Vereine aus Spanien, Portugal und Italien – unaufschiebbar schienen, so daß am Ende einer langen und nervenaufreibenden Tagung ein klares Ergebnis vermeldet werden konnte: Mit 103 zu 26 Stimmen wurde die Gründung der Fußballbundesliga beschlossen, damit erhielt die Bundesrepublik als letztes europäisches Land eine zentrale Fußballklasse.

Doch in der Saison 1962/63 spielten die verschiedenen Oberligen noch separat ihre Meister aus. In der Oberliga West, die den Ruf hatte, die stärkste in Deutschland zu sein, machte ein Jugendnationalspieler von Schalke 04 Furore: Reinhard Libuda debütierte in der ersten Schalker Mannschaft. Obwohl die Knappen hinter Vereinen wie dem 1. FC Köln, Borussia Dortmund und dem Meidericher SV nur Sechster wurden, konnte der 18jährige Rechtsaußen sogar Bundestrainer Sepp Herberger beeindrucken. Am 2. September 1962 schoß er beim 4:1 gegen Borussia Mönchengladbach sein erstes Tor, in vierundzwanzig folgenden Einsätzen sollten ihm noch sieben weitere Saisontreffer gelingen. Eine große Karriere kündigte sich an.

Ein Torjäger war er damals nicht gerade, und das sollte er auch nicht mehr werden. Er stand an der rechten Linie und wartete auf Bälle aus dem Mittelfeld. Kamen die nicht an, schien es, als spielte Libuda gar nicht mit. Zu verteidigen und seinen Gegenspieler zu verfolgen, war seine Sache nicht. Darum machte man ihm häufig den Vorwurf der Faulheit. Manchmal wurde er links eingesetzt, das endete jedesmal katastrophal – Libuda schoß mit rechts. Er begeisterte die Zuschauer, wenn er den Flügel entlangflitzte, die Verteidiger stehenließ wie Slalomstangen und im richtigen Augenblick in die Mitte flankte. Auf die Füße von Siegfried Held, Lothar Emmerich oder Klaus Fischer. Er hatte diese eine Qualität. Er war der Dribbler. Dafür verehrten sie ihn.

Bis zum endgültigen Start der Bundesliga geisterte durch die Vereine, denen sich der Fußball immer stärker als Publikumsmagnet und durchaus lukrative Einnahmequelle erschloß, noch immer der Geist der fünfziger Jahre. Das hatte man dem Deutschen Fußball-Bund zu verdanken, der hartnäckig an seinem Bild vom wackeren Sportsmann festhielt, der sich nicht zu Markte tragen darf. Doch das – von einer eklatanten Fehleinschätzung der wirklichen Situation in den Vereinen begleitete – Festhalten an antiquierten Wertvorstellungen mußte scheitern wie die Prohibition in Amerika. Es führte zu einer Schattenwirtschaft, zu Hand- und Schwarzgeldern, zu doppelter Buchführung.

Den ersten Skandal in der deutschen Fußballgeschichte hatte bereits 1930 Schalke 04 ausgelöst, als der Verein seinen Spielern eine Prämie von zehn statt der erlaubten fünf Mark auszahlte. Eine Lappalie. Doch die Spruchkammer des Westdeutschen Spielverbandes, die feststellte, daß die Spieler neben Spesenbeträgen »weitere Zuwendungen in Gestalt von Geschenken, Darlehen und Vorteilen in ihrer beruflichen Stellung« erhalten hätten, drohte dem Verein mit dem Lizenzentzug. 14 Spieler wurden zu Berufsfußballern erklärt, acht Vorstandsmitglieder aus dem Verband ausgeschlossen, und Schalkes Schatzmeister Willi Nier beging Selbstmord.

Obwohl die Spielersperre bereits ein knappes Jahr später aufgehoben wurde, dauerte es bis 1949, ehe ein Vertragsspielersystem eingeführt wurde, welches des Kickern erlaubte, wenigstens etwas Geld mit dem Fußball zu verdienen. »Der Spieler muß einen Beruf ausüben«, hieß es im Statut. Der Verein durfte nicht mehr als 320 Mark monatlich dazuzahlen.

»Ende der fünfziger Jahre«, erinnert sich Gerd Krug vom HSV, »bekamen wir das Geld vom Trainer noch persönlich in die Hand gedrückt. Immer ein kleiner Umschlag: mal waren dreihundert Mark drin, mal 500. Dann hieß es immer: Das ist von irgendeinem Sponsor. So ging das am laufenden Band. Ich glaube, ich habe, solange ich Fußball spielte, nicht ein einziges Mal Steuern gezahlt.«

Ansonsten feilschten die Spieler um ihre Gehälter wie auf einem orientalischen Basar: Als Krug im Sommer 1961, der Hamburger Sport-Verein war im Jahr zuvor Deutscher Meister geworden, ein Reihenhaus bauen wollte, fuhr er in die Lüneburger Heide, um mit Trainer Mahlmann zu verhandeln. »Uwe Seeler hatte zuvor 150.000,- Mark erhalten. Daran versuchten wir anderen uns zu orientieren.« Krug schätzte seinen Wert auf ungefähr 30.000,- Mark und forderte dieses Geld vom Trainer ein. Mahlmann konnte sich keine weiteren Abgänge leisten, denn gerade hatte der Spieler Klaus Stürmer den Verein verlassen und war zu einem Schweizer Klub gewechselt, bei dem er mehr verdienen konnte. Deshalb war Mahlmann verhandlungsbereit und einigte sich mit Krug auf ein zinsloses Darlehen von 25.000,- Mark, welches der Spieler, um der Buchhaltung Genüge zu tun, in 100-Mark-Raten zurückzahlen sollte. Was dieser selbstverständlich nie tat.

Und in den Westvereinen wurde mit Geld noch viel großzügiger umgegangen. Krug: »Immer, wenn wir gegen Dortmund oder Schalke antraten, kamen wir uns vor wie brave und adrette Hamburger Jungs. Nach den Spielen saßen wir häufig mit den Kollegen aus dem Kohlenpott zusammen – die gingen immer mit dicken Geldbündeln in die Kneipe und ließen die Puppen tanzen.«

Das alles, obwohl der Deutsche Fußball-Bund Obergrenzen für Spielergehälter festlegte: 1.200,– Mark sollte das Einkommen der Kicker inklusive Leistungsprämie betragen. Ein Zusatzgehalt für »besonders qualifizierte Spieler« war zwar möglich, mußte aber vorher vom Spielausschuß genehmigt werden. Werbeeinnahmen waren untersagt. Was natürlich dazu führte, daß Gönner der Klubs als Arbeitgeber fungierten und mit den Vereinen heimlich Arrangements über die Vergütung trafen. »Dann hieß es: Wir brauchen den Spieler soundso, laßt uns mal die Sponsoren abtelefonieren.« Die Hamburger Jupp Posipal, Börner und Woitkowiak waren offiziell Teppich-Verkäufer bei »Betten-Holm«, und »Stan« Libuda war Platzwart bei Schalke 04 und später Mitarbeiter des Wasserwerks »Am Kühlturm«. Selbstverständlich tat er nur so, als arbeitete er dort. »Der Spieler muß einen guten Leumund haben«, hieß es scheinheilig im Bundesligastatut. Deshalb ließen sich die Stars sporadisch bei ihren Arbeitgebern blicken und genossen die Bewunderung der Angestellten, die zum Teil gar nicht wußten, wer da so alles auf der Gehaltsliste des Unternehmens stand.

»Was kostet die Welt?« war die Devise, nach der gelebt wurde. Das Wirtschaftswunder produzierte das Fräuleinwunder, das Wunder von Bern und Freß- und Reisewellen, und die erste Investition, die der gerade volljährige Platzwart tätigte, war die Anschaffung eines Porsches. In dem fuhr er dann stolz seine Freundin Gisela, die er noch aus der Canesius-Schule kannte, durch Gelsenkirchen spazieren: Die Leute sollten sehen, daß es hier jemand zu etwas gebracht hatte. Immer war Geld in der Tasche, und immer waren irgendwelche Freunde da, die ihn mit in die nächste Kneipe schleppen wollten.

Es waren stets die gleichen Insignien des sozialen Aufstiegs, mit denen sich die Fußballer schmückten: schnelle Autos (Günter Netzer sollte später das schnellste fahren – einen Ferrari), hübsche Frauen und jede Menge Schampus. Libuda trank allerdings meistens Bier.

»Gisela«, erinnerte sich Libudas letzter Arbeitgeber Günther Thomas später, »galt schon damals als schönste Frau Gelsenkirchens.« Doch ihr haftete auch der Ruf an, es mit der Treue nicht allzu ernst zu nehmen – eine erlebnishungrige Fußballerbraut aus Haverkamp, die es dank des Stürmerstars an ihrer Seite zu einem bescheidenen lokalen Ruhm bringen sollte, die mit ständigen Eskapaden aber auch reichlich Unruhe in das Leben ihres harmoniebedürftigen zukünftigen Mannes brachte. Einige Jahre später heirateten die beiden.

Zum wilden Leben gesellte sich der sportliche Erfolg: Als am 24. August 1963 die Bundesliga angepfiffen wurde, gehörte Libuda zu ihren Gründungsspielern. Sechzehn Vereine waren für die höchste deutsche Spielklasse gesetzt worden, darunter auch der Altmeister Schalke 04, der im ersten Spiel der neuen Liga auf den VfB Stuttgart traf.

Zwar gewannen die Schalker bei Wind und Regen mit 2:0, doch das Spiel plätscherte so trostlos dahin, und auch Libuda konnte sich nicht in Szene setzen, daß der Reporter der »Westdeutschen Allgemeinen Zeitung« (WAZ) ernüchtert zu dem Schluß kam, die einzig nennenswerte Situation sei ein Zwischenfall gewesen, »als Schulz bei einem Stuttgarter Foul den Schuh verliert und fünf Minuten mit dem Schuh in der Hand weiterspielt, bis er in einer Abstoßpause die Zeit findet, wieder entsprechend bewehrt ins Spiel zu gehen«. Immerhin wurde Schalke 04 durch diesen glanzlosen Sieg erster Tabellenführer der neuen Spielklasse.

Doch schon eine Woche später zog sich Libuda die Aufmerksamkeit des Fußballpublikums, der Medien und wohl auch des Bundestrainers zu. Mit 3:2 gewannen die Schalker auf dem Betzenberg gegen den favorisierten 1. FC Kaiserslautern und fügten den Pfälzern nach zwei Jahren die erste Heimniederlage zu. Und das unter den Augen des Spielbeobachters Sepp Herberger, der nach Presseberichten »von Libuda beeindruckt« gewesen sein soll: »Mit seiner Schnelligkeit und seiner Trickkiste, von der Nationalspieler Nowak sagt, daß man nie weiß, was er macht, gefiel der junge Libuda (19). Weder Neumann noch später Mangold und der Ex-Gelsenkirchener Kostrewa konnten ihn bremsen. Zeigt der junge Mann, der neben Fußball nur noch die Passion Twisten und Kartenspielen kennt, gegen Borussia die gleiche Leistung, wird Bundestrainer Herberger als Augenzeuge seine helle Freude an ihm haben.«

Und Libuda zeigte: Bereits eine Woche später nannten sie ihn in der »WAZ« »Garrincha vom Schalker Markt«, und die Spielbeobachter Kuzorra und Szepan befanden ihn für nationalmannschaftstauglich. 3:1 besiegten die »Knappen« die Revierkonkurrenz aus Dortmund. Libuda hatte »mit eleganter Ballbehandlung auf dem rechten Flügel« das dritte Schalker Tor vorbereitet. Die Begeisterung für die schnellen Dribblings und eleganten Körpertäuschungen war dermaßen überschwenglich, daß Schalkes Trainer Georg Gawliczek eindringlich mahnte: »Macht mir den Jungen nicht verrückt.« Libuda sei körperlich der schwächste Spieler seiner Mannschaft und solle deshalb gelegentlich pausieren. Außerdem »ist er jung, und er muß es noch lernen, gegen hart einsteigende Verteidiger die Angst aus der Hose zu nehmen«.

Dennoch wurde »Stan« weiter eingesetzt: Zwei Wochen darauf erzielte er gegen den 1. FC Köln das wichtige Ausgleichstor seiner Mannschaft, wodurch Schalke hinter dem HSV und Köln Tabellendritter blieb, und wenig später wurde er von Bundestrainer Herberger ins Aufgebot der deutschen Nationalmannschaft bestellt.

Doch das Lob und die große Herausforderung, für Deutschland und Übervater Sepp Herberger zu spielen, wirkten zunächst lähmend. Gegen den Hamburger Sport-Verein gewannen die Schalker zwar knapp, doch Libuda versagte. Von Angriffsspiel sei nichts zu sehen gewesen, wurde kritisiert, und dieselbe Lokalpresse, die ihn anfangs hochgejubelt hatte, schrieb: »Und da ist denn noch der kleine Libuda. Daß er mit dem Ball jonglieren kann, hat er oft genug bewiesen, aber (auch, daß er) durch die gleiche Eigenschaft manchen schönen Angriff verzappelt, und die Kunst am Ball allein ist noch lange kein Grund, in die Nationalmannschaft berufen zu werden.« So schnell ging das also.

Am nächsten Wochenende trat die deutsche Nationalmannschaft gegen die Türkei in Frankfurt an. Auf Helmut Rahn, der sich durch zahlreiche Affären desavouiert hatte und dessen Zeit jetzt abgelaufen schien, verzichtete Herberger wegen einer Sperre. Der »Held von Bern« war beim Spiel der Meidericher gegen Hertha BSC wegen einer Tätlichkeit vom Platz gestellt worden. Statt dessen trug der junge Reinhard Libuda zum ersten Mal das deutsche Trikot und setzte damit die Schalker Tradition fort, für die Nationalmannschaft Rechtsaußen abzustellen. Nach Hans Tibulski, Berni Klodt und Willi Koslowski war er nun der vierte. Erst nach Rüdiger Abramczik konnte diese Position bei Schalke nicht mehr derartig stark besetzt werden. Die Deutschen gewannen verdient aber unspektakulär mit 3:0.

Herberger hatte große Hoffnungen auf Libuda gesetzt. Seit Fußball-Denkmal Helmut Rahn in Holland spielte (er kehrte dann später zurück und spielte für Meiderich) und von seiner alten Form weit entfernt war, zeichnete sich ein Wechsel ab auf der Seite, »wo einst Preußens Militärstrategen ihre Heere mit spezieller Schlagkraft ausstaffierten: am rechten Flügel« (»Der Spiegel«). Allein, es gab noch keinen gleichwertigen Ersatz. Immer wieder experimentierte »der Alte« an neuen Varianten herum, um das Flügelspiel des deutschen Sturms effektiver zu gestalten. Sogar ein Mittelstürmer wie Uwe Seeler, Halbstürmer wie Reitgaßl und Trimhold oder der linke Verteidiger Olk wurden an der Flanke getestet. Doch Libuda konnte aufgebaut werden, auch wenn er noch Zeit brauchte und Herberger fand, daß dem »doch noch einiges fehlt«.

»Aus allen Tests«, resümierte »Der Spiegel«, »gewann Herberger nur die Erkenntnis, daß Deutschland keine genügend starken Rechtsaußen mehr besaß. Dieses merkwürdige und bislang ungeklärte Phänomen wurde sogar auf den Tabellen der neuen Bundesliga deutlich: Während die Linksaußen der 16 deutschen Elite-Vereinsmannschaften in acht Spieltagen 52 Tore erzielt hatten, schossen die Rechtsaußen weniger als die Hälfte, nämlich 25 Tore.«

Das Spiel, in dem Libuda debütierte, sollte eines der letzten Spiele der Nationalmannschaft unter der Leitung Sepp Herbergers sein. Bereits am 20. August 1963 hatte der »Kölner Stadtanzeiger« provozierend gefragt »Tritt Herberger bald zurück?« und sich dabei auf Informationen des DFB-Schatzmeisters Jakob Coenen berufen, der mitgeteilt hatte, auf einer Tagung in Lippstadt werde auch Herbergers Nachfolge verhandelt. Nach Telefonaten mit DFB-Präsident Gösmann und einem Briefwechsel mit Coenen teilte Herberger am 24. August, also bereits vor dem Türkeispiel, das erst am 28. September stattfand, seinen Rücktritt mit. Die öffentliche Bekanntmachung erfolgte dann allerdings erst am 23. November 1963.

Libudas zweites Spiel in der Nationalmannschaft fand am 3. November in Stockholm statt. Mit 1:2 verlor die deutsche Mannschaft, und »Stan« lieferte eine klägliche Veranstaltung ab. Eine Woche später wurde er nicht einmal für das Bundesligaspiel gegen Eintracht Frankfurt aufgestellt, das Schalke ohne Libuda verlor. Beunruhigt stellte Herberger, obschon er die Mannschaft nicht mehr allzu lange leiten würde, Nachforschungen an. Er erfuhr vom ausschweifenden Lebenswandel seines Jungspielers, der immer wieder durch Zechtouren von sich reden machte, und verlangte eine schriftliche Erklärung. Am 14. November schrieb er an Reinhard Libuda, Haverkampstr. 28.

»Lieber Reinhard, als ich kurz vor dem Spiel in Frankfurt die Aufstellung der Schalker Mannschaft hörte, habe ich sehr bedauert, daß Sie nicht nominiert worden waren. Ich persönlich war gerade auf Ihre Leistung in diesem Spiel gespannt, weil ich mir denken konnte, daß Sie nach Ihrer schwachen Form in Stockholm nun im Vereinsspiel alles daran setzen würden, sich zu rehabilitieren und für die Nationalmannschaft erneut zu empfehlen. Nach dem Spiel erfuhr ich dann die wahren Gründe, deretwegen auf Sie in Frankfurt verzichtet worden war. Demzufolge sind Sie nach einer Kollision mit einem parkenden Wagen einfach nach Hause gefahren, ohne sich weiter um den angerichteten Schaden und den Geschädigten zu kümmern. Offenbar haben Sie geglaubt, diese Angelegenheit einfach totschweigen zu können, weil Sie zu niemandem davon gesprochen haben. Bis die Polizei eingriff; dann war es aber scheinbar zu spät, um noch irgend etwas zu Ihren Gunsten unternehmen zu können. Soweit die Schilderung, die man mir gegeben hat. Nun hätte ich gerne einmal von Ihnen gehört, wie sich alles abgespielt und zugetragen hat. Fassen Sie Ihren Bericht so ab, wie Sie es täten, wenn Sie einem guten Freund schreiben, der zu Ihnen hält und der Ihnen helfen will.«

Bereits sechs Tage später, am 20. November 1963, legte Libuda kleinlaut Rechenschaft ab.

»Sehr geehrter Herr Herberger! Sie haben mir in Ihrem Schreiben die Anregung gegeben, Ihnen gegenüber volles Freundschaftliches Vertrauen zu schenken. Ich Freue mich sehr darüber, es läßt mich hoffen, Ihr Vertrauen wiederzugewinnen, wenn ich über mein nicht gutes Verhalten wahrheitsgemäß berichte. Es stimmt, daß ich mit einem parkenden Wagen eine Kollision hatte. Mit einem Freund, der Geburtstag hatte, tranken wir in einer Gaststätte einige Glas Bier. Im Glauben, noch fahrtüchtig zu sein, wollte ich den Freund schnell zu seiner Wohnung fahren und dann zu einer Veranstaltung unseres Klubs nach Schloß Berge in Gelsenkirchen Buer. Auf der Fahrt zur Wohnung meines Freundes kam es dann zu dieser Kollision. Meine Nerven versagten, ich hatte große Angst, meinen guten Ruf als Fußballer zu verlieren, bewußt, nur einen Blechschaden angerichtet zu haben, fuhr ich meinen Freund nach Hause und dann zu meiner Wohnung. Zu spät meine Erkenntnis, falsch gehandelt zu haben. Gegenüber der Polizei habe ich reumütig alles gestanden und versprochen, nie mehr eine solche Dummheit zu begehen, was mir auch dann die Polizei zugute hielt. Meinen Führerschein durfte ich behalten. Dieses von mir begangene Vergehen mag dazu beigetragen haben, daß ich in Stockholm eine schwache Leistung zeigte, d.h. nicht ganz, wenn ich mehr angespielt worden wäre.« Ferner berichtete er noch, unaufgefordert, über seine Schwierigkeiten in der Mannschaft: »Was meine Leistung in unserer Vereinsmannschaft anbetrifft, hier habe ich das Gefühl, von meinen Mitspielern nicht gerne angespielt zu werden. Trotzdem werde ich in den kommenden Spielen alles dransetzen, meinen Fußball zu spielen. Nochmals zurück zu meinem Vergehen, es ist einmal geschehen und soll nicht mehr vorkommen. Auch anderen Versuchungen, die an mich herantreten sollten, werde ich entgegentreten. Ich will alles tun, um moralisch und körperlich auf der Höhe zu sein, zu jedem Spiel eine gute Kondition mitbringen, um eine noch bessere Leistung zu vollbringen. Vor allem möchte ich Sie nicht enttäuschen, dem ich so vieles zu verdanken habe. Mein Ehrgeiz ist, solche Leistungen zu zeigen, daß ich weiter von Ihnen in die Nationalmannschaft berufen werde. Ich danke Ihnen vielmals für den Halt, den Sie mir gegeben haben, ich bin wieder frohen Mutes.«

Herberger nahm Libuda, anscheinend beeindruckt von dessen Offenheit, mit auf die anstehende Nordafrikareise, doch dessen Form war schwankend, und seine Einsätze auf dem Spielfeld wurden kürzer. Am 29. Dezember, als die deutsche Mannschaft in Casablanca Marokko mit 4:1 besiegte, spielte er noch durch. Bei der darauffolgenden 0:2-Niederlage gegen Algerien in Algier kam er schon nur noch eine Halbzeit zum Einsatz. Libuda befand sich in einer Krise, nicht nur in der Nationalmannschaft, sondern auch bei Schalke 04.

Die Gelsenkirchener verspielten Anfang des Jahres 1964 ihre gute Ausgangsposition aus der Hinrunde durch drei Niederlagen hintereinander gegen Dortmund, Köln und Hamburg, und in der Bundesliga sprach man nur noch von einem Mann, der ebenfalls wie Libuda zu den Neuentdeckungen zählte: Wolfgang Overath vom 1. FC Köln, der seinen Verein in dieser Saison zur ersten Bundesligameisterschaft führen sollte. Overath und Libuda kannten sich aus der Jugendnationalmannschaft. Als geradezu kränkend muß es der empfindsame Schalker empfunden haben, daß die Essener »Sport-Zeitung« über die Kölner Weber und Overath schrieb: »Beide heißen Wolfgang, beide sind 19 Jahre alt, beide stehen in der Bundesliga-Stammrolle als kaufmännische Lehrlinge verzeichnet. Sie spielten in der Meisterelf wie Erstgesellen, besonders Overath, der wie der junge Kuzorra vor 35 Jahren den Ball behandelt, täuscht, kombiniert und schießt.« So schnell wurde statt Libuda der Kölner Overath von der Ruhr-Presse zum Diadochen des übergroßen Kuzorra ernannt. Libuda fühlte sich ungerecht behandelt – hatten ihm die Journalisten noch vor wenigen Wochen zugejubelt, verloren sie jetzt kaum noch ein Wort über Schalkes Sturmtalent.

In Gelsenkirchen hatte man keine Geduld mit dem sensiblen Rechtsaußen, der sich in einem Formtief befand und – das hatte er in dem Brief an Herberger angedeutet – sich in der Mannschaft isoliert fühlte. Der frühe Ruhm hatte ihm viel Lob von allen Seiten eingebracht, aber auch viele Neider auf den Plan gerufen, die jeden Ballverlust hämisch quittierten. Seine Art, mit dem Spott der Mannschaftskameraden umzugehen, war der Rückzug ins Privatleben – zur fröhlichen Gisela, die er geradezu vergötterte. Sie stand mitten im Leben (mehr, als dem Gatten manchmal recht war) und vermochte sich auf dem provinziellen Gelsenkirchener Parkett halbwegs zu bewegen. Dennoch wollte Libuda Schalke verlassen. Nach Möglichkeit ins Ausland – nach Italien, wo nicht nur größerer sportlicher Ruhm zu ernten und mehr Geld zu verdienen war, sondern das dem Porschefahrer auch wie eine faszinierend fremde Gegenwelt zum kleinbürgerlichen Gelsenkirchener Industrie-Idyll vorkam.

Italien war zudem nicht nur des Deutschen ewige Sehnsucht, sondern für die Nachkriegsdeutschen, die langsam aufhörten, sich lediglich die Bäuche vollzuschlagen, und statt dessen zu reisen begannen, das neue Urlaubsland schlechthin. »Wenn bei Capri die Sonne untergeht« dudelte es aus den Kneipen zwischen Ober- und Recklinghausen, und die Männer, die da saßen, dachten an Wein aus Korbflaschen, an knirschenden Sand zwischen ihren Zehen und Signorinas, die alle aussahen wie Gina Lollobrigida und Sophia Loren.

Doch ein Wechsel ins Ausland glich im etwas biederen Fußballdeutschland der sechziger Jahre einem Landesverrat, ein besonders interessanter Vertrag als unmoralisches Angebot.

Gespielt wurde nicht nur in, sondern eben auch für Deutschland. Als Volksheld Uwe Seeler mit einem Angebot von Inter Mailand nach Italien gelockt werden sollte, hatte dies sogar den darob empörten Rektor der Hamburger Universität, den Theologen Helmut Thielicke, ermuntert, in einem offenen Brief kundzutun, was die Nation empfand. Thielicke schrieb, »als jemand, der von Berufs wegen – unter anderem – die Aufgabe hat, über geistige und ethische Fragen in unserer Zeit nachzudenken«: »Wer wäre nicht aufs heftigste von der Nachricht elektrisiert, daß ein ausländischer Verband einen unserer jungen und sehr geliebten Sportler für über eine Million gewinnen will? Die Phantasie beginnt dabei Purzelbäume zu schlagen, macht aber im nächsten Augenblick der Frage Platz: Wo will das hin? ... Wenn Sie dieser Versuchung widerstehen, lieber Herr Seeler, dann wäre das ein leuchtendes Fanal, durch das Sie eine abschüssige Bahn beleuchten, die Menschen zur Besinnung rufen und sie davor zurückschrecken lassen.«

Manager und Spielerberater, insbesondere die aus dem Ausland, waren die Schlangen im Paradies einer unschuldigen Fußballwelt, und Ruhm und Geld waren die verlockenden Früchte, nach denen sich nur vaterlandslose und raffgierige Gesellen sehnten. Der Sportler sollte ein Idol sein, treu, bodenständig und heimatverbunden, und sein Volk mit der öffentlich dargebotenen Körperertüchtigung unterhalten – aus innerer und tiefer Überzeugung und nicht, um damit reich zu werden. »Ich glaube«, schrieb der Professor »uns Uwe«, »Sie stehen jetzt vor der Wahl, ob Sie eine noch größere Chance nutzen wollen: Der Jugend unseres Volkes ein Leitbild für die Lauterkeit der Gesinnung und für den Ernst des sportlichen Spiels zu werden.« Später räumte Thielicke ein, er sei wohl »etwas weltfremd gewesen« damals. Immerhin: Der volkstümliche Hanseat blieb seiner Heimatstadt treu und wurde von seinen Landsleuten mehr geliebt als zuvor. Thielicke: »Er ist wohl ein feiner Kerl.«

Folglich war auch Sepp Herberger zutiefst irritiert, als er von Libudas Abwanderungsgelüsten erfuhr. An »Herrn Libuda«, der jetzt in der Greifswalderstraße wohnte, schrieb er am 6. April 1964:

»Lieber Reinhard, ich weiß, daß nicht alles stimmt, was in den Zeitungen zu lesen ist. Zuweilen ist aber doch ein Körnchen Wahrheit in den Berichten, die im ersten Augenblick unglaubhaft erscheinen. So bringt vor einigen Tagen eine Frankfurter Zeitung die Notiz, wonach Sie den Vorstand des FC Schalke 04 davon unterrichtet hätten, daß Sie mit dem Spielervermittler Ratz in Verbindung stehen, der auf Ihren Wunsch hin und mit Ihrem Einverständnis mit einem italienischen Verein Verhandlungen führe zwecks Übertritt zu diesem.

Was ich von Ihnen nun hören möchte, lieber Reinhard, ist eine klare Antwort, ob diese Meldung zutrifft.

Die Fernsehübertragung von Eurem Spiel in Berlin hat mir gezeigt, daß Sie wieder recht gut in Form sind. Allerdings hat das Nachlassen Ihrer Leistung in der zweiten Hälfte des Spiels einmal mehr gezeigt, was wir auch bereits von den Länderspielen her wissen, wo Ihre Leistung in der zweiten Hälfte und gegen Ende des Spiels immer nachgelassen hat. Woran das liegen mag, kann ich (noch) nicht wissen; vielleicht haben Sie eine Erklärung für mich.«

Schon drei Tage später antwortete der so väterlich zur Selbstkritik aufgeforderte »liebe Reinhard« dem »sehr geehrten Herrn Herberger«:

»Ihren Brief vom 6.4.64 möchte ich offen und ehrlich beantworten. Es stimmt schon, daß ein Körnchen Wahrheit in den Zeitungsberichten enthalten ist, mehr aber auch nicht. Die Vereinskrise in unserem Verein, die Abwanderungslust einiger Spieler hatten mich kopflos gemacht. Ohne Überlegung habe ich den schlechten Rat einiger Sportkameraden befolgt, auch abzuwandern. Aber durch Gönner gut beraten, habe ich kein

Interesse mehr, mich irgendwie verkaufen zu lassen. Mein Wille ist nur noch, eisern an meinem fußballerischen Können zu arbeiten, verbunden mit dem Ehrgeiz, hier in Deutschland eine bescheidene Existenz zu erringen. Ich habe den Wunsch, mit Ihnen persönlich über diese Dinge zu sprechen und Rat zu holen.

Über das Nachlassen in der zweiten Spielhälfte glaube ich doch sagen zu können, daß meine Leistungen in den letzten Spielen in beiden Spielhälften zufriedenstellend waren. Das Nachlassen in der zweiten Hälfte des Spiels in Berlin ist darauf zurückzuführen, daß meine Spielkameraden nicht mehr in der Lage waren, mich richtig anzuspielen. In den kommenden Spielen werde ich alles tun, mich weiter in guter Form zu halten und in beiden Spielhälften gute Leistungen zu zeigen. Was meine Kondition anbetrifft, habe ich das Gefühl, daß ich da stärker geworden bin. Sollte ich in den Länderspielen berücksichtigt werden, so werde ich alles daransetzen, Sie nicht zu enttäuschen.

Aus Ihrem Schreiben ersehe ich, daß Sie mir gegenüber nur Wohlwollen zeigen, dafür danke ich Ihnen vielmals.«

Während Sohnemann »Stan« noch haderte, wo es sich besser leben ließe, hatten seine Eltern für sich bereits eine Antwort gefunden. Es ging voran in den Sechzigern, und man glaubte, es sich ein wenig bequemer einrichten zu dürfen als in der entbehrungsreichen Nachkriegszeit. Also stand ein Umzug an: zwar nicht in ferne Länder, doch immerhin in eine sogenannte Komfortwohnung mit fließendem Wasser und Badewanne. Paul und Martha bezogen eine Dreizimmerwohnung in einem schmucken Reihenhaus im Haverkamp – Ausdruck eines moderneren Lebensgefühls. Nicht »schöner Wohnen« war angesagt, sondern praktischer. Später hatten die Arbeiter in ihren Siedlungen die Möglichkeit, ihre Zechenhäuser für rund 80.000,– Mark zu erwerben. Doch was heute Wohnästheten in nostalgische Verzückung versetzt, galt damals als unzeitgemäß: Es erleichterte die Hausarbeit nicht, sondern erschwerte sie.

Zwei Tage, nachdem Reinhard im Brief an Herberger seine

Umkehr zu den deutschen Tugenden Fleiß, Bescheidenheit und Heimattreue angekündigt hatte, setzte es für Schalke die nächste »Klatsche«: eine 1:2-Niederlage gegen den späteren Bundesligaabsteiger Preußen Münster. Doch es sollte noch schlimmer kommen, denn nur eine Woche später, am 18. April, mußten die »Königsblauen« beim TSV 1860 München antreten und gerieten damit zumindest sportlich auf Thielickes »abschüssige Bahn«. »Alte Schalker Herrlichkeit, wohin bist Du entschwunden« fragte die »Westdeutsche Allgemeine« nach dem Spiel theatralisch. Mit 7:1 hatten die Münchener Schalke 04 abgefertigt. Und das Blatt wußte von einer schockierenden »Harmlosigkeit des Schalker Sturms« zu berichten, »abgesehen von einigen Lichtblicken durch Libuda, Bechmann und Koslowski«. Auf der Tribüne erlebte ausgerechnet DFB-Trainer und zukünftiger Herberger-Nachfolger Helmut Schön die »niederschmetternde Blamage« seines Schützlings mit. »Es ist ein Jammer«, stellte er nachher lakonisch fest: »Was ist nur aus der Schalker Mannschaft geworden?«

In Gelsenkirchen glaubte man, wie so oft, im Trainer einen Schuldigen für die sportliche Misere gefunden zu haben. Der Verein trennte sich von Georg Gawliczek, und bereits am 26. April leitete der als »Feldwebel« verschriene Fritz Langner das Training. Vorzugsweise ließ er die Spieler in 5.000-Meter-Läufen Kondition klotzen, und nach Niederlagen scheuchte er sie nicht selten die Traversen der Glückaufkampfbahn rauf und runter – woran sich »World-Cup-Willi« Schulz auch heute noch gut erinnern kann: »Wenn es in einem Spiel schlecht lief, dann wußten wir schon: Jetzt geht es Montag wieder auf die Tribünenränge. Libuda war genauso trainingsfaul wie ich. Wir haben uns dann immer mit einer vorgetäuschten Verletzung kurz vor Schluß mit der Trage vom Platz schleppen lassen. So konnten wir uns die nächsten Tage behandeln lassen und mußten nicht Langners Horror-Programm mitmachen.« Langner setzte sich später nicht nur als »Schleifer« ein Denkmal, sondern auch als sonderbarer Mathematiker mit dem Satz: »Ihr fünf spielt jetzt vier gegen drei.«

Bereits am 29. April stand in Ludwigshafen ein erneutes Testspiel der deutschen Nationalmannschaft an, in dem der wegen seiner Formschwankungen negativ aufgefallene Libuda nur 45 Minuten spielte und das mit 3:4 verloren wurde. Noch eine letzte Partie wollte Sepp Herberger leiten: Sein Abschiedsspiel von der deutschen Fußballbühne sollte am 12. Mai in Hannover gegen die Schotten stattfinden, und unzufrieden mit der Leistung seiner Mannschaft, die zweimal hintereinander verloren hatte, bangte er um einen standesgemäßen Abgang. In Hannover sollte die Nationalmannschaft gewinnen.

Auch in Schalke waren zu diesem Zeitpunkt die Ansprüche nicht mehr allzu hoch. Hatte man die Saison vielversprechend begonnen, waren die Gelsenkirchener am Ende froh über einen achten Platz. Aber es zeichnete sich bereits eine Talfahrt ab, die im nächsten Jahr ihren Tiefpunkt erreichen sollte. Nachdem am letzten Spieltag in Saarbrücken ein 1:1 gegen den Tabellenletzten und Absteiger erkämpft wurde, steckte sich Trainer Langner für die kommende Saison keine besonders großen Ziele. Über Nacht seien keine Wunderdinge zu erwarten, erklärte er bereits vor dem Spiel, der Klassenerhalt im kommenden Jahr bleibe sein Wunsch – mehr sei mit dieser Mannschaft nicht zu erreichen. Im letzten Spiel der Saison konnte lediglich Libuda ab und zu glänzen, wenn er drei, vier Abwehrspieler nacheinander austrickste. Doch er fummelte sich auch viel zu häufig fest, wodurch er sich wiederholt den Unmut seiner Kollegen zuzog.

Zum Treffen mit der Nationalmannschaft, die sich auf das Abschiedsspiel Herbergers vorbereitete, mußten Schalkes Nationalspieler Libuda und der rechte Verteidiger Hans Nowak ohne »Eisenfuß« Willi Schulz nach Frankfurt fahren, der sich im letzten Saisonspiel eine Zerrung holte: »Das Risiko ist zu groß. Was nutzt es, wenn ich nach einer halben Stunde wieder ausscheide.« Herberger nahm das enttäuscht zur Kenntnis. Doch aus dem erhofften Sieg gegen Schottland wurde trotz eines 2:0-Vorsprungs nichts, 2:2 stand es am Ende, und Herberger forderte ein zweites Abschiedsspiel gegen Finnland. Dennoch sollte er sich in Hannover noch einmal, ein letztes Mal, von den deutschen Zuschauern feiern lassen. »Die 60.000 Fans im Niedersachsen-Stadion von Hannover«, schreibt Jürgen Leinemann in seiner Herberger-Biographie, »verabschiedeten ihn mit einem donnernden 'Hipp-hipp-hurra', als er stolz die Nachbildung des Weltmeisterpokals in die Höhe reckte, die ihm DFB-Chef Gösmann überreichte. Jetzt, zehn Jahre später, nahm er den Pokal an, den er in Bern nicht hatte anfassen wollen.«

Für Libuda, der in Hannover erneut nur 45 Minuten zum Einsatz kam, sollte es ab jetzt schwer werden in der Nationalmannschaft. Herbergers Nachfolger hieß Helmut Schön.

Das folgende Jahr sollte aber auch aus einem anderen Grund einen Knick in der Karriere Libudas bedeuten: Schalke bot vom ersten Spieltag an eine desolate Leistung. Zwei Unentschieden gegen Frankfurt und Karlsruhe folgten Niederlagen in Serie: 0:3 in Kaiserslautern, 0:3 zu Hause gegen Braunschweig, 2:3 in Nürnberg, 2:6 zu Hause gegen Dortmund, 1:2 in Stuttgart, dann einmal ein Heimsieg gegen Hertha BSC und schon wieder eine Niederlage gegen Bundesligaaufsteiger Hannover 96.

Als die Mannschaft gegen die große Konkurrenz aus Dortmund jene katastrophale 2:6-Schlappe hinnehmen mußte, weinten nachher in der Kabine einige Schalker Spieler, und der Journalist Heinz Symann schrieb bereits nach dem sechsten Spieltag: »Viele können (und wollen) im fußballverwöhnten Westen es nicht wahrhaben, daß möglicherweise abermals einer ihrer Vertreter... absteigen könnte.« Doch die Spieler schworen sich und ihrem Trainer: »Gerade jetzt wollen wir noch fester zusammenstehen. In einem Monat sind wir vom Tabellenende weg, dann können wir auch gelöster aufspielen.« Zwei Sätze, in denen bemerkenswerterweise gleich zwei Unwahrheiten enthalten waren: Erstens sollte Schalke 04 den letzten Tabellenplatz überhaupt nicht mehr verlassen, und zweitens trat das Gegenteil von Zusammenhalt ein. Die ohnehin schon zerrüttete Mannschaft entwickelte sich zur zänkischen Zweckgemeinschaft Arbeitsuchender.

Doch im fußballverrückten Gelsenkirchen spähten die Anhänger nach anderen Übeltätern, die ihre Helden von der

Arbeit abhielten. Und sie kamen auf Gisela, Libudas Braut, von der bekannt war, daß sie ihren chronisch eifersüchtigen Gatten mit der einen oder anderen Affäre ziemlich aus dem Gleichgewicht zu bringen vermochte. Im Oktober, kaum hatten die Schalker Hertha BSC Berlin geschlagen und wieder ein wenig Hoffnung geschöpft, ermittelte die Gelsenkirchener Kriminalpolizei in der Affäre »Drohbriefe gegen Gisela«. »Fanatiker machen sie für die schwache Form Libudas verantwortlich«, berichtete der »Mittag«. »In ganz Gelsenkirchen herrscht Aufregung um den 21 Jahre alten Nationalspieler Reinhardt Libuda (richtig: Reinhard. Anm.) und seine junge, schwarzhaarige Braut. Der Schalker Dribbelkünstler hat in letzter Zeit nicht überzeugen können. Durch seine schlechte Form spielte er sich aus der Nationalmannschaft heraus. Und in seiner Elf vollbringt er auch keine Wunderdinge mehr. Diese Tatsache brachte fanatische Schalke-Fans auf die Idee, daß für Reinhardts Leistungstief seine schwarzhaarige Braut verantwortlich sein muß! Dieser Schlußfolgerung sollte die Strafe auf dem Fuße folgen: Bei der 'Schuldigen' für die Formkrise hagelten Drohbriefe ins Haus! In ihnen werden sämtliche 'Punkte der Anklage' aufgeführt: Sie sei die Ursache für Libudas schwache Form, und sie hielt ihn vom Training ab. Der 21jährige war bereits im Sommer von seinem Verein für drei Spiele gesperrt worden. Kürzlich wurde er vom Schalker Trainingslager im Schwarzwald nach Hause geschickt, weil ihm die Arbeit zu hart war.«

War es die Provinzialität des »Tausend-Freunde«-Klubs, die Schalke in den Abgrund stürzte? In seinem Kommentar fühlte sich Wilhelm Herbert Koch an die Gründerzeit des Vereins erinnert, als man sich auf dem Schalker Markt in der Gaststätte Kaiserhalle bei »Mutter Thiemeyer« eingerichtet hatte: »Man schätzt betriebswirtschaftliche Genauigkeit ganz und gar nicht und hält auch den Bundesliga-Fußball ausschließlich für ein prachtvolles Samstags-Vergnügen für sich und die Zuschauer.« Alles hier sei dilettantisch: »Ich will zwar nicht dem eiskalten Profi-Fußball mit einer haargenauen Plus-minus-null-Abrechnung, wie man ihn meisterhaft in Köln erlebt, das Wort reden, aber ich finde es ganz und gar nicht witzig, in Schalke auf einem Acker im Wirrwarr von tausend anderen Wagen zu parken und dafür noch eine Mark zu bezahlen.« Und im Schalker Sturm habe ein »nach wie vor verfummelter Libuda« weder Schneid noch Ideen. Kurz und gut: »Etwas mehr Sorgfalt sowohl im Spiel als auch im Dienst am Kunden sollte man sich in Schalke schon einfallen lassen.«

Offensichtlich hatte man in Schalke die Zeichen der Zeit zu spät erkannt und geglaubt, mit dem vielbeschworenen Familiensinn und dem Zusammenhalt, den die Gelsenkirchener Kumpelgesellschaft versprach, sportliche Höchstleistungen in einer immer professioneller und auch kommerzieller werdenden Sportart zu erreichen. Und aus diesem Grund waren auch Begriffe wie Abstieg und Zerfall einer Mannschaft (von Geldverdienern) beim siebenmaligen Meister undenkbar gewesen. Doch allein mit bodenständigen Phrasen ließ sich der Absturz nicht mehr verhindern. Denn die Spieler waren nicht mehr nur stolz, Schalker zu sein. Sie waren in zunehmendem Maße an sportlichem Erfolg und einer eigenen Karriere interessiert.

Für Willi Schulz »stellte sich spätestens am Anfang der Rückrunde die Frage, was ich tun soll. Ich war seit einiger Zeit Nationalspieler, hatte Ambitionen und wollte den Erfolg. Wenn Schalke absteigt, und alles deutete darauf hin, mußte ich mir etwas Neues einfallen lassen. Im Kreis der Nationalmannschaft fanden quasi automatisch Gespräche statt. Schon damals verband mich eine Freundschaft mit Uwe Seeler, und er versuchte mir den HSV schmackhaft zu machen. Es gab auch andere Angebote, so zum Beispiel aus Stuttgart, wo Rudi Gutendorf trainierte, und aus Hannover mit Kronsbein.«

Schalke 04 kam nun eher die Funktion eines Arbeitsamts als die eines Fußballvereins zu. Wer Verstärkung suchte, fand die Namen auf der Gehaltsliste des wahrscheinlichen Absteigers: Nationalspieler Libuda, Schulz, Nowak, Koslowski – gute Leute waren ja eigentlich zur Genüge im Aufgebot der Gelsenkirchener. Während sich Willi Schulz aufgrund seiner Bindung zu Uwe Seeler entschied, in der kommenden Saison für den

HSV zu spielen, erlag Reinhard Libuda, dem noch im Januar die Ehrenplakette der Stadt Gelsenkirchen verliehen wurde, der Verlockung einer neuen Wohnungseinrichtung. Die hatte ihm der Spielausschußvorsitzende Heinz Stork von Borussia Dortmund für den Fall eines Wechsels versprochen. Reinhard und Gisela konnten nicht widerstehen: In der kommenden Saison sollten Möbelpacker schwere Eichengarnituren in ihr trautes Heim in Dortmund wuchten. Und auch für ein Kinderzimmer wurde gesorgt, denn am 12. Juli bekamen die Libudas einen Sohn, Matthias-Claudius, dem Borussia Dortmund schon einmal »einen sonnigen Lebensweg« wünschte.

Unergründlich allerdings bleibt, warum die Libudas ihren Sohn nach dem frommen Autor liturgischer Kirchenlieder benannten, der im zweiten Vornamen ausgerechnet den Namen jenes römischen Kaisers trug, der im Jahr 48 unserer Zeitrechnung seine Gattin Messalina hinrichten ließ und sechs Jahre darauf von seiner nächsten Ehefrau Agrippina vergiftet wurde. Jener Agrippina übrigens, die später auf Befehl ihres Sohnes Nero ermordet wurde, der wiederum Rom in Flammen aufgehen ließ. Chaotische Zustände in Rom, aber nicht nur dort!

Die Meisterfeier der Saison 64/65 wurde in Bremen gefeiert, wo einem gewissen Willi Multhaup das »Wunder« gelang, eine durchschnittliche Werder-Truppe vorbei an den Favoriten Hamburg, München 60, Köln oder Dortmund zum Titel zu führen. Als Belohnung erhielt jeder Spieler eine Armbanduhr.

Bei Schalke war alles »Hoffen und Harren« (»WAZ«) vergeblich gewesen: Die Mannschaft wurde nur 16., also Tabellenletzter, und drohte in die Bedeutungslosigkeit der Fußballzweitklassigkeit abzurutschen. Nicht Blau-und-Weiß hatte Schalkes »größtes Talent« verlassen, Libuda hatte Blau-und-Weiß verlassen. »Opa Pryczikowski aus dem Ruhrrevier geht immer noch zu Schalke 04«, trösteten sich die Treuen vom Schalker Markt: »Und ob ich verroste oder verkalke – ich gehe immer noch auf Schalke.«

Treu und fest zusammen

In Dortmund

Jürgen Kurbjuhn wollte nie Verteidiger werden. Früher war er immer Stürmer und einmal sogar Torschützenkönig gewesen – doch das war lange her, da spielte er noch bei den Amateuren. Aber seit er in der ersten Mannschaft des Hamburger Sport-Vereins stand, mußte sich der baumlange Buxtehuder mit der ungeliebten Position des linken Verteidigers wohl oder übel begnügen. Das blieb sein Dilemma, solange er Fußballprofi war. Freude am Spiel sollte nicht mehr so recht aufkommen.

Dennoch erkämpfte er sich in der Hintermannschaft des HSV schnell einen guten Ruf, dem er später sogar fünf Berufungen in die deutsche Fußballnationalmannschaft verdanken sollte: den des unbarmherzigen und knallharten Verteidigers. Wo Kurbjuhn auftauche, sagte man an der Hamburger Rothenbaumchaussee, da wachse kein Gras mehr. Für den Mann mit der Nummer drei auf dem Rücken nicht gerade ein Kompliment, so als Mann fürs Grobe gehandelt zu werden.

Zweimal im Jahr hatte Kurbjuhns Elend einen ganz bestimmten Namen: »Stan« Libuda, drei Jahre jünger, gut einen Kopf kleiner und als Rechtsaußen ungnädigerweise immer wieder Kurbjuhns direkter Gegenspieler. Zwischen 1963 und 1971 trafen die beiden vierzehnmal aufeinander. Vierzehnmal Alpträume für Kurbjuhn und quälende Selbstzweifel: »Ich konnte nicht mehr essen; es schmeckte einfach überhaupt nichts«, erinnert sich der Linksverteidiger an die furchtbare Angst vor der Blamage. »In der Nacht vor dem Spiel wälzte ich mich stundenlang im Bett und konnte nicht einschlafen. Statt dessen rannte ich unentwegt auf Toilette. Das hat keinen Spaß gemacht.«

Dummerweise kamen die HSV-Trainer immer auf ihn. Dieter Seeler mochte man eine Aufgabe, die soviel Selbstdisziplin, aber auch Brutalität erforderte, nicht anvertrauen. Der rannte zu häufig nach vorne, um seinem Bruder Uwe im Toreschießen nachzueifern – was ihm bekanntlich nicht gelang. Also hieß es in der Kabine immer teils mahnend, teils aufmunternd: »Jürgen, Du mußt ran!«, und Kurbjuhn wußte, was kommen würde. Diese Litanei: Attackier ihn, sei bissig, geh in die Zweikämpfe, mach ihm Angst, nie nachlassen und so weiter.

Manchmal nahm ihn Jupp Posipal, Hamburgs Fußballweltmeister aus der »Walter-Elf«, väterlich zur Seite und gab Ratschläge wie: »Kubi, die Aschenbahn gehört zum Spielfeld«, was ausdrücken sollte: »Sens den Lütten um und zeig ihm, daß es keinen Spaß macht, frech zu sein, wenn man sich den Oberschenkel gerade aufgeschürft hat!« Das war aber auch kein richtiger Trost. Einmal schrieb eine Zeitung: »Kurbjuhn zog sich gegen Libuda noch achtbar aus der Affäre, diesmal sogar ohne Foulspiel.« Das war ein wenig schmeichelhaftes Kompliment, über das sich der »Lange« nicht freute.

Denn Kurbjuhn zog viel zu oft den kürzeren. Dann lachten die Zuschauer den Hünen aus, der vom Zwerg Libuda »vernascht« wurde. Dann lag Kurbjuhn ausgestreckt wie ein riesengroßer Maikäfer auf dem Rücken, und der Ball war samt Fummler längst auf dem Weg zum Hamburger Tor. Dann tobten die fremden Zuschauer feindselig und feixten, und Jürgen Kurbjuhn wäre am liebsten im Boden versunken.

Solche Erlebnisse wuchsen in seiner Erinnerung zu gigantischen verlorenen Schlachten, und der kleine Libuda wurde zum riesigen heldenhaften Dribbelkönig. »Er spielt Dir den Ball durch die Hosenträger« hieß es mystifizierend, und jeder hatte andere furchteinflößende Geschichten auf Lager. »Wenn er Dich ausgetrickst hat, dann stoppt er, guckt Dir ins Gesicht und lacht Dich aus.« Kurbjuhn konnte sich über so etwas irgendwann nicht mehr amüsieren. Wenn er heute über Libuda spricht, dann versteigt er sich sogar zu der Behauptung, der sei »ein sehr extrovertierter Mensch gewesen, der seine Gefühle auslebte, einer der lustig war und viel lachte und herumalberte«. Bilder, die sich nur im Kopf eines einmal zu häufig gedemütigten Gegenspielers zu solchen Eindrücken verzerren konnten.

Aber natürlich kannte Kurbjuhn auch gegen einen Spieler wie Libuda ein »Rezept«: »Ich mußte ihn ganz früh angreifen, noch bevor er den Ball hatte. Und in den ersten fünf bis sechs Minuten mußte es hart zur Sache gehen. Dann bekam er Angst vor mir, und dann kam es vor, daß er resignierte, daß er den Kopf hängen ließ, daß er sich nicht mehr traute, mir in die Augen zu sehen. Dann wußte ich, jetzt hast Du ihn geschafft. Jetzt kommt er nicht mehr ins Spiel.«

Spiel, das hieß bei Libuda oft »Rausch«. Wenn dieser Fall eintrat, gingen Kurbjuhns Grätschen ins Leere. Dann konnte der Verteidiger einem leid tun, dann war Libuda wieder »Stan«. »Wenn das Spiel läuft, dann ist auch bei mir alles klar«, hatte Libuda dazu einmal bemerkt: »Dann habe ich eine Sicherheit, die mich beflügelt. Ich habe dann das Gefühl, dich hält sowieso niemand. Also immer munter drauf.« Kurbjuhn: »Immer wieder kam er mit dem 'Matthews-Trick': links antäuschen, rechts vorbei, manchmal auch umgekehrt. Immer wieder habe ich vorher eine Art autogenes Training gemacht, versuchte mir wie ein Hochspringer jeden Schritt vorzustellen. Und immer wieder fiel ich darauf herein. Es ist fast unmöglich, diesen Reflex abzustellen. Er schien rechts vorbeizuziehen, dann grätschte ich nach rechts, und er ging links. Grätschte ich nicht nach rechts und setzte diesen Schritt aus, weil ich seinen Trick zu kennen glaubte, ging er rechts vorbei und ließ mich stehen.« Gegen diese Körpertäuschungen war einfach kein Kraut gewachsen.

Nach solchen Tagen verließ Jürgen Kurbjuhn nicht mehr das Haus, dann war er »total down« und kam sich »so hüftsteif« vor. Dann wollte er nicht mehr Verteidiger sein – nein, nicht einmal mehr Fußballer. Sollten sie ihm doch alle einmal den Buckel herunterrutschen. Und dann ging er doch wieder am Montag zum Training, und im Rückspiel ging das Theater mit Libuda wieder von vorne los.

»Stan« war jetzt Borusse. Ein Konversion des Heiligen, ein Trauma für einen Teil der Schalker Fußballsekte. Er hatte seinen Verein verraten, als er glaubte, es ginge mit dem bergab. Das war in den Augen seiner früheren Fans sehr niederträchtig, und noch viel niederträchtiger war es, zu den verhaßten Borussen nach Dortmund zu gehen.

Eigentlich war bei Schalke alles klar: Abstieg – sogar verdient, das Ende aller Träume, die wichtigsten Spieler waren weg. Und dann kam doch alles ganz anders.

Denn plötzlich entdeckte der Deutsche Fußball-Bund sein Herz für den Schalker Skandalverein, der immer einen Blut-Schweiß-und-Tränen-Antipoden zur blütenweißen Bürokratenwelt der Frankfurter Fußballsachverwalter dargestellt hatte. Schalke 04 hatte immer das Gefühl, vom Fußball-Bund im günstigsten Fall mißverstanden, im schlimmeren benachteiligt oder betrogen zu werden.

Begonnen hatte jedoch alles weit vorher, und es war eigentlich der Fall »Hertha BSC«. Denn während die Rückrunde der vorherigen Saison in vollem Gange war, kam man den Berlinern auf die Schliche, manipuliert und somit gegen die Statuten des DFB verstoßen zu haben. »Eine interne Vereinskrise, verursacht durch eine Niederlagenserie, die ihrerseits ihren Hauptgrund in schwerwiegenden wochenlangen Ausfällen entscheidender Spielerpersönlichkeiten ... hatte, führte zu einer ebenso turbulenten wie letztlich folgenschweren Mitgliederversammlung der Herthaner im Februar 1965, in deren Verlauf sich der Vorstand der Blauweißen durch unbedachte Äußerungen selber belastete«, berichtete Ben Harder in seiner Vorschau auf »Die deutsche Bundesliga 1965/66«: »Der Verein Hertha BSC wurde durch Urteil des DFB-Sportgerichts vom 18.5.1965 in die Regionalliga zurückversetzt, legte zwar noch einmal Berufung ein, die aber das Bundesgericht des DFB am 19.6.1965 mit der Feststellung verwarf, es seien 120.000 DM unzulässig für Spielerverpflichtungen ausgegeben und Fehlbeträge verschleiert worden.«

Was folgte, war eine wochenlange Posse, der Schalke 04 am Ende die Bundesligazugehörigkeit verdanken sollte. Als Reaktion auf die harte Strafe des DFB sann man in Berlin auf Rache und veröffentlichte eine Liste, die Belastungsmaterial gegen sechzehn Bundesligaklubs (also gegen alle) beinhaltete: Horst-Dieter Höttges von Werder Bremen hätte ein 40.000-DM-Angebot von 1860 München erhalten, Hennes Löhr wäre für 10.000,– Mark und eine Kapitalversicherung in Höhe von 25.000,– Mark nach Köln gewechselt, und Reinhard Libuda hätte 50.000,– Mark Handgeld von Borussia Dortmund erhalten. Es befanden sich so ziemlich alle auf der Liste, die Rang und Namen hatten: Willi Schulz, Fahrian, Siemensmeyer, Nowak – Ajax Amsterdam, Eintracht Frankfurt, der 1. FC Nürnberg und Bayern München.

Hertha war Drittletzter der Tabelle gewesen, dahinter der Karlsruher Sport-Club und Schalke 04, die eigentlich sportlich abgestiegen waren. Und dann dachte sich der DFB die tollsten Dinge aus: »Eine Qualifikationsrunde um den 16. Bundesligaplatz beispielsweise zwischen dem KSC (der ordnungsgemäß abgestiegen war und nicht mal nach dem Wortlaut des DFB-Urteils gegen Hertha BSC das geringste Anrecht auf den Verbleib in der Bundesliga geltend machen konnte), Tasmania Berlin, dem SSV Reutlingen und dem 1. FC Saarbrücken«, dem Lieblingsverein Hermann Neubergers, der, nachdem er mitbekam, daß außer ihm niemand besonders an diesem Verein hing, den Saar-Antrag auf Aufstockung auf 18 Vereine wieder zurückzog. Der DFB »hob diesen Beschluß wenige Tage später wieder auf und versetzte den KSC (nun vollends als Geschenk!) ins deutsche Fußballoberhaus. Er gab den Einsprüchen von Tasmania Berlin und Tennis Borussia Berlin, die zweifellos zu Recht bestanden, statt und warf die Karlsruher neuerlich hinaus, um sie schließlich ... dennoch zuzulassen.« Als es irgendwann zu turbulent wurde, einigte sich der DFB auf eine Aufstockung: 18 Vereine sollten fortan in der Bundesliga spielen. Hertha BSC stieg ab und wurde durch Tasmania ersetzt, Karlsruhe und Schalke durften bleiben, neu kamen die Aufsteiger Borussia Mönchengladbach und Bayern München hinzu.

»Die Zone spricht von 'politischem Druck'«, meldete daraufhin »dpa« Unruhe aus Ostberlin. »Nach Auffassung der Sowjetzonen-Nachrichtenagentur ADN ist die Aufnahme von Tasmania 1900 Berlin in die Bundesliga auf den 'politischen Druck' zurückzuführen, dem die Funktionäre des Deutschen Fußball-Bundes (DFB) durch Bonner und West-Berliner Politiker ausgesetzt gewesen sind.«

In Schalke hingegen wurde mächtig gefeiert, und ein freudetrunkener Kuzorra konnte sich einen bösen Seitenhieb auf die »Verräter« Schulz und Libuda nicht verkneifen, als er sagte: »Ich bin froh, daß die Stars aus unserer Mannschaft heraus sind. Während früher nur aufs Geld geschaut wurde, kommt es unseren jungen Leuten in der Hauptsache auf das Fußballspielen an. Ich halte unsere jetzige Mannschaft kämpferisch und moralisch sogar für stärker.«

Als »der eiserne« Willi Schulz im Oktober mit seinem neuen Klub HSV in der Glückaufkampfbahn antreten sollte, reiste er zwar mit nach Gelsenkirchen, doch er versteckte sich aus Angst vor dem Schalker Publikum in seinem Hotelzimmer, welches er bis nach Spielschluß nicht mehr verließ. Schalke gewann mit seiner neuen Truppe 2:1, und HSV-Trainer Gawliczek sprach von einer Verletzung Schulz', die allerdings keinen Anlaß zu großer Sorge böte. Schulz bekannte später: »Wenn damals abzusehen gewesen wäre, daß wegen der Aufstockung der Liga Schalke nicht absteigt, wäre ich nie im Leben weggegangen. Ich bin ein Junge aus dem Pott, das läßt sich nicht verleugnen, und wenn nicht irgend etwas Weltbewegendes passiert, bleibt man dort, wo man aufgewachsen ist.«

Ähnlich erging es dem zweiten Renegaten, Reinhard Libuda. Jetzt durfte er zwar mit seinem neuen Verein im Europapokal spielen, weil Borussia im Vorjahr DFB-Pokalsieger geworden war, und hatte sich im altvertrauten Gelsenkirchener Barock auch in Dortmund einrichten lassen, doch in der »Bild«-Zeitung befürchtete er: »Sie schreien mich nieder!« Den Moment, in dem Libuda von Schalkes Klassenverbleib erfuhr, hatte Roman Köster festgehalten: »Er stand vor dem Spiegel und quälte sich mit seinen widerspenstigen Haaren. Ganz leise öffnete ich die Kabinentür und sagte: 'Sie werden es nicht glauben, Reinhold, aber Schalke ist wieder in der Bundesliga.' Reinhold Libuda (richtig: Reinhard. Anm.) drehte sich um. Sekundenlang war es still. Seine Augen wurden kugelrund. Er starrte auf sein gelbes Hemd und eine schwarze Hose, die auf der Bank lagen. Was dachte der Alt-Schalker und Neu-Borusse in diesem Augenblick? Was mußte in diesem Jungen vorgehen, der in Schalke großgeworden ist und in letzter Sekunde wie Nowak, Schulz und Crawatzo das sinkende Schiff verlassen hatte? 'Mensch, wenn ich das gewußt hätte.' Das war die erste Reaktion, aber schnell fügte er hinzu: 'Doch die Borussen sind schon eine tolle Truppe.' 'Wären Sie in Schalke geblieben', fragte ich. 'Vielleicht', kam die Antwort, 'aber die Leute haben mich da sauer gemacht, weil ich immer gefummelt habe.' Und dann kreisten seine Gedanken um die erste Begegnung Schalke – Borussia. 'Nicht zu fassen', sprach Libuda, 'wenn ich in der Glückaufkampfbahn spielen muß.' 'Angst?', fragte ich. 'Nein, Angst nicht, aber ein dummes Gefühl. Jetzt werden sie mich wohl ganz schön niederschreien!' Und wie eine Art Selbsttröstung kamen die Worte: 'Aber dem Willi Schulz, dem Hannes Nowak und dem Heinz Crawatzo ergeht es ja auch nicht besser.' 'Glauben Sie', bohrte ich weiter, 'die wären alle geblieben, wenn sie das gewußt hätten?' Reinhold Libuda verzog das Gesicht zu einem sauersüßen Grinsen: 'So, wie ich die Jungs kenne, denke ich schon.' 'Freuen Sie sich über den Beschluß des Bundestages?' Da brach der Schalker Libuda durch: 'Sie können es mir ehrlich glauben, das ist ganz prima. Und hoffentlich bleiben sie mit ihrer Amateurmannschaft drin. Sonst helfe ich mal aus.' So ganz spurlos ist die Schalker Jugend doch nicht an ihm vorübergegangen, denn zwei Stunden später sprach er immer noch von 'seinem' Schalke 04!«

Bei der Borussia hatte man sich viel vorgenommen. Mit Siggi Held, der von Kickers Offenbach kam, und »Stan« Libuda wurden zwei neue Stürmer verpflichtet, die den BVB gemeinsam mit der »Torfabrik« Lothar Emmerich nach 1963 zur nächsten Deutschen Meisterschaft schießen sollten. Was dazu führte, daß sich nicht jeder der Borussen über die spektakuläre Neuverpflichtung freute. Auch wenn der bisherige Rechtsaußen Reinhold Wosab später beteuerte: »Der Stan war und ist ein guter Freund von mir«, freute er sich doch klammheimlich über jeden Fehler des neuen Spielers und erinnert sich auch heute noch an jeden seiner Triumphe über den Konkurrenten: »Die Borussia machte vor der Saison ein Freundschaftsspiel gegen Belgrad, und bei dieser Gelegenheit spielte Libuda. Er schlug ein paar Haken, aber ansonsten blieb er blaß. Unser Trainer Multhaup war mit seiner Leistung absolut nicht zufrieden und brachte mich ins Spiel. Ich legte gleich einen Hattrick hin und wurde allseits gefeiert.« Doch dabei blieb es auch: »Zwei Rechtsaußen konnten nun mal nicht auflaufen, und dementsprechend wechselte ich in die Abwehr.«

So kündigte sich für den übertrieben ängstlichen und unkommunikativen Libuda das nächste Dilemma an: Hatte er Schalke verlassen, weil er sich von seinen Kollegen im Stich gelassen fühlte (»sie haben mich sauer gemacht, weil ich zuviel fummelte« – gegenüber der »Bild«-Zeitung; »habe das Gefühl, von meinen Mitspielern nicht gern angespielt zu werden« – im Brief an Herberger), fühlte er sich jetzt bei Borussia Dortmund erneut isoliert. »Der Wosab und seine Clique, die wollen nichts mit mir zu tun haben«, weinte sich Libuda bei seinem Freund Heinz in Gelsenkirchen aus. Er brauchte Harmonie, er war kein Kämpfer, und wenn er bisweilen starke Sprüche klopfte, dann versuchte er lediglich seine Unsicherheit zu überspielen und »einer von ihnen« zu werden. Ein Fußballer kennt schließlich keinen Schmerz. »Der Stan ist ein besonderer Fall«, wußte Schalkes früherer Rechtsaußen Bernie Klodt: »Er muß ständig umhegt und gepflegt werden. Wenn man ihn richtig betreut und ihn einzustellen versteht, dann hat man an ihm viel Freude.«

Zu allem Unglück erwischte Rivale Wosab den weitaus besseren Start in die Saison: In den ersten acht Spielen (das Freundschaftsspiel gegen Belgrad nicht einbezogen) sollte er sechs Tore schießen.

Es war ein Jammer: Zum Saisonauftakt mußten die Borussen nach Braunschweig. Und prompt kassierten die Dortmunder vier Tore bei den Niedersachsen, ohne auch nur ein einziges selber zu schießen. Libuda verließ deprimiert das Stadion: Seine neuen Mannschaftskameraden behandelten ihn, als spielte er noch für Schalke, was der borussenfreundlichen »Westfälischen Rundschau« sofort auffiel. »Libuda ging in die Kabine, ohne daß ein Schweißtröpfchen sein Trikot verunzierte. Man konnte ihm nachfühlen, daß er die Lust verlor, weil er kaum einen Ball zugespielt bekam, ja regelrecht 'geschnitten' wurde. Hat der BVB Libuda (für bestimmt nicht wenig Geld) eingekauft, damit er an der Außenlinie 'verhungern' soll?« Borussias Trainer Multhaup, schloß der Kommentar, möge doch bitte ein Machtwort sprechen und seine Spieler ins Gebet nehmen. Der Klubchronist der »BVB-Vereinsnachrichten« befand schließlich: »Unsere von Alfred Schmidt verhalten geführte Angriffsreihe schien demonstrieren zu wollen, daß sie um die alten Kameraden Konietzka und Brungs trauert.«

Dabei hatten sie zuvor noch alle gemeinsam (Libuda, Wosab und Kollegen) das schöne BVB-Lied auf einer Schallplatte besungen: »Wir zieh'n vergnügt und froh dahin, schwarz-gelb ist unsere Tracht. Wir haben stets einen heiteren Sinn, sind lustig, nie verzagt. Wir kennen eine Feindschaft nicht, wir schaffen Hand in Hand, stets ruhig Blut, ein froh Gesicht ist jedem wohl bekannt. Wir halten fest und treu zusammen, Ball-Heil-Hurra Borussia. So lang die Kehl' noch singen kann, soll klingen unser Lied, so lange bis der letzte Mann noch einen Fußball spielt.« Trompetenfanfaren beendeten schließlich die letzte Strophe: Ball-Heil-Hurra Borussia.

Je länger er in Dortmund war, desto größer wurde Libudas Sehnsucht nach Gelsenkirchen, zumindest nach Haverkamp. Und weil der heimwehkranke Rechtsaußen ein Faible für schnelle Autos besaß, wurde er beinahe häufiger in seiner alten denn in seiner neuen Heimat gesehen, obwohl die Libudas jetzt eigentlich in Dortmund-Kley wohnten. Viel lieber nämlich saß er mit den alten »Kumpels« in seiner Haverkämper Stammkneipe, die August Polomski (»der Dicke«) führte, und spielte Skat, trank Bier und Korn, was immer nur »Gedeck« hieß, und sang mit der anderen etwas nostalgisch: »Wir sind alles Haverkämper Jungs, und bei Polomski trifft sich unser Klub.« Das klang ehrlicher als das »Fest und treu zusammen« des BVB. Die »Gaststätte Polomski«, die nannten sie auch das »Herz von Haverkamp«. Viele Jahre später, 1983, schrieb Libuda einmal in einer Kolumne der Zeitschrift »Sport«: »Und was die Freunde angeht: Ich habe eigentlich trotz meiner Dribblings und Tore nie wirkliche Freunde gehabt. Schon als Profi habe ich mich auch nach großen Spielen lieber zurückgezogen, bin lieber zum Skat in meine Stammkneipe statt zu großen Siegesfeiern gegangen. Und wo gibt's richtige Freunde? Ich glaube, der einzige richtige Freund, den ich habe, das ist mein Sohn Matthias-Claudius.«

Bei Polomski jedenfalls konnte er für ein paar Stunden seine Probleme vergessen, zu denen auch Ehefrau Gisela nicht unwesentlich beitrug. Man sagte ihr ständig irgendwelche Affären nach. Das war schlimm. Und schlimm waren auch die Hänseleien der »Mannschaftskameraden«, denen das nicht verborgen blieb. »Manchmal ist es wie verhext. Wenn bei mir privat etwas nicht geklappt hat, dann kann sich das durchaus auf das Spiel auswirken.« Was noch untertrieben war. Die Mitspieler jedenfalls wußten: Wenn Streß im Hause Libuda angesagt war, dann hätte man den Rechtsaußen gar nicht erst aufzustellen brauchen.

In den folgenden Spielen lief es besser, sowohl bei der Borussia, die fünfmal in Serie gewann und damit zwischenzeitlich Tabellenführer wurde, als auch bei ihrem »Problemkind« Libuda – obwohl er von Bundestrainer Helmut Schön nicht für das Länderspiel gegen Österreich nominiert wurde und auch nicht die Courage hatte, beim Auswärtsspiel gegen Schalke aufzulaufen, das die Borussen aber auch ohne ihn mit 3:2 für sich entscheiden konnten. Wie schon vor ihm Willi Schulz mied Libuda das Pfeifkonzert und die »Judas«-Rufe des Publikums in der Glückaufkampfbahn. Trainer Wilhelm Multhaup fürchtete wohl auch das Aufeinandertreffen des Schalke-Verteidigers Friedel Rausch, der einer der wenigen gewesen war, zu dem

Libuda ein freundschaftliches Verhältnis besaß und dem er vertraute, und dem Abtrünnigen im schwarz-gelben Trikot.

Der Durchbruch in Dortmund gelang Libuda beim 4:0-Heimsieg gegen den 1. FC Kaiserslautern. Seine Dribblings gelangen endlich einmal, er wurde angespielt, Dortmund gewann hoch, und Libuda schoß sein erstes Bundesligator für Borussia Dortmund. Aber noch wichtiger waren die Zuschauer für den von Selbstzweifeln Gequälten gewesen. Pausenlos schrien sie ihn nach vorn mit ihrem aus Schalke importierten Stakkato: »Li-bu-da, Li-bu-da«. Jetzt endlich fühlte er sich in der fremden Stadt akzeptiert, endlich verlor er seine lähmende Unsicherheit. Er wollte von den Dortmundern geliebt werden, und das taten sie nun. Zumindest die Zuschauer.

Nun schien ihm alles zu gelingen. Auch im Europapokal. Am 10. November traf Borussia, die zuvor Florina La Valetta aus Malta mit 5:1 und 8:0 locker ausgeschaltet hatte, auf ZSKA Sofia, also praktisch auf die bulgarische Nationalmannschaft. Beflügelt von den anfeuernden Sprechchören des Publikums zauberte Libuda 90 Minuten lang, wirbelte wieder und wieder die gegnerische Abwehr durcheinander, daß den Zuschauern der bulgarische Verteidiger Ilieff leid zu tun begann, und bereitete zwei der drei Dortmunder Treffer vor.

3:0 hieß es schließlich in der Kampfbahn Rote Erde – ein beruhigendes Polster für das Rückspiel. Und endlich einmal wieder Lob für Libuda. Die »Bild«-Zeitung jubelte: »Eine größere Grundschnelligkeit, Kondition, mannschaftsdienliches Spiel. Er dribbelt nicht nur großartig, er flankt jetzt auch rechtzeitig und genau« und stellte fest: »Dortmunds kleiner Wirbelwind Libuda war an diesem Abend viel zu glücklich, um seinem Gegenspieler Ilieff das halbe Dutzend grober Fouls nachzutragen.« Nur eines irritierte Sportreporter Hans-Heinz Schmidt: Libudas erste Frage nach dem Spiel galt seinen ehemaligen Mannschaftskameraden in Gelsenkirchen. »Haben Sie auf der Tribüne meine alten Schalker Kameraden gesehen?« erkundigte sich »Stan« beim Journalisten: »Die wollten sich das Spiel nämlich geschlossen ansehen.«

Die Reise zum Rückspiel nach Sofia gestaltete sich bereits vor dem Abflug hindernisreich: Borussenspieler Hermann Straschitz hatte vergessen, seinen Paß rechtzeitig einzureichen, und erhielt kein Visum für das sozialistische Land, Theo Redder leistete gerade seinen Wehrdienst ab, bekam aber eine Sondergenehmigung, so daß er schließlich doch mitreisen durfte, Aki Schmidt war angeschlagen, und Reinhard Libuda zog sich auf dem Flughafen den Spott seiner Mitspieler zu, weil er »in seiner unbekümmerten Art«, wie Alfred Heymann in »Die Borussen kommen« schrieb, nur eine Tasche mitbrachte, »deren Ausmaß auf einen Tagesausflug schließen ließ, nicht aber auf eine Reise von acht Tagen. Denn von Sofia aus sollte es gleich zum Punktspiel nach Köln in die Sportschule Hennef gehen. Während es in Deutschland schneite, wehte in Sofia ein mildes Lüftchen.« Doch in der Berichterstattung der »Westfälischen Rundschau« wurde die Stadt zur »Fußballhölle«: Das Spiel sei »eine mörderische Schlacht« gewesen und die Kabine der Dortmunder nachher »ein Lazarett«. Es muß gewesen sein wie in einem neuerlichen Balkankrieg: Held wurde das Opfer »der Ausschreitungen. Er wand sich ... durch die gegnerische Deckung, wurde aber von beiden Seiten dermaßen attackiert, daß er sich einige Male überschlug und vom Platz getragen werden mußte.« Linksaußen Emmerich »ging zu Boden« nach einer »Handgreiflichkeit«, die aber wegen »einbrechender Dämmerung nicht ausgemacht werden« konnte. Nach einem »Angriff der Bulgaren« wurde »Tilkowski mit der Faust zu Boden gestreckt«. Bevor Wolfgang Paul einen Kopfball ansetzen konnte, »hatte ihn Peneff mit einem Ellenbogentreffer auf den Solarplexus« heimtückischerweise »kampfunfähig gemacht«. Nikodimoff trat Tilkowski »einfach gegen die Schienenbeine«, und der unbescholtene Hoppy Kurrat kassierte einen Platzverweis, dessen Entstehung er später so schilderte: »Jakimoff hatte Libuda umgesäbelt. Ich wollte den Bulgaren zur Ordnung rufen. Bei dieser Gelegenheit hat Jakimoff mir dann ein paar Ohrfeigen verpaßt. Ich habe mich nur schützen wollen.« »Der Schiedsrichter«, befand Gerhard Bahr in der Zeitschrift »Fußball-Europa-Pokal«, »war vorher bei den hinterhältigen Fouls der Bulgaren keineswegs ebenso streng gewesen.«

Zum Schluß verließen die Teutonen das Schlachtfeld als Verlierer, erreichten aber trotz der 2:4-Niederlage die nächste Runde und ließen sich von Vereinsarzt Helmuth Melliwa auf dem »Hauptverbandsplatz« behandeln. Der Kriegsberichterstatter der »Rundschau« verließ Bulgarien zügig. Das Spiel, berichtete er seinen Lesern, machte »den Abschied aus einem Land leichter, das man in wenigen Tagen wegen der Gastfreundschaft seiner Menschen liebgewonnen« hatte. Die Spieler mußten nach dem Fußballkrieg noch zur Schlacht aufs anschließende Bankett, welches sie aber wortlos verließen, nachdem der türkische Schiedsrichter Sarvan ihnen bescheinigt hatte: »Die Deutschen sind ja sonst ganz faire Spieler. Aber die Borussen sind keine Gentlemen« und Hoppy Kurrat nun schon zum wiederholten Male geohrfeigt wurde.

Gegen die Furcht Libudas vor derartigen Spielen entwikkelte Melliwa dann ein Rezept. Als Reinhard wieder einmal mit schlotternden Knien in der Kabine saß und sich nicht ins Stadion traute, zerbrach der Arzt eine Kopfschmerztablette und reichte sie dem empfindsamen Stürmer mit den Worten: »Nimm, das hilft.« Libuda soll daraufhin, erinnert sich der Beobachter und spätere BVB-Pressesprecher Gerd Kolbe, »wie entfesselt gespielt« haben, was er auf die Wirkung des Wundermittels zurückführte. Später sagte er nur noch: »Doktor, die Pille!« Das soll sich beim Spiel gegen Werder Bremen zugetragen haben, zweieinhalb Wochen nach dem Kampf gegen Sofia, und Auslöser der Ängste Libudas war in diesem Fall Bremens »Eisenfuß« Horst-Dieter Höttges gewesen, der genauso gut zulangen konnte wie Hamburgs Kurbjuhn. Borussia gewann jedenfalls gegen Bremen mit 2:1, und auch in der Dortmunder Vereinschronik bescheinigte man Libuda eine gute Leistung, er habe mit Held und Emmerich »eine Abwehr von internationalem Format ... vor schwere Proben« gestellt.

Wenn der Placebo seine Wirkung tat, »spielte sich Libuda in einen Rausch, daß die Verteidiger nur noch verzweifelt hinter

MENTAL

ihm herrannten und in die Luft traten«, so Kolbe. Trainer Multhaup und seine Mannen sollen sich noch lange über Libudas Leichtgläubigkeit amüsiert haben. »Wir haben bei Borussia mit dem Stan auch schon die tollsten Sachen erlebt. Aber ich bin mit ihm immer gut hingekommen, weil ich ihn kannte«, äußerte Multhaup später einmal über seinen Spieler: »Er braucht Selbstvertrauen, dann kann man ihn ganz alleine spielen lassen...« Das mußte man ihn allerdings auch, denn ein bestimmtes taktisches Verhalten war mit dem eigenbrötlerischen Stürmer ohnehin nicht abzusprechen.

Die Hinrunde beendete Borussia Dortmund hinter den beiden Münchener Klubs 1860 und Bayern als Tabellendritter; aus der Mannschaft mit dem »Traumsturm Emmerich-Held-Libuda« war ein Meisterschaftsaspirant geworden. Der Start in das Jahr 1966 begann ordentlich: ein Unentschieden zwar nur gegen Eintracht Braunschweig, aber Siege gegen Neunkirchen, Frankfurt und Tasmania Berlin. Nur gegen Bayern München wurde im DFB-Pokal auswärts verloren, dafür aber Borussia Mönchengladbach 3:1 geschlagen.

Libuda hatte wieder eine Form erreicht, die ihn für die Nationalmannschaft empfahl. Obwohl Helmut Schön Libuda nie für besonders zuverlässig halten sollte, nominierte er ihn nach langer Zeit einmal wieder für ein Testspiel und weckte damit bei dem »Dortmunder« Hoffnungen, an der Weltmeisterschaft in England teilzunehmen, die im Sommer stattfinden sollte. Doch auch im Spiel gegen Dukla Prag in Saarbrücken, das die deutsche Mannschaft mit 0:2 verlor, vermochte Libuda den Bundestrainer nicht zu überzeugen, er wurde immer wieder ein Opfer seiner Nervenschwäche. Ganz im Gegensatz beispielsweise zu dem Frankfurter Hölzenbein, über den Helmut Schön in seinen Memoiren schrieb: »Kaum hörte er den Namen Schön, war er aus einem Formtief heraus. Aber ich finde nichts Negatives dabei, im Gegenteil: Ein Nationalspieler muß ja Höchstleistung bringen können, wenn es darauf ankommt. Diese Nervenstärke gehört auch mit zu seiner Qualifikation.« Und diese Nervenstärke hatte Libuda nie besessen. In Helmut Schöns Zettelkasten befand sich nach den letzten guten Spielen zwar wieder sein Name. Doch Schöns Urteil stand bereits vor den letzten Probeeinsätzen fest: »Reinhard Libuda war noch zu unbeständig.« Schön liebte Kämpfer wie Uwe Seeler, die als Stürmer noch ihre Gegenspieler bis in die eigene Hälfte verfolgten.

»Es gibt ja Spieler, für die das Spiel erst beginnt, wenn sie selber am Ball sind. Sie haben keinen Blick über das ganze Feld. Sie sehen nicht, wann sie eingesetzt werden könnten, wann sie eingreifen müßten. Das sind oft Alleinunterhalter.« Und so einer war Libuda in den Augen Schöns, dem die Genies immer suspekt waren und auch zu uneffektiv. »Leider konnte ich sie in der Nationalmannschaft nicht gebrauchen.«

»Wenn der Libuda angespielt wurde«, beschreibt Jürgen Grabowski seinen ehemaligen Konkurrenten auf dem rechten Stürmerplatz, »dann wußte man: Jetzt sieht man den Ball so schnell nicht wieder. Entweder dribbelte er sich fest oder er trickste sie alle aus. Und dann fiel häufig ein Tor. Dazwischen gab es wenig.« Libuda war unbeständig und dennoch in den Augen Grabowskis »ein grandioser Spieler«. Oder, um es in den Worten des Schalkers Willi Koslowski zu sagen: »mal Weltklasse, mal Kreisklasse«. Was Libuda beim 3:1 gegen die starken Gladbacher wieder einmal unter Beweis stellte, als er gegen Berti Vogts kaum einen Zweikampf gewinnen konnte und viel zu früh resignierte.

Dortmunds nächster Gegner im Europapokal sollte Atletico Madrid sein – eine Mannschaft, vor der die Dortmunder Respekt hatten, da sie in den Jahren zuvor schon Werder Bremen und den 1. FC Nürnberg ausschalten konnte. Zur Vorbereitung reiste die Dortmunder Mannschaft bereits einen Tag vor dem Spiel in Madrid an.

Nachdem Trainer Multhaup, Spitzname: Fischken, seine gelangweilten Spieler (Kurrat: »Kartenspielen kann man doch nicht immer.«) ins »Tal der Gefallenen« geschleppt hatte, wo sie eine Basilika zu Ehren der Bürgerkriegstoten besuchen mußten, stand Mittagsschlaf und Begutachtung des Rasens auf dem Programm: »'Nachher habt ihr Ausgang bis zum Wecken, ganz egal wie die Geschichte ausgeht. Und jetzt macht's gut.' Die Ermunterung war auch erforderlich. Denn angesichts des Platzes verließ vor allem 'Stan' Libuda der Mut: 'Hier kann man doch nicht spielen!'«, sagte er zum mitgereisten Alfred Heymann. Nach tagelangem Regen war der Fußballplatz im Metropolitana-Stadion, in dem Atletico seine Spiele absolvierte, schlammig und übersät von »quadratmetergroßen Wasserlachen«.

Libuda mußte auf dem schweren Boden natürlich trotz seiner Sorgen spielen, und er konnte auch: In der 17. Spielminute setzte er sich rechts durch und schoß knapp neben das Tor der Spanier. 55. Minute: Paß von Libuda auf Aki Schmidt, Verlängerung zu Emmerich, Schuß, Tor, 1:0 für Dortmund. Und wenig später: Chance für Libuda, Schuß, daneben. Dann doch noch der Ausgleich durch Mendoza. 85. Minute: 1:1. Schlußpfiff. »Auf einem Acker muß man ackern«, lobte der »Kicker« gezeigte deutsche Primärtugenden, und die Botschaft in Madrid freute sich: »Was die Jungens hier gezeigt haben, war eine Werbung für den Fußball.« Doch die Dortmunder waren trotz der guten Ausgangsposition für das Rückspiel verärgert, daß sie so kurz vor Spielende noch einen sicher geglaubten Sieg verschenkt hatten.

Im Februar 1966 kamen endlich die Schalker zur »Roten Erde«. Hatte Libuda noch vor der Auseinandersetzung in Gelsenkirchen gekniffen, so fand er nun das nötige Selbstbewußtsein, gegen seinen alten Verein anzutreten. Was sich an jenem Tag in der Kampfbahn Rote Erde ereignen sollte, erinnerte den Reporter der »Westdeutschen Allgemeinen Zeitung« an Schalkes »Vertreibung aus dem Fußballparadies«. Mit 7:0 fertigten die Dortmunder den Traditionsklub aus der Nachbarschaft vor 30.000 Zuschauern ab. Allein fünf Kopfballtore zeugten von der Stärke des Borussen-Angriffs. Immer wieder brachen Held und Libuda durch und servierten Flankenbälle in die Mitte. Friedel Rausch konnte seinen alten Freund »Stan« nicht stoppen. Die Tore fielen wie programmiert, auch wenn die Zuschauer lange warten mußten, bis Torschützenkönig Lothar Emmerich in der

77. Minute auch einmal traf. Bis dahin hatten sie ihn unermüdlich aufgefordert: »Emma vor, mach Dein Tor!«

Schalkes Coach Fritz Langner verzweifelte angesichts der desolaten Leistung seiner Spieler: »Was wollen Sie mit so einer Mannschaft machen?« Dortmunds Trainer Multhaup, von Dettmar Cramer schon als »Meistermacher« bezeichnet, war natürlich hochzufrieden. Die schwachen Schalker waren der richtige Gegner gewesen, sich auf das Rückspiel gegen Atletico Madrid einzuschießen.

Durch den Sieg gegen den FC Schalke 04 ging Borussia Dortmund als Tabellenführer der Bundesliga in das Rückspiel gegen Madrid. Eine gute Verhandlungsposition gegenüber der ARD, zumal mit Werder Bremen bereits der deutsche Landesmeister aus dem europäischen Wettbewerb geschieden war, und Hannover 96, der 1. FC Köln und der 1. FC Nürnberg bereits früh im Messepokal scheiterten. 35.000 Mark zahlten die Leute vom Fernsehen schließlich, um die zweite Halbzeit dieses Viertelfinalspiels live zu übertragen.

Trotz des schlechten Ergebnisses aus dem Hinspiel kamen die Spanier in der Gewißheit nach Dortmund, hier zu gewinnen und die nächste Runde zu erreichen. Was ihnen allerdings nicht gelingen sollte, denn in einem ziemlich ruppigen Spiel gewann der BVB durch ein Tor von Emmerich in der 16. Minute mit 1:0. Für Libuda wurde es – wieder einmal – zur Tortur. Was die Spanier dem deutschen Rechtsaußen angetan hätten, schrieb die »Westfälische Rundschau« in ihrem Spielbericht, habe an Brutalität gegrenzt: »Wenn Libuda seinen Gegenspieler umspielt hatte, dann konnte er dessen gewiß sein, daß ihn das lange Bein des Spaniers doch noch erwischte.« Für Helmut Schön, der auf der Tribüne seine Nationalspieler begutachtete, war es »sicher kein schönes Spiel, aber wenn es um einen solch hohen Einsatz geht, dann bleibt das nicht aus, daß derartige Härten aufkommen«.

Nach 1964 stand Borussia Dortmund nun zum zweiten Mal im Halbfinale eines Europapokals. Als Gegner wurde die englische Mannschaft West Ham United ausgelost.

In der Bundesliga gelang der Borussia kurz darauf ein eindrucksvoller 3:0-Sieg gegen den starken Aufsteiger Bayern München, der Tabellendritter war und mit Sepp Maier, Franz Beckenbauer und Gerd Müller bereits drei Spieler im Aufgebot hatte, die später Fußballgeschichte schreiben und dem Münchener Verein etliche Titelgewinne bescheren würden. Die »Deutsche Wochenschau« hatte die zweite Halbzeit für das Fußballpublikum zusammengefaßt: »Bundesligafans erlebten 45 Minuten Endspielstimmung. Multhaup hatte zur Pause zum Sturm geblasen. 60 Sekunden braucht Libuda bis zur ersten Maßflanke. Wie bestellt fliegt Emmerich heran.« Torjubel. »1:0 führt Borussia Dortmund gegen den Neuling Bayern München. Eine Halbzeit lang haben die jungen Bajuwaren in den dunklen Trikots das Tempo mitgehalten. Jetzt bleibt ihnen nur noch die Hoffnung auf den überraschenden Gegenschlag. Dortmunds Sturmgewaltige beherrschen den Strafraum. In der 66. Minute feiert Dortmund ein Jubiläum: Rekordschütze Emmerich fälscht den Freistoß ab zu seinem 25. Tor in dieser Saison. Bayerns letzter Versuch scheitert an Tilkowski. Von nun an diktieren die Dortmunder das Spiel. Keine deutsche Mannschaft wäre in diesen Minuten ihrem trickreichen Angriffszauber gewachsen. Die verzweifelten Abwehrszenen unterbricht ein 18-Meter-Schuß Sigi Helds. 3:0 für Borussia Dortmund, den Bundesligafavoriten 1966.«

DFB-Beobachter Udo Lattek empfahl daraufhin seinem Chef Helmut Schön für das kommende Länderspiel der deutschen Nationalmannschaft gegen Holland in Rotterdam vier Spieler aus der Dortmunder Mannschaft: Tilkowski, Held, Emmerich und Reinhard Libuda, die später auch alle nominiert wurden, und die drei Bayern Beckenbauer, Brenninger und Sepp Maier.

Libuda kam jetzt so richtig in Schwung. Im Europacup-Hinspiel siegte Dortmund in London mit 2:1, nachdem Emmerich, »dieser Tausendsassa« (Gerhard Bahr in der UEFA-Zeitschrift »Fußballpokal«), zwei Tore erzielt hatte. 86 Minuten lang lagen die Dortmunder gegen die dominierende britische Mannschaft zurück, doch dann schoß der Linksaußen das Ausgleichstor und zwei Minuten später den Siegtreffer zum überraschenden 2:1, dem zweiten Europapokal-Sieg einer auswärtigen Mannschaft in England. Das war zuvor nur dem FC Barcelona über die Wolverhampton Wanderers gelungen. Das Rückspiel in Dortmund begann so dramatisch, wie das in London geendet hatte: Keine 30 Sekunden waren gespielt, als wieder einmal Emmerich zuschlug. Aus halblinker Position knallte er den Ball an die Torlatte, setzte nach und köpfte den abprallenden Ball über die Linie. Später gelang ihm noch ein zweites Tor; die Dortmunder gewannen am Ende verdient mit 3:1, nachdem zwischenzeitlich der Anschlußtreffer gefallen war, aber der Verteidiger Cyliax kurz vor Schluß den Zwei-Tore-Vorsprung wieder hergestellt hatte. Begeistert von soviel Dynamik konnte sich auch der Reporter des »Fußballsport« nicht zügeln: »'Emma' hat die Londoner buchstäblich mit seinen Granaten zerfetzt«, und über Libuda schrieb er euphorisch: »Noch im Traum wird der dunkelhäutige Charles an Libudas Hexentanz denken, der ihm 90 Minuten lang in der 'Roten Erde' vorgetanzt wurde.« Ähnlich lobend äußerte sich auch die »Westdeutsche Allgemeine«: »Libuda hat seine Hemmungen abgelegt. Er nähert sich dem Begriff des idealen Rechtsaußen.« Und die britische »Sun« wähnte sich natürlich wieder einmal im Krieg: »Eine deutsche Panzerdivision, genannt Borussia Dortmund, räumte West Ham gnadenlos aus dem Wettbewerb.«

Helmut Schön sah eine Dortmunder Mannschaft, die »sehr modern gespielt« hatte. »Gut gefallen hat mir Libuda, der wohl der künftige Rechtsaußen der Nationalmannschaft sein wird« – das sagte der Bundestrainer auf den Tag genau drei Monate vor dem WM-Auftakt der deutschen Nationalmannschaft in England, der bekanntlich gegen die Schweiz mit 5:0 gewonnen wurde.

Am 19. April wurde Libuda dann auch für das nächste Testspiel der deutschen Nationalmannschaft nominiert. Gegner im Bremer Weserstadion war eine ungarische Auswahl aus Budapest, gegen die die Schmach des 0:2 gegen Dukla Prag in Saarbrücken wettgemacht werden sollte. Außerdem eines der letzten Vorbereitungsspiele für die Weltmeisterschaft. »Meine immer wiederholten Hinweise!«, notierte sich Altbundestrainer Herberger über einem Spielbericht, dessen Schlagzeile verkündete: »Bei Libuda ist der Knoten geplatzt.« Helmut Schön hatte wieder einmal experimentiert, mit Bernard im Tor und Piontek, Lutz, Paul, Giesemann und Ulsaß eine Reihe neuer oder in Vergessenheit geratener Spieler getestet. »Viel Freude«, schrieb die Zeitung, die Herberger so sorgfältig aufbewahrte, »vor allem in Hinblick auf künftige Spiele, bereitete die Harmonie zwischen Seeler und Libuda. Endlich ist es dem Dortmunder geglückt, im Nationaldreß ebenso eindrucksvoll aufzutrumpfen wie bei seiner Borussia. Er war kaum zu bremsen. Dazu senkten sich seine Flanken stets maßgerecht auf den Elfmeterpunkt. Wie wird der Angriff nun gegen den ersten Weltmeisterschaftsgegner, die Schweiz, aussehen? Libuda, Seeler, Held werden sich ihren Stammplatz gesichert haben.«

Der Mai 1966 wurde für das Ruhrgebiet ein bewegender Monat. Zuerst wurde beschlossen, die Essener Zeche »Amalie«, die zur Friedrich-Krupp-Hüttenwerke-AG gehörte, stillzulegen, was einen Verlust von 3.600 Arbeitsplätzen bedeutete, dann scheiterten die Verhandlungen über eine Tarifeinigung im Bergbau. Die Industrie zwischen Rhein und Ruhr befand sich in einer tiefen Depression, doch Borussia Dortmund steuerte den größten Erfolg in seiner Vereinsgeschichte an.

Am 5. Mai sollte im Glasgower Hampden-Park, dem mit einem Fassungsvermögen von 135.000 Zuschauern damals größten Fußballstadion Europas, das Endspiel um den Europapokal der Pokalsieger angepfiffen werden. Gegner würde die Mannschaft des FC Liverpool sein. Die Dortmunder stiegen am 2. Mai auf dem Flughafen Düsseldorf zuversichtlich in ihre Maschine, denn im Halbfinale gegen Celtic Glasgow hatten es die Engländer schwer gehabt. Nach einem 0:1 im Hinspiel trafen sich beide Teams an der Anfield Road in Liverpool, wo es zum Eklat kam. Bis zwei Minuten vor Schluß führten die Engländer mit 2:0, als plötzlich ein Tor für Celtic fiel. Das hätte die

Schotten aufgrund der neu eingeführten Regel, wonach Auswärtstore doppelt zählten, in das Endspiel gebracht. Aber dann entschied der Schiedsrichter auf Abseits, was zu Zuschauerausschreitungen führte – etliche Menschen wurden verletzt; die empörten Schotten schworen, den Engländern im Finale das »Leben zur Hölle« zu machen. Davon konnte Dortmund nur profitieren, man rechnete mit reichlich Unterstützung der Celtic-Fans. Außerdem konnte Willi Multhaup seine beste Elf mit auf die Reise nehmen: Tilkowski war ebenso einsatzbereit wie Stopper Wolfgang Paul, die Mittelfeldspieler Hoppy Kurrat und Rudi Assauer und der Sturm mit Emmerich, Held und Libuda.

In London hatten die Borussen Zwischenlandung, »Hoppy« streckte im Flughafenrestaurant seine Beine aus und machte einen Mittagsschlaf, während Siggi Held mit Bernd Wessel und Mannschaftsbetreuer Kuddl Meurer zockte und die beiden um ihr Geld erleichterte.

In Glasgow dann Schmuddelwetter: Der Regen klatschte gegen das Fenster des Mannschaftsbusses, der die Dortmunder ins Marine-Hotel brachte. Zur Freude von Lothar Emmerich, der darin ideale Witterungsbedingungen sah: »Herr Multhaup, bis Donnerstag haben wir Regen. Das ist doch unser Wetter.«

Nicht weit entfernt bereitete sich derweil die deutsche Auswahl auf die Weltmeisterschaft vor. In Dublin schlug sie das irische Team mit 4:0. Für Helmut Schön (»Libuda, der wohl der künftige Rechtsaußen der Nationalmannschaft sein wird«) die Möglichkeit, einen neuen Kandidaten für die Position des rechten Stürmers zu testen: Jürgen Grabowski. Von dem war der Bundestrainer schon seit einer ganzen Weile angetan, er hatte ihn häufig im Waldstadion gesehen und Elogen auf den 21jährigen gesungen: »Wer kam als Ergänzung für die Nationalmannschaft in Frage? Unten auf dem Rasen absolvierte die Eintracht ein Punktspiel. Ein junger blonder Mann auf rechtsaußen dribbelte, daß es eine Lust war. Er beherrschte den Ball schlafwandlerisch, bewegte sich mit Eleganz, war spritzig und pfiffig.« Helmut Schön liebäugelte bereits mit dem Gedanken, Jürgen Grabowski »aufzubauen«. Ihm gehörte die Zukunft. Libuda wußte das nur noch nicht. Wahrscheinlich war sich Helmut Schön zu diesem Zeitpunkt darüber selber noch nicht im klaren.

»Herbergers Aufstellung stand lange fest, bevor sie an die Presse gegeben wurde. Schön zockte bis zum letzten Augenblick herum«, verglich Jürgen Leinemann die beiden Trainerpersönlichkeiten. Schön »hatte eben ein zartes Gemüt im Vergleich zum robusten Arbeitersproß Sepp Herberger. Daß er ein Freund von Opernklängen und moderner Kunst war, daß er lieber Chirurg gewesen wäre als Fußballtrainer und daß er sein Haus nicht zum Andenkenladen für Fußballreliquien machen wollte, wie es Herberger tat, befremdete viele Fans.« Schön war leicht beeinflußbar, unsicher, zaudernd. Und manchmal, so schien es, hatte er nicht die Courage, den Spielern offen zu sagen, woran sie waren. Also blieb auch Libuda ständig verborgen, welche Meinung der neue Bundestrainer von ihm hatte. Selbst wenn Schön einmal etwas äußerte, hielt sich die Verläßlichkeit dessen, was er sagte, in Grenzen – angesichts des Wankelmuts, der ihn ständig Aufstellungen ändern und Spielkonzepte umschmeißen ließ.

Die Dortmunder konzentrierten sich nur noch auf das große Spiel. Am Tag vor dem Finale führte Trainer Multhaup seinen Spielern noch einmal Videoaufnahmen des Halbfinales Glasgow-Liverpool vor. Und Emmerich wurde immer optimistischer: »Der lange Stopper Yeats ist bestimmt zu packen.« Nur spät abends bekam der Coach einen Wutanfall, als er seine Spieler noch bei ihrer Lieblingsbeschäftigung, dem Zocken, erwischte. »Wenn ihr morgen verliert, zahlt jeder 10.000 Mark in die Mannschaftskasse«, soll er die Jungs aus der Pokerrunde, unter ihnen Libuda, zusammengestaucht haben.

Liverpool sah dem Spiel scheinbar gelassen entgegen. »Morgen holen wir uns den Cup der Pokalsieger, im nächsten Jahr den der Meister«, tönte der Trainer der »Reds«, Bill Shankly. Und Yeats, der vermeintliche Schwachpunkt der englischen Mannschaft, plauderte nebenbei aus, daß er sich insbesondere auf den deutschen Nationalstürmer Siggi Held außerordentlich freue. Den englischen Schlachtenbummlern war die Zuversicht ebenso anzumerken. In der Nacht vor dem Spiel hatten sie die Torpfosten in ihrer roten Vereinsfarbe umlackiert und auf die Stadionmauern gepinselt: »Liverpool-Champion-Roger Hunt«. Am Morgen vor dem Spiel hatten die Dortmunder Golf gespielt, waren am Strand spazierengegangen und hatten um 14.15 Uhr ihr letztes Steak vom Mannschaftskoch serviert bekommen. Nachmittags kamen die Spielerfrauen in Glasgow an, was besonders den notorisch eifersüchtigen Libuda beruhigt hatte. Dem »Spiegel« sagte er nach dem Spiel: »Ich war so froh, daß wir nach einer Woche Abwesenheit am anderen Tag wieder heimfliegen durften.«

Dann die letzten Aufmunterungen. Multhaup: »Meine Herren, wir wollen unsere Haut so teuer wie möglich verkaufen.« Und Shankly: »Ihr habt das letzte Spiel einer großen Saison. Wir werden es schaffen, laßt mich nicht im Stich.« Im Stadion verloren sich gerade 55.000 Zuschauer, was besonders für die Dortmunder, die auf schottische Unterstützung gehofft hatten und von nur drei- bis viertausend Deutschen begleitet wurden, enttäuschend war. Dafür bekamen sie schon vor dem Anpfiff etwas zu sehen. »32 reizende Mädchen in hübschen weißen Blusen und roten Schottenröckchen, der Liverpooler Tracht also, formierten sich zu einem reizenden Bild und zauberten prächtig anzuschauende Figuren auf den regennassen Rasen«, meldete der Korrespondent der »Westfälischen Rundschau« verzückt in den heimischen Ruhrpott.

Dann konnte es ja losgehen. Und es begann hektisch: Kaum hatte der französische Schiedsrichter Schwinte die Partie angepfiffen, startete Liverpool einen einzigen Sturmlauf gegen das Dortmunder Tor, in dem Tilkowski einen nervösen Eindruck machte. Verteidiger Redder mußte den Ball gleich zu Beginn der Partie von der Linie schlagen. Erst nach ungefähr zehn Minuten fingen sich die Borussen, von ihren Fans zaghaft mit »Be-Vau-Be« und »Li-bu-da« angefeuert, und Held kam zu einigen Möglichkeiten, scheiterte aber an Liverpools Torhüter Lawrence oder schoß daneben. Von Libuda war nicht viel zu sehen, es schien nicht sein Tag zu sein. Ständig war er von zwei, drei Gegenspielern umringt, gegen die er sich nicht durchzusetzen vermochte. »Hätte man damals schon auswechseln können, wäre Libuda nach dreißig Minuten in die Kabine geschickt worden«, ist sich der spätere Pressesprecher des Vereins, Gerd Kolbe, sicher: »So durfte er weiterspielen.«

Die zweite Halbzeit begann für die Deutschen ebenfalls nicht besonders vielversprechend. Liverpool war jetzt drückend überlegen, und den Dortmundern blieb nicht viel mehr, als verzweifelt zu versuchen, Tore zu verhindern. Deshalb war es schon eine kleine Sensation, als in der 61. Minute Held nach Zuspiel von Emmerich zum Schuß kam und den Ball volley ins Tornetz hämmerte. 1:0 stand es plötzlich für Borussia Dortmund. Doch die Freude über diese glückliche Führung sollte exakt sieben Minuten währen: bis nämlich der Halbrechte der Engländer, Hunt, eine Flanke von Thompson, der über den rechten Flügel gekommen war, aufnahm und aus elf Metern direkt in Borussias Winkel schoß. Bis zum Schluß mußten die Westfalen noch um dieses Unentschieden zittern, dann wurde das Spiel verlängert.

Wie das Finale schließlich entschieden wurde, beschrieb Jo Viellvoye in dem Buch »Borussia Dortmund – die Geschichte einer großen Mannschaft«:

»Die 1001. Möglichkeit entschied das Spiel: Der Ball rollte zu Libuda. 'Stan', wie sie ihn nennen, hatte bis dahin einen mißvergnüglichen Abend gehabt. Fast alles ging ihm daneben. Seine Dribblings blieben meist schon beim ersten, mindestens aber beim zweiten Abwehrspieler hängen. Seine Pässe kamen nicht an, seine Flanken schnappte sich der lange Ron Yeats. 'Stan' blieb alles schuldig, was ihm diesen Namen eingebracht hatte. Ein Stan Matthews war er nicht gewesen!

Jetzt also stand er etwa 30 Meter schräg vor dem Tor und sah den Ball kommen. Später schilderte er Roman Köster von der Bild-Zeitung, was er in diesem Augenblick dachte und tat:

'Sigi lief durch und ich mit. Ich sah, wie der Ball abprallte und sah ihn kommen. Mit dem linken Auge bemerkte ich das leere

Tor, da hab ich abgezogen. Ich dachte mir: Jetzt oder nie! Als der Ball in der Luft war, spürte ich, der geht rein.'

Er ging wirklich 'rein'! Das Leder flog in weitem Bogen durch die Luft zur entfernten Torecke. Mit Riesenschritten war Ron Yeats herbeigeeilt, Liverpools Stopperriese. Er sah das Unheil kommen. Seine ausgestreckte Hand haschte danach. Es war ein verzweifelter Versuch, eine nutzlose Gebärde.«

Der Ball prallte schließlich an den Pfosten, traf den zappelnden Yeats und landete im Netz. 107 Minuten lang hatten die Dortmunder versucht, eine Niederlage zu vermeiden, jetzt waren sie plötzlich Europapokalsieger geworden. Und das goldene Tor erzielte einer, der an diesem Tag wahrlich nicht besonders gut in Form gewesen war, von dem aber sein Trainer Multhaup sagte: »Der 'Stan' ist ein Künstler; der ist im ganzen Spiel anderthalb Minuten am Ball und bringt es trotzdem fertig, gut auszusehen.«

Ausgestreckt ließ sich Torschütze Libuda auf den Boden fallen, Emmerich lief zu ihm, drückte den kleinen Mann. Große Worte hatte Libuda nie gemacht. In diesem Moment soll er gesagt haben: »Mensch Emma, jetzt müssen wir die 10.000 Mark nicht bezahlen.«

Die Liverpooler hingegen konnten es nicht fassen. »Die bessere Mannschaft hat das Spiel verloren«, stammelte Bill Shankly, und er hatte damit nicht einmal Unrecht. Die enttäuschten englischen Zuschauer artikulierten ihren Unmut auf herkömmliche Weise: »Sie bedrohten und schlugen die Borussen. Wosab wurde regelrecht k.o. geschlagen, Aki Schmidt erhielt einen Tritt gegen das Schienbein und Torhüter Tilkowski einen Boxhieb in die Magengrube« (»Westfälische Rundschau«).

Dafür wurde den Borussen in Dortmund ein freundlicher Empfang bereitet: Im Autokorso ging es durch die Innenstadt, deren Straßen von Tausenden gesäumt wurden. Sie wollten ihre Fußballer sehen, und auch die Helden wollten sich nach dem harten Kampf feiern lassen und ihren Triumph genießen. Einer hatte besonderen Grund dazu: Stan Libuda, der »an seinem schlechtesten Tag der Saison« (»Deutsche Wochenschau«) das entscheidende Tor geschossen hatte und nun meinte: »Dann muß man froh und glücklich sein.«

Die »Wochenschau« feierte die große Ehrung nach Kräften mit: »Dortmund – einer karnevalistischen Bierschwemme vergleichbar – taumelt zum Empfang. Ein Sportwagenkonvoi genoß eine der größten modernen Heldenehrungen seit dem Weltmeisterschaftssieg 1954. Reinhard Libuda – glücklichster Mann des Tages.« Doch wenn man Libuda auf seinem Jubelzug durch die Stadt betrachtet, ahnt man, warum sein Trainer Multhaup ihn einmal mit dem Clown Grock verglich: »Wenn er lacht, dann guckt er traurig.«

Auf der Geschäftsstelle des BV Borussia ging in den folgenden Tagen eine Lawine von Glückwünschen ein: Weder Bundespräsident Lübke noch die kongolesische Botschaft, weder die IG Metall noch die Kicker von Blau-Weiß Huckarde verschonten den Klub mit ihren Gratulationskarten. Natürlich fehlte auch Bundeskanzler Ludwig Erhard in diesem Reigen nicht; er überreichte den Fußballern, die ja immerhin zum ersten Mal einen europäischen Pokal nach Deutschland holten, den Silberlorbeer.

Zur Erinnerung an den größten Erfolg ihrer Karriere erhielten die Spieler des neuen Europapokalsiegers kurz darauf eine etwas klobige weiße Porzellanvase mit den eingravierten Namen aller beteiligten Akteure. Jahrelang stand sie bei Libuda oben auf dem Regal. Der Dank für das wahrscheinlich wichtigste Tor seiner Laufbahn.

Helmut Schön mußte langsam seine 22 Spieler für die Weltmeisterschaft in England nominieren. »Je näher der WM-Termin rückte, um so häufiger saß ich bei mir zu Hause in Wiesbaden am Schreibtisch, die Brille auf der Nase, meine Zettel vor mir. In Gedanken ließ ich Mannschaften spielen – wie damals als Junge mit den Zigarettenbildchen.« Hinter die Namen der Spieler, die der Trainer unbedingt haben wollte, setzte er einen roten Strich.

Andere wurden wieder und wieder ausgetauscht, neu kombiniert, herausgeschmissen oder hineingenommen.

Nur: Welche Mannschaft auch in Schöns Wiesbadener Heimstatt auflief, vorne rechts spielte nie Libuda. »Ich brauchte für England beispielsweise einen Rechtsaußen. Und den gab es nur beim AC Brescia: Albert Brülls.« Und als Joker Jürgen Grabowski. Für den unbeständigen Festfummler Libuda war kein Platz im Aufgebot. Doch sonst hatte der Bundestrainer ein Herz für die Borussen: Gleich vier von ihnen wollte er mit nach England nehmen.

Jürgen Kurbjuhn wollte eigentlich nach Afrika in den Urlaub fahren, bis ihn der Ruf des Bundestrainers ereilte. »Halten Sie sich bereit«, hieß es, »und fahren Sie um Gottes Willen nicht zu weit weg. Es geht nämlich im Sommer nach England.« Kurbjuhn war dabei. Zwar stand die Abwehr der Nationalmannschaft, doch auch als Ersatzspieler zur Weltmeisterschaft mitzufahren, war ein großes Privileg für den Langen vom Hamburger Sport-Verein.

Der Preis, den Borussia Dortmund für den Europapokal zahlte, sollte die Deutsche Meisterschaft werden. Einer Niederlage gegen den amtierenden Meister Werder Bremen folgte eine gegen den kommenden, nämlich 1860 München. Und zum Saisonabschluß blamierten sich die Spieler auch noch bei Eintracht Frankfurt, indem sie dort gleich mit 1:4 verloren. Was sie allerdings nicht vor ihrem Hochmut bewahrte, der etwa Rudi Assauer dazu bewegte zu sagen: »'Fischken' Multhaup. Der war vorher ein Looser, hatte im Vorjahr zwar mit Bremen den Titel geholt, aber zuvor war er nie aufgefallen. Nun kam der Mann zu uns. Ich kann nur sagen, daß er kaum Anteil an den Erfolgen der Mannschaft hatte. Der hat mehr mit den Zuschauern als mit uns gesprochen. Wir haben uns selbst die Taktik zurechtgelegt, sind rausgegangen und haben losgelegt.« Man habe eine so selbständige Truppe, glaubten die Spieler, daß man eigentlich auch ganz auf den Trainer verzichten könne. Assauer: »Es war wirklich so, daß diese Mannschaft cool und clever war.« Willi Multhaup verließ den Verein, nachdem er mit den coolen Jungs Europapokalsieger und Vizemeister geworden war, vorzeitig und unterschrieb einen Vertrag beim 1. FC Köln.

Jürgen Kurbjuhn wurde mit dem HSV nur neunter, knapp hinter Meiderich, und fuhr statt nach Afrika nach Helgoland. Dort ereilte ihn ein Schicksalsschlag, dessen Ursache wieder einmal in der Tat des kleinen, nur 70 Kilogramm schweren Dribblers begründet lag. Jedenfalls stellte sich das für den stämmigen Linksverteidiger so dar. »Der Bürgermeister von Helgoland hatte mich eingeladen. Ich konnte ja nun nicht weit weg, darum sagte er: 'Komm doch auf die Insel und entspann Dich ein paar Tage, bevor es dann auf die große Reise geht.' Das kam mir eigentlich gut zupaß. Bis wir irgendwann gerade beim Krabbenpulen saßen; der Bürgermeister ließ das Radio laufen. Wir warteten auf die Durchsage des England-Aufgebots.« Und sie warteten auf die Bekanntmachung der Nominierung Kurbjuhns. Sie warteten und warteten. Die Buchstaben A, B, C, D wurden durchgesagt, dann E, F, G, H: Die Liste der Spieler war ja alphabetisch sortiert worden. Unter K kam dann Krämer, und unter L kam Lutz. Nur auf den Namen Kurbjuhn warteten der Fußballer und Helgolands Bürgermeister vergeblich. »Ich war nicht dabei. Schön hatte mich wieder aus der Mannschaft genommen. Für mich reiste der Dortmunder Wolfgang Paul mit nach Großbritannien.« Kurbjuhn schreibt diese Entwicklung der Blockbildung im Kader der Nationalmannschaft zu. Paul war eher als Kurbjuhn geeignet, mit den Dortmundern Tilkowski, Held und Emmerich auch in einer Mannschaft während der WM zu spielen. »Und schuld hatte Libuda. Hätte er nicht dieses Tor in Glasgow geschossen, hätte Schön nicht so auf die Dortmunder gebaut. Und dann hätte er auch Wolfgang Paul nicht nominiert, und dann wäre ich mit nach England gefahren.« An diesem Abend auf Helgoland leerte Jürgen Kurbjuhn mit dem Bürgermeister eine ganze Flasche Whiskey. Der erste Vollrausch seines Lebens.

In Trikot und Tarnanzug

BVB und Bundeswehr

1966 konnte sich auch der bekannte Fußballprofi Reinhard Libuda nicht mehr dem Dienst fürs Vaterland entziehen. Mittlerweile 22 Jahre alt geworden, folgte »Stan« widerwillig dem Ruf der Kaserne, bekam Helm, Gewehr und Tarnanzug und hockte mit lauter anderen auf einer Stube, wo er als Europacupheld interessiert beäugt und auch bewundert wurde. Er war die Sensation bei den Panzergrenadieren in Handorf bei Münster.

Doch besonders wohl fühlte er sich nicht in seiner Haut. Sein späterer »Kamerad« Jörg F. Hüls bemerkte, »daß der noch nicht einmal ein Gewehr richtig halten konnte. Ständig hatte er vor irgend jemandem Angst. Libuda schlug sogar vor dem Obergefreiten die Hacken zusammen.« Die Männerwelt des Bundesligavereins war schon fast zuviel für die »Mimose« (Günter Siebert); jetzt, auf dem Kasernenhof, hätte sich Libuda am liebsten nur noch verkrochen. Also senkte er fast ununterbrochen seinen Kopf zu Boden, huschte an jedem, der ihm begegnete, in seiner olivgrünen Maskerade schnell vorbei und fragte ständig: »Habe ich wieder etwas falsch gemacht?«

Erwin Kostedde war ein Außenseiter bei der Panzertruppe. Einen Farbigen hatten die jungen Rekruten bei der Armee noch nicht gesehen. Manchmal riefen sie »Neger« hinter ihm her.

Irgendwie fühlten sich Erwin und Reinhard verbunden, teilten sie in gewisser Weise doch das gleiche Schicksal als etwas exotische Randfiguren in der bewaffneten Einheit – auch, wenn Erwin eher frauenumschwärmter Lebemann als Eremit war. Und sie teilten auch die Liebe zum Fußballspielen, obwohl Reinhard als »Stan« Ruhm erfahren hatte, und Erwin, der Zweitligaspieler, erst auf dem Weg dorthin war. Daß sie beide bei der Sportkompanie untergebracht worden waren, erleichterte es dem ungleichen Paar, die unangenehme Zeit totzuschlagen.

Kostedde kannte Libuda wie alle anderen bisher nur aus dem Fernsehen oder der Zeitung, jetzt konnte er die Tricks des Fummlers aus der Nähe begutachten: »Als wir das erste Mal mit ihm spielten, da konnte ich gar nicht mehr laufen, gar nicht mehr spielen – das war grandios: die Körperhaltung, die Dribbelkunst und die Schnelligkeit dabei. Eine Kunst! Ich sagte: Das gibt es nicht. Ich war voll begeistert. So etwas hatte ich noch nie gesehen. Das war einmalig. Seitdem war ich ein Fan von Stan Libuda.«

Vor allen Dingen machte Libuda nicht den Eindruck, als suche er »die große Show«; was er auf dem Kasernenrasen mit dem Ball anstellte, kam mit einer unangestrengten Leichtigkeit. Der Ball klebte ihm förmlich an den Füßen, und seine O-Beine machten den Eindruck, als hätten sie nie einen anderen Zweck erfüllt, als über einen Fußballplatz zu huschen und herumzutricksen.

Doch außerhalb der Fußballwelt stimmte etwas nicht mit diesem von den Medien zur Überfigur des Kohlenpotts stilisierten Fußballer. Das war nicht der »Rastelli« der Presse, dieser »Hexenmeister«, der alle verzauberte und in seinen Bann zog. Der kleine Mann, dem die Uniform um die krummen Beine schlotterte, enttäuschte alle Erwartungen. Ängstlich wirkte er, unglücklich mit sich und seinem Schicksal und immer ziemlich ungeschickt.

Libuda konnte seine Lebensuntüchtigkeit gegenüber den anderen jungen Männern nicht lange verheimlichen. Wenn er versuchte, sie zu überspielen, und den harten Mann markierte, dann wirkte er immer etwas lächerlich, noch hilfloser als zuvor. Wenn er sich zurückzog und die anderen mied, dann galt er schnell als Schwächling. Es wollte ihm nichts gelingen. Das wußte er. Und er wußte auch, wie sein vermeintliches Ungeschick die Rekruten freute. Sie sahen den großen Fußballstar nicht ganz ungern am Boden. Zwar wünschten sie ihm nicht gerade die Pest an den Hals, aber es war ihnen bisweilen doch eine Genugtuung, denjenigen scheitern zu sehen, von dem sie immer glaubten, er hätte es sich auf der Sonnenseite des Lebens bequem gemacht – fernab der Sorgen des Alltags, mit schönen Frauen, schnellen Autos und viel, viel Geld. Und der immer wieder aus tausend Kehlen, die »Li-bu-da, Li-bu-da« schrien, in den Olymp getrieben wurde, bestaunt, bewundert und angehimmelt. Ihre kleine Rache für die Unbill, die das Leben für sie selbst bereithielt, war die Häme. Wo sie konnten, »verarschten« sie den »Flankengott«.

Kostedde dagegen beeindruckte die Schlichtheit des schmächtigen Leidensgenossen: »Er war ein Star, aber er war kein Star. Der war so bescheiden, wir haben uns dann ein bißchen angefreundet. Er war immer ein wenig einsam, hat auch nicht viel gesprochen, hatte immer so ein leichtes Lächeln auf den Lippen, guckte so melancholisch. Ich konnte das nie kapieren. Er war ein Star. Ich hatte davon immer geträumt, einmal so gut zu werden, und wußte doch, daß ich das nie erreichen würde. Und er, er ließ den Star gar nicht raushängen, ganz normal und vor allen Dingen: Er wollte immer seine Ruhe haben. Davon war ich sehr fasziniert. Aber dann habe ich mich gefragt: Warum macht der das? Warum versteckt er sich nur?« Dann und wann fand Kostedde die angsterfüllte Zurückgezogenheit Libudas auch einfach nur »dumm«, dann wunderte er sich und dachte: »Der hat das doch gar nicht nötig.«

Borussia Dortmund hatte seinen »Meistermacher« Multhaup im Hochgefühl des Triumphs erfolgreich weggeekelt. Da sich die Mannschaft nach eigener Einschätzung ja ohnehin selbst hatte aufstellen können, war man überzeugt, diesmal keinen erfahrenen Trainer zu benötigen. Einer aus der näheren Umgebung täte es schließlich auch: Man kam auf Heinz Murach, der beim Fußballverband Niederrhein beschäftigt gewesen war und von einigen als »Turnlehrer« verspottet wurde. Multhaup, dessen Vertrag eigentlich noch ein Jahr gelaufen wäre, verließ den BVB fast fluchtartig und ging als Trainer zum 1. FC Köln.

Er habe ein schweres Erbe anzutreten, befand Murach in einem Brief an die »liebe Borussen-Familie«. »Beim Beginn eines Spieljahres gibt es immer Schwierigkeiten zu überwinden.

Dieses Jahr waren sie natürlich besonders groß. Die Mannschaft hat eine lange und schwere Saison hinter sich.«

Murachs Gefühl trog nicht. Einer Heimniederlage gegen Fortuna Düsseldorf zum Saisonstart folgte ein 0:2 im Niedersachsenstadion gegen Hannover 96. Voller Vorahnung schrieb das Dortmunder Vereinsblatt »BVB-Nachrichten« bereits von einem »Warnsignal«. Zwar litten Emmerich und Held, die mit der deutschen Nationalmannschaft in London Vizeweltmeister geworden waren, noch immer unter Konditionsrückständen. Dennoch sei zu bemerken gewesen, daß deren Aktionen mittlerweile so bekannt seien, »daß es für die Gegner gar nicht so schwer ist, das Spiel auf Dortmunds linker Sturmflanke zu durchschauen.« Auf Dortmunds rechter Flanke tat sich im übrigen auch nicht viel (»Libuda hatte es schwer zu bestehen«) – woran sich so schnell auch nicht allzu viel ändern sollte. Im nächsten Spiel gegen Karlsruhe ersetzte bereits Wosab den Rechtsaußen, von dem es doppeldeutig hieß, er habe »Trainingsschwierigkeiten« gehabt.

Zu seinem Leidwesen wurde Libuda auch immer stärker von der »starken Truppe« beansprucht. Das ständige Strammstehen war der Beinmuskulatur des ohnehin schon als trainingsfaul bekannten Spielers nicht besonders zuträglich gewesen. Dazu kam die Trennung von Heim und Herd. Innerlich knickte der Star, der keiner sein wollte, zusammen. Immer häufiger suchte er in endlosen Telefonaten mit Gisela Trost und die Gewißheit, daß wenigstens zu Hause die Welt in Ordnung ist. Was er immer hören wollte und dann doch nicht glaubte.

Mit Erwin Kostedde sprach er ständig über Fußball: über diesen und jenen Spieler, über diesen und jenen Verein und immer wieder über Schalke 04, nicht über die »Borussen-Familie«. »Libuda war Schalke und Schalke war Libuda«, glaubt Kostedde. »Immerzu erzählte er von Szepan und Kuzorra. Das waren seine Idole. Ich glaube, er war glücklich bei Dortmund, aber er war immer ein Schalker. Von Schalke kam er einfach nicht weg.«

Zumal er bei den Borussen schnell in Vergessenheit geriet. Nachdem er schon gegen Karlsruhe von Wosab ersetzt worden war, kam er auch gegen Borussia Mönchengladbach und Rot-Weiß Essen nicht zum Einsatz. Gegen Nürnberg verlor er dann mit seinem Verein 0:2. Dortmund, die hochgelobte Mannschaft mit den coolen Spielern, die sich in diesem Jahr sogar die Meisterschaft zutrauten, war Vorletzter in der Bundesligatabelle. Die Borussia überwand wenig später diese Krise durch Siege gegen Bremen, München 60 und den 1. FC Köln, der 6:1 bezwungen wurde und gegen den man sich einmal richtig ins Zeug gelegt hatte. Kölns Trainer Multhaup sagte daraufhin: »Die Borussen haben sich diesmal gegen mich verschworen, sie wollten mir eine Lektion erteilen, und das ist ihnen restlos gelungen. Wenn der Kölner Trainer Müller geheißen hätte und nicht Multhaup, dann wären sie nicht so giftig gewesen.«

Allein Libuda kam aus seinem Formtief nicht mehr heraus. Wenig später wurde er im Spiel gegen den VfB Stuttgart gar des Feldes verwiesen, nachdem es, provoziert durch zahlreiche ungeahndete Stuttgarter Fouls, zu tumultartigen Szenen in der »Roten Erde« gekommen war. In dem ganzen Chaos hatte Schiedsrichter Schulenburg aus Hamburg die Übersicht verloren und mit Libuda einen Spieler bestraft, von dem später sogar die Stuttgarter sagten, daß er unschuldig gewesen sei. Den Rekruten Libuda konnte das nicht trösten. Wieder einmal mußte er pausieren.

Sein Verein, der BVB, hingegen reiste einmal mehr nach Glasgow. Diesmal waren die Rangers der Europapokalgegner. Gleich in der ersten Runde hatte der amtierende Pokalsieger »einen schweren Brocken« erwischt, gegen den er dann auch mit 1:2 verlor. Zuschauer sprachen vom stärksten Spiel der Schotten seit langer Zeit, dennoch machte das Dortmunder Tor, erzielt von Horst Trimhold, den Borussen Hoffnung auf das Rückspiel, in dem auch Europacupheld Libuda wieder dabei sein würde. Es wurde zum kompletten Reinfall. »Libuda brachte keinen Schwung ins Spiel und wurde von Provan beherrscht«, fand die »Westfälische Rundschau«. Und Trainer

Murach wurde von allen Seiten dafür kritisiert, daß er Libuda aufstellte, obwohl der keine Spielpraxis gehabt habe: »Wenn er den Ball bekam, riß er keine Bäume aus.« Es blieb beim enttäuschenden 0:0. Dortmund flog also schon im ersten Spiel aus dem Pokal und reiste deprimiert ins Trainingslager nach Kaiserau. Natürlich mit Libuda, der, wenn er schon nicht zu Hause bei Gisela und Matthias-Claudius sein konnte, die Gesellschaft der Borussen der Soldatenkameradschaft vorzog.

Nach zwei Tagen jedoch mußte Libuda wieder abreisen. Feldjäger der Bundeswehr hatten Jagd auf den Fußballer gemacht, weil er nicht in deren Kaserne zurückgekehrt war, und ihn schließlich in der Sportschule unter den Borussen entdeckt. »Ich hatte doch Urlaub...«, ließ die »Bild«-Zeitung Libuda jammern, doch sein Kompaniechef höhnte nur: »Als der liebe Gott die Weisheit verteilte, hat Libuda nicht 'hier' gerufen.« Außerdem sei Libuda faul und kein richtiger tapferer Kämpfer: »Wenn er noch ein guter Soldat wäre, wäre es vielleicht leichter. Aber er ist es nicht. Und so müssen wir ihn disziplinarisch bestrafen. Dabei ist eine Geldstrafe für ihn keine Strafe.« Zunächst werde ein Verfahren wegen unerlaubter Entfernung von der Truppe eingeleitet – wobei Libuda noch Glück gehabt habe, so Generalmajor Molinari: »Wenn er den Zeitraum von drei Tagen überschritten hätte, wäre es Fahnenflucht gewesen. Jetzt können wir es intern regeln.« Was hieß: keine Beförderung – Libuda blieb einfacher Panzerschütze, keinen Sonderurlaub mehr, Training erst ab Dienstschluß 17 Uhr. Außerdem mußte Libuda erst einmal Krieg gegen die Russen üben: Manöver in der Lüneburger Heide statt Fußball in der Roten Erde. Sehr zum Leidwesen von Trainer Murach, der wußte: »Libuda ist sehr wankelmütig, und ich hätte ihn lieber ständig unter Kontrolle.«

Die nächste Zeit mußte Dortmund ohne Libuda auskommen. Erst im Januar 1967 kam er mal wieder zum Einsatz gegen Hannover 96. Bei Borussia war die halbe Mannschaft verletzt, die »Westfälische Rundschau« sprach vom »letzten Aufgebot«: »Und Libuda, seit dem Europacupspiel gegen die Glasgow Rangers Anfang Dezember nur noch bei der Bundeswehr beschäftigt, an diesen Libuda erinnerten sich die Borussen erst am Freitagabend. Sie holten ihn ins Trainingslager nach Kaiserau und machten ihn dort mit der Tatsache vertraut, daß er gegen Hannover mitspielen sollte. 'Keine Kondition', klagte der kleine Rechtsaußen. Er hätte sich die Sache am liebsten von draußen angesehen. Aber er mußte einspringen. Und er bekam dann auch gegen den cleveren Hannoveraner Bena nicht einen Stich.«

Während sich die Kommandozentrale in Handorf/Münster ob der wenig soldatischen Gesinnung des Schützen Libuda allerlei Strafen ausdachte, arbeiteten zwei Männer an einer einvernehmlichen Lösung des Problems: Generalmajor Molinari von der 7. Panzergrenadierdivision und Ottmar Rhein. Der war als aktiver Offizier Leiter der Pressestelle bei den Panzergrenadieren. Doch der gelernte Forstwirt und Journalist war auch Mitglied des Spielausschusses bei Borussia Dortmund gewesen und in dieser Funktion ständig dabei, Talente für seinen Verein auszuspähen und die Spieler des Klubs mit möglichst wenigen Reibungsverlusten durch die Bundeswehr zu lotsen. Die beiden versuchten nun, Libuda aus der »Hölle von Handorf« loszueisen und ihn zu Molinaris Panzerfahrern nach Unna, das auch wesentlich näher an Dortmund lag, zu versetzen. Der Plan der fußballverrückten Majore gelang: Kurze Zeit später landete Außenstürmer Libuda in der Presseabteilung in Unna. Dort mußte er Zeitungsschnipsel über die Armee ausschneiden, datieren und aufkleben, so daß jeden Morgen ein neuer Pressespiegel vorlag. »Jedenfalls konnte er hier nicht viel falsch machen.« Wenn sich Jörg F. Hüls, der damals ebenfalls in der Pressestelle »diente« und später Journalist wurde, an den Kameraden Libuda erinnert, fällt ihm »ein lieber Kerl« ein, »der immer ein Häuflein Angst war, der ständig verunsichert war und sich immer erkundigte, ob er alles richtig machte. 'Meinst Du?', das war seine Frage. Immer wieder: 'Meinst Du?'«

Im Frühjahr begann in Dortmund wie in anderen Städten wieder die Zeit, da auswärtige Besucher durch den Ort geführt werden wollten. Drei Stunden dauerten die Stadtrundfahrten, die Gerd Kolbe mit einer gewissen Routine als Touristenführer zu begleiten pflegte. Ein anständiges Taschengeld für den Studenten aus Holzwickede. Viel mehr als Brauereien gab es in der Bierstadt allerdings weder zu besichtigen noch zu zeigen, so daß er mehr gelangweilt im vollen Bus saß, der sich von der Heimstätte der Borussia, dem Borsigplatz, durch den dichten Verkehr in Richtung Scharnhorst quälte. Die eigentliche Sehenswürdigkeit dieses Trips tauchte dann allerdings sehr unerwartet auf und erschloß sich den eher gelangweilten Gästen nicht. Es war das Transparent an der Evangelischen Kirche in Scharnhorst, das den eingefleischten Fußball- und Borussenfan Kolbe aufblicken ließ und ihn zu einem Lächeln veranlaßte. Ein Spaßvogel mußte es aufgehängt haben. »Keiner kommt an Gott vorbei – außer Libuda« flatterte etwas blasphemisch am Gotteshaus.

Daß der ungewöhnliche Satz zuerst in Dortmund aufgetaucht sei und nicht schon zuvor in Gelsenkirchen, darüber streiten noch heute die Fußballgemeinden. Das Sprüchlein wurde jedenfalls Legende, zuerst herumerzählt, dann geschrieben, abgeschrieben, umgeschrieben. Irgendwann hieß es: An Gott kommt keiner vorbei – außer Libuda (»Bild«), oder auch: An Jesus kommt keiner vorbei (»Süddeutsche Zeitung«). Es soll mal ein Plakat der Inneren Mission (»Stern«) gewesen sein, das da verfremdet wurde, dann eines der Zeugen Jehovas (»Hamburger Abendblatt«), des Kirchentags (»Express«) und eines von Billy Graham (»Abendzeitung«). »Den Spruch haben sich Journalisten ausgedacht«, ist der Sportchef der »Westdeutschen Allgemeinen Zeitung«, Hans-Josef Justen, überzeugt. »Es gibt nicht ein einziges Foto davon.« Immer wieder hatte Justen seine Reporter auf die Suche nach der Herkunft der Parole geschickt, doch immer ohne Ergebnis. Dennoch begeisterte der Satz die Zeitungen so stark, daß man sich Libuda irgendwann kaum noch ohne dieses Attribut denken konnte. Der Mann, der Gott umdribbeln kann: »Stan« Libuda. Ein Mythos wurde begründet.

Und das just zu einer Zeit, da der göttliche Fummelkönig innerlich bereits mit Dortmund abgeschlossen hatte. »Libuda hat beim BVB gekündigt«, hieß es in der Stadt. Der Spieler sei

»Ein größeres Talent hat Schalke nicht gesehen.«
Trainer Fritz Thelen über den Nachwuchsspieler Reinhard Libuda.

»Dem fehlt noch einiges...« Bundestrainer Herberger setzte große Hoffnungen auf Libuda, sah aber auch dessen Defizite. Hier beim Nationalmannschaftstraining vor Libudas Länderspieldebüt im September 1963 gegen die Türkei.

»Garrincha vom Schalker Markt«, nannte die »Westdeutsche Allgemeine Zeitung« den jungen Libuda nach seinen ersten Auftritten 1963 in der neugegründeten Bundesliga.

An seinen guten Tagen im Dortmunder BVB-Dress spielte Libuda »wie im Rausch« (»Bild«-Zeitung). Vor allem die junge Mannschaft des FC Bayern bekam das zu spüren. Auf dem unteren Foto bejubeln (beim 3:0-Sieg am 12. März 1966) Libuda, Held, Emmerich und Wosab ein Tor, während sich Franz Beckenbauer (ganz rechts) geschlagen davonschleicht.

»Jungs, wir sind die Besten!« Libuda, Held und Emmerich freuen sich über den Gewinn des Europapokals der Pokalsieger (2:1 am 5. Mai 1966 in Glasgow gegen den FC Liverpool). Libuda hatte das entscheidende Tor geschossen.

Jubel über den Europapokal: die Mannschaft von Borussia Dortmund mit Trainer Multhaup; Libuda beim Autokonvoi in Dortmund.

Erleichtert beendet Libuda im September 1967 seinen Wehrdienst.

Verzwickte Kleiderordnung: Held hilft Libuda im Quartier der deutschen Nationalmannschaft.

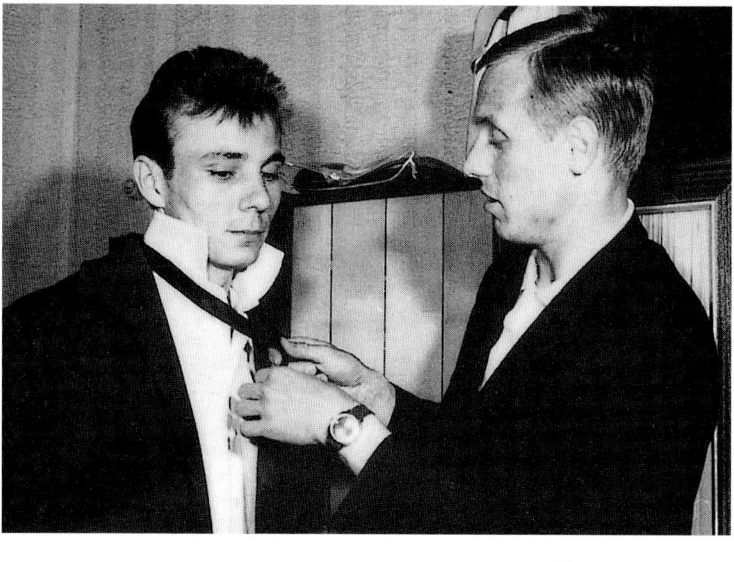

»Der Köttel gehört zu unserem Klub wie die Fördertürme zu den Zechen« (Ernst Kuzorra). Ab der Saison 1968/69 spielte Libuda wieder »auf Schalke«.

»Wenn er dich ausgetrickst hat, dann stoppt er, guckt dir ins Gesicht und lacht dich aus.« Jürgen Kurbjuhn (oben rechts) vom Hamburger Sport-Verein spielte mehrfach gegen Libuda und fiel wiederholt auf dessen »Matthews-Trick« herein.
Vor dem Europapokalspiel gegen Manchester City (1. April 1970). Kapitän Libuda schoß das Tor zum 1:0-Sieg. (Foto unten)

Vor den Europapokalspielen gegen eine irische Mannschaft verordnete Schalke-Trainer Rudi Gutendorf seinen Spielern Crash-Kurse in Englisch. Libuda mußte den Satz lernen: »I am the right wing.«

In der Sportschule des Westdeutschen Fußballverbandes in Duisburg üben (von links) Nigbur, Erlhoff, Libuda, Wittkamp (schreibend), Rausch, Galbierz (vorne rechts).

Beim Spiel gegen Bulgarien während der WM in Mexiko (5:2 am 7. Juni 1970) war Libuda der Held des Tages. Er schoß das 1:1 und bereitete weitere Tor vor – u.a. für Gerd Müller (oben rechts).

Nach der WM erhielt Libuda von Bundespräsident Gustav Heinemann eine Ehrung mit dem silbernen Lorbeerblatt.

»Er ist ein Individualist, der den Mut hat, das scheinbar Unglaubliche wahr zu machen.« So FIFA-Beobachter Ron Greenwood nach Libudas Vorstellung gegen die bulgarische Nationalmannschaft.

Die Schalker Spielerfrauen zu Gast im Hause Gutendorf. Vorne links Gisela Libuda (Foto oben).

Vorweihnachtlicher Frieden im Hause Libuda: Reinhard, Matthias Claudius, Gisela.

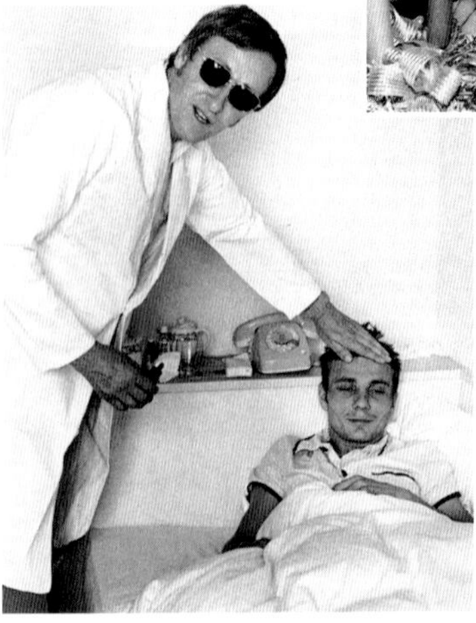

Trainer Rudi Gutendorf kümmerte sich auch privat um seinen sensiblen und zuweilen kränkelnden Star.

Ein letzter Triumph: Kapitän Libuda (hinter ihm: Nigbur und Rüssmann) führt Schalke 04 am 1. Juli 1972 zum DFB-Pokalgewinn gegen den 1.FC Kaiserslautern (5:0)

Ein tiefer Sturz: Libuda, Rüssmann und Fischer müssen wegen der Bestechungsaffäre vor Gericht.

Der 49jährige Reinhard Libuda an seinem Arbeitsplatz in einer Papierveredelungsfirma.

29. August 1996: Abschied vom »Stan«. Unter den Trauergästen am Grab (von links) Charly Neumann (mit Vereinsfahne) und die ehemaligen Mitspieler Klaus Fischer (Schalke 04), Hoppy Kurrat und Wolfgang Paul (Borussia Dortmund).

verärgert gewesen, weil man ihn kaum noch aufgestellt hätte. Jetzt wollte er zurück in seine Heimat, in die Knuddelwelt der Schalker, wo man ihn doch immer noch liebte – das sagten sie ihm ja so oft – und sich gefreut hätte, einen wie ihn, ballverliebt und bodenständig, in ihren Reihen zu haben. Allein Borussia Dortmund gab ihm nicht das erlösende Einverständnis. Zwar lief der Vertrag des Spielers in diesem Jahr aus, doch der Verein berief sich auf eine Optionsklausel, die es ihm ermöglichte, den Rechtsaußen für ein weiteres Jahr, also die Spielzeit 1967/68, an Dortmund zu binden.

Die Saison war für den Flankengott aus dem Kohlenpott gelaufen: ein verkorkstes Jahr auch für den BVB. Köln hatte den Klub in einer geglückten Revanche für das 1:6 aus dem DFB-Pokal geschmissen (es hatte wieder einmal Hickhack um Libudas Freigabe von der Bundeswehr gegeben), und am Ende eines lang andauernden Schlingerkurses erreichten die Dortmunder einen schmeichelhaften dritten Platz. Richtige Meisterschaftschancen hingegen hatten sie nie besessen. Den Titel sicherte sich schließlich überraschend Eintracht Braunschweig, Europacupsieger der Pokalsieger wurde Bayern München. Nur Lothar Emmerich hatte noch einmal Grund zur Freude, weil er sich mit dem Bayern Gerd Müller die Torjägerkrone teilen durfte: Im letzten Spiel hatte er zwei Tore geschossen und damit gleichgezogen. Libuda hatte hingegen nicht mehr zu seiner Form zurückgefunden.

Selbst als die Mannschaft nach Montreal zur Weltausstellung flog, um dort Deutschland auf einem Länderturnier zu vertreten und ein bißchen Kanada-Urlaub zu machen, mußte der Gefreite sein Gewehr durch die Kaserne schleppen. Die anderen erlebten derweil die tollsten Sachen, wie Günter Seckler in seinem Reisetagebuch festhielt. Vierter Juni: »Wir fliegen in einer Höhe von ca. 12.000 Metern, mit einer Geschwindigkeit von 900 Stundenkilometern. Unvorstellbar, aber wie könnte man sonst diese ungeheure Entfernung in so kurzer Zeit bewältigen.« Sechster Juni: »Verwunderung bei allen Beteiligten, daß wir unseren Nationalspieler Libuda zu Hause lassen mußten. Unverständlich, denn wir vertreten ja Deutschland. Den Russen war es möglich, Spieler aus dem entferntesten Ural vom Militär loszueisen!« Zwölfter Juni: »Im Norden der Himmel erst rötlich, dann violett und schließlich tiefblau. Ein wunderbares Farbenspiel am nächtlichen Himmel.«

Libuda war derweil eigentlich nur noch mit der Bundeswehr, Gisela und seinen Depressionen beschäftigt. Doch bald sollte das »Martyrium Wehrdienst« mit seinen Presseschnipseln, Panzern und Pöbeleien ein Ende finden, und seine Laune besserte sich. Für den Rest der Zeit als Vaterlandsverteidiger gelobte Libuda in einer großen Boulevardzeitung Besserung: »Die Bundeswehr wird über den Gefreiten Libuda nicht mehr zu klagen brauchen. Nie mehr hau ich über den Zapfen.« Und wo er jetzt schon bei der Borussia ein weiteres Jahr spielen mußte, versprach er: »Dies wird unser Jahr.« Er habe jetzt mit Lothar Emmerich eine Wette abgeschlossen: Wer die besseren Noten im Formbarometer der Zeitungen erhielte, müsse beim Verlierer Haushaltshilfe spielen. Emmerich soll daraufhin geblödelt haben: »Armer Stan! Jetzt muß er auch noch mein Butler werden. Aber einen englischen Namen hat er ja schon..« Worauf Libuda geantwortet hatte: »Da wird sich meine Frau aber freuen, wenn sie von unserer 'Emma' entlastet wird. Es gibt ja so viele Dinge zu tun im Haushalt – da kann man ein gutes Dienstmädchen immer gebrauchen.«

Die Vorbereitungen auf die neue Saison liefen tatsächlich nach Plan für Borussia Dortmund. In einem Freundschaftsspiel besiegten die Borussen die Mannschaft von West Ham United mit 4:1. Libuda spielte so gelöst, daß er es fertigbrachte, zwei Tore zu schießen – eine Seltenheit für den Flankengeber – und seinen Gegenspieler Charles immer wieder geschickt zu versetzen. Das war so ein Libuda-Auftritt gewesen, wie man ihn früher häufiger gesehen hatte. Jetzt wurde er wieder mit den üblichen Beinamen geschmückt wie »Alptraum der Abwehr« und »Wirbelwind«. Schon erkundigte sich West Hams Vizepräsident bei den Dortmundern nach dem Preis für diesen unglaublichen Fußballspieler. Auch der Ex-Europameister im Superleichtgewicht, Willi Quatuor, weilte im Stadion und urteilte über seinen Freund Libuda (der sich immer noch gerne mit Boxkämpfern umgab), »so müßte der Junge nur öfter auftrumpfen – dann hätte er seinen Stammplatz in der Nationalelf sicher«. Man dachte in Westfalen wieder an einen Titelgewinn: Alle waren in guter Form, und der BVB konnte sich auf einen Spieler freuen, der, wenn er erst seinen Waffenrock abgestreift hätte, Weltklasseleistungen zeigen könnte.

Mittlerweile erhoffte sich Libuda auch eine neue Chance in der Nationalmannschaft. »Ich war zu zappelig«, gestand er »Bild«-Reporter Roman Köster am 11. September, doch jetzt sei das anders: »Meinen Nerven geht es besser. In sechzehn Tagen bin ich wieder ein normaler Bürger. Bis dahin arbeite ich noch an der Soldatenzeitung.« Außerdem habe er den »Bundestrainer im Nacken«, bei dem er in Zukunft Eindruck zu schinden gedenke: »Zeige ich nichts, denkt der 'Chef', ich wär 'ne Eintagsfliege. Schließlich spekuliere ich auf den entscheidenden Tag.«

»Ein paar Tage vor seiner Entlassung war 'Stan' überglücklich. So euphorisch hatte ich ihn die ganze Zeit noch nicht erlebt«, erinnert sich Jörg F. Hüls an diese Zeit. »Er wirkte richtig befreit.« So erleichtert, daß er in seiner Unbekümmertheit erneutes Unheil heraufbeschwor: »Er kam abends zur Kaserne vorgefahren und stoppte rasant mit seinem schneeweißen Porsche vor der großen Einfahrt.« Eigentlich standen davor immer Soldaten, diesmal waren es allerdings Uniformierte von der Wach- und Schließgesellschaft. Sie fragten ihn nach dem Ausweis, den Libuda aber schon wieder vergessen hatte. »Dann können Sie hier nicht rein!«, hieß es barsch. »Oh, kann ich doch«, muß der Porschefahrer gut gelaunt entgegnet haben: »Ich bin nämlich der Herr Libuda. Ich brauche keinen Ausweis.« Doch unglücklicherweise hörte ein vorbeikommender Leutnant das übermütige Geplauder, zog in Erfüllung seiner Soldatenpflicht die Dienstpistole, richtete sie auf den Dribbelkönig und brüllte: »Sie sind festgenommen, sofort mitkommen!« Libuda landete im Bau.

Am nächsten Morgen machte man sich in der Presseabteilung Sorgen um den abwesenden Fußballer. Der Major schickte Hüls zum Bundeswehrgefängnis: »Der Libuda ist nicht da, gukken Sie doch mal, wo der Bursche steckt.« Dort hockte tatsächlich der verängstigte Gefreite, berichtete von seinem Mißgeschick und befürchtete, daß er jetzt möglicherweise länger bei der Panzerdivision bleiben mußte. »Nein, nein, das ist kein Problem«, entgegnete Hüls: »Das gibt mit Sicherheit nur eine Geldstrafe. Du kommst hier schon rechtzeitig heraus.«

»Zu dieser Zeit war Libuda schon ausgekleidet«, so Hüls, »das heißt, er hatte Uniform, Helm und Gewehr bereits abgegeben. Jetzt sollte er seine Strafe entgegennehmen. Dazu mußte die komplette Stabskompanie antreten, rund 120 Mann. 'Stan' hatte man für die Disziplinarmaßnahme eine neue Uniform besorgt. Doch die paßte natürlich nicht. Der Helm war zu groß, die Ärmel baumelten herunter, die Hose war ein Stück zu kurz – ein komisches Bild. Libuda sah aus wie eine Vogelscheuche. Dann befahl Hauptmann Pfeifer: 'Gefreiter Libuda, vortreten!' Libuda trat in seiner Kostümierung vor. 'Ich verurteile Sie zu einer Geldstrafe von 40 Mark.'

Normalerweise nimmt man diese Strafe in einer 'Stillgestanden-Haltung' an, gerade Haltung, Hände an der Hosennaht. Nicht so Libuda: Der war so erleichtert über die für ihn läppische Summe, daß er sofort in die Hosentasche griff und einen Fünfzig-Mark-Schein herauszog. Den gab er dem Hauptmann mit den Worten: 'Bitte sehr. Der Rest ist für die Kompaniekasse.' Alle lachten.«

Doch Libudas Benehmen war kein schwejkscher Ungehorsam. Libuda meinte das ernst.

»Er war sich der Komik seines Auftritts nicht bewußt«, hatte Hüls beobachtet. »Das war so tragisch an ihm. Irgendwie war er nicht von dieser Welt.« Er verstand nicht, warum die anderen lachten, doch er hörte das Gelächter. »Brillante Fußballer sind sensibel«, findet der ehemalige Gefreite Kostedde, »'Stan' war hochsensibel.«

Immerhin endete auch für ihn der leidvolle Wehrdienst; jetzt konnte er wieder das tun, wofür er von den anderen beneidet wurde: Fußballspielen.

Sportsmänner

Zurück nach Haverkamp

In der Zwischenzeit hatte Libuda – rechnend, wie viele Tage er sich noch schießgewehretragend würde anbrüllen lassen müssen – wieder einmal einen seiner großen Auftritte auf dem Fußballrasen gehabt. Bayern München, gerade auf dem Weg zu dem Ruhm, von dem der Verein heute noch zehrt, kam nach Dortmund in die Kampfbahn Rote Erde. Es wurde ein Spektakel – der 9. September 1967 wurde zum großen Tag »Stan« Libudas.

»Der Mann, der zwei Bayern-Verteidiger narrte«, nannte die ansonsten eher zurückhaltende Bonner »Welt« den Flügelflitzer und machte in Westfalen Zustände aus, die an südamerikanische Verhältnisse erinnerten. »Zwischen dem Abgang der Fußballspieler vom Wettkampfort und ihrem Wiederauftauchen aus dem Kabinengang liegen für gewöhnlich 30 Minuten. So lange brauchen sie für den Tausch von Trikot gegen Krawatte, und so viel Zeit ist in der Regel auch vonnöten, bis sich die Neugierigen verlaufen haben. Als jedoch Reinhold Libuda (richtig: Reinhard, Anm.) nach 45 Minuten Wartezeit die Kampfbahn Rote Erde verlassen wollte, war noch keiner seiner Verehrer gegangen. Im Regen standen 200 Anhänger und brachten dem 23jährigen Außenstürmer die Huldigungen des Fußballpublikums entgegen. Sie setzten jenen 'Li-bu-da'-Sprechchor fort, den der Star der Borussen zuvor schon eine Stunde lang auf dem Rasen gehört hatte. Schließlich drückten sie ihn auch an sich, klatschten die flachen Hände auf seine Schultern und bettelten um Autogramme. Verwirrt bahnte sich der schüchterne, schweigsame Held eines Fußballspiels den Weg zur Limousine.«

Was war geschehen? Borussia Dortmund hatte zweimal einen Rückstand aufgeholt und am Ende spektakulär mit 6:3

gewonnen. Libuda hatte dabei kurz vor Schluß noch ein Tor geschossen, zuvor vier andere vorbereitet und von »Bild« am folgenden Montag die Note 6 bekommen. Am Ende hatte der BV Borussia Dortmund 09 im vierten Spiel der Saison zum zweiten Mal gewonnen. Ein Sieg gegen den amtierenden Europapokalsieger Bayern München. Zwei Punkte im Kampf um einen guten Tabellenplatz. Und doch war es mehr.

Für die 40.000 im Stadion war es wie die Auferstehung ihres Götzen »Stan« Libuda. Eine Art Katharsis des Gebeutelten auf dem Fußballrasen – ein Befreiungsakt unterstützt von tausendfachem rhythmischen Rufen. Erwachsene Menschen brüllten sich die Kehle aus dem Leib und ihr Idol immer wieder nach vorne. Eine Erscheinung hatten sie gehabt, eine Vision in schwarz-gelb; jetzt verloren sie im Kollektiv die Fassung und gerieten fahnenschwenkend gemeinsam mit ihrem Propheten in einen tranceähnlichen Zustand. All ihre Liebe schenkten sie ihm und auch ihren Respekt. Und das nur, weil ein ansonsten schüchterner und wenig charismatischer Junge aus Gelsenkirchen am rechten Flügel entlangfummelte und seine süddeutschen Gegenspieler düpierte. »Ein Sieg im Rausch mit einem 'Teufelskerl' im Bunde: Reinhard 'Stan' Libuda«, war es für die »Bild«-Zeitung gewesen.

In »Große Klage über den Verlust der Flügel« schrieb Peter Iden: »Die Augenblicke der großen Außen, das waren Momente der Freiheit. Haben wir nicht gedacht, wenn sie so abgingen und wenn sie durchkamen, es könne nun gar keine Mühe mehr geben, keine Not mehr nach so einem Spiel, und keine Angst? War da nicht dieser Gedanke: Du mußt es nur wollen, dann gibt es kein Hindernis?« In einer ähnlichen Gemütslage befanden sich an jenem Tag 40.000 auf der Tribüne ihrer Kampfbahn und einer unten auf dem Rasen mit der Rückennummer sieben. Für 90 Minuten spürten sie eine ungekannte Freiheit, und für 90 Minuten hatten sie in Stan Libuda ihren Erlöser.

»Fast 30mal«, rechnete der »Welt«-Reporter Bodo Harenberg mit, »hatte er seine Bewacher Schwarzenbeck und (später)

Kupferschmidt in Richtungen gehetzt, die er nur vortäuschte, war jedoch entgegengesetzt davongelaufen.«

Immer wieder hatte er seinen Gegenspieler mit dem »Matthews-Trick« genarrt, geradezu »verheizt«, wie die »Westfälische Rundschau« fand, »vernascht«, wie die »Bild« berichtete. Immer wieder fiel »der biedere Schwarzenbeck« auf die Finte herein. Solange, bis der eine Verteidiger gegen den anderen ausgetauscht wurde, und während der erste beschämt unter der Dusche stand, erging es seinem Nachfolger nicht besser. Das waren die Tage, an denen sie sagten: »Der Libuda umspielt noch in einer Telefonzelle zwei Gegenspieler.«

»Sie haben versagt«, urteilte später Bayern-Trainer »Tschik« Cajkovski über seine Abwehrspieler vernichtend: »Gute Verteidigung läßt es nicht zu, daß Führung von Mannschaft zweimal aufgeholt wird. Libuda hat das Spiel gewonnen.« Doch er vergaß dabei, daß es an solchen Tagen so gut wie keinen Verteidiger gegeben hätte, der imstande gewesen wäre, diesen Rechtsaußen zu stoppen. Trainer Murach meinte: »Dieser Mann muß in die Nationalmannschaft. Es gibt keinen besseren.«

Als Libuda Jahre später – nach seiner großartigen Partie gegen die Bulgaren in Mexiko – gefragt wurde, welches das beste Spiel seiner Karriere gewesen sei, antwortete er noch: »Damals beim 6:3 gegen München in der Roten Erde.«

Auch Helmut Schöns Gesandter Udo Lattek war angetan, kannte aber Libudas Unzuverlässigkeit und wußte dessen Leistung – gewissermaßen prophylaktisch – gleich wieder zu relativieren: »Dieser Mann war ohne Fehl und Tadel. In dieser Form ist er unser bester Rechtsaußen.« Davon wolle er auch gleich Herrn Schön in Kenntnis setzen. »Aber leider sind seine Leistungen unterschiedlich.«

»Ihre Tor-Bilanz sieht verdammt traurig aus: 107 Spiele, 12 Treffer. Woran liegt das?«, fragte eine Boulevardzeitung kurz darauf den Dribbler. Da antwortete Libuda: »Bei mir da draußen sieht die Welt anders aus. Mein Vorbild Stan Matthews war auch kein Knaller.« »Sie bleiben bei der 'Fummelkunst'?« »Genau, Tore soll'n die anderen machen.«

Toreschießen sollte Libudas Sache auch in späteren Spielen nicht mehr werden. Das lag an seinem fehlenden Tor-Riecher und auch am anderen Spielsystem. »Wir klebten damals 90 Minuten lang an der Außenlinie«, beschreibt Jürgen Grabowski die taktische Devise, an die sie sich zu halten hatten, »und hatten immer einen festen Gegenspieler. Weil damals Manndekkung gespielt wurde, bildeten Stürmer und Verteidiger ein festes Paar, das sich das ganze Spiel über nicht aus den Augen ließ. Kämpfe Mann gegen Mann waren das. Auch wir Angreifer mußten verteidigen, wenn der gegnerische Abwehrspieler einmal mit nach vorne ging. Damals warf man uns immer vor, daß wir nicht genug Deckungsaufgaben leisteten. Darunter litt auch Libuda ständig. Dann hieß es, er sei zu faul.«

Heute hingegen würde rochiert, da zögen die Außenstürmer unerwartet in die Mitte, oder sie ließen sich zurückfallen. »Zu unserer Zeit war das undenkbar, da hätten sofort die Mittelfeldspieler rebelliert und sich beschwert, daß wir ihnen den Raum, sich zu entfalten, nähmen.«

Und darum gibt es sie auch heute nicht mehr, »die irren Flitzer, die Dribbler und die Trickser an den Flanken« (Iden) – Libuda gehörte der letzten Generation der klassischen Rechtsaußen an, denen Peter Iden seine Eloge widmete. »Plötzlich, unaufhaltsam an den Seitenlinien rechts oder links, angespielt vielleicht oder den Ball erstritten auf der Höhe des Mittelkreises, und nun sahen wir sie, ab geht die Post, fliegen, wenn es gutging, vorüber an den Deckungen, ein, zwei, drei Mann aussteigen lassend, jeden mit bloß einer einzigen Täuschung, nach links angedeutet die Bewegung und den Körper dann rechts vorbeigebracht oder umgekehrt, wie Sir Stan es machte, und die stärksten Backs konnten auf einmal nur noch schwerfällig und erniedrigt wirken durch sie, gedemütigt auf engstem Raum, wie ausgelöscht noch die besten da hinten – und dann die Flanke, Ziel der Anstrengung und fast schon Erfüllung...«

Etwas prosaischer drückte das 1963 der »Spiegel« aus: »Dabei werden von ihnen vielfältige taktische Künste verlangt, zu denen die Fähigkeit gehört, die Mehrheit der gegnerischen

Kräfte auf eine Spielfeldseite zu locken und sie dann durch einen unverhofften Flankenball in die entblößte Spielfeldregion matt zu setzen. Diese Taktik erfordert höhere Laufgeschwindigkeiten mit dem Ball und insgesamt größeren Krafteinsatz als auf allen anderen Spielerpositionen.«

Schalke 04 vermochte seine Anhänger zu Beginn der Saison 67/68 mit derartigen Finessen nicht gerade zu überzeugen. Während Reviernachbar Borussia Dortmund mit dem »Schalker Jungen« Libuda Bayern München deklassierte, gingen die stolzen »Königsblauen« beim 1. FC Köln mit 0:7 unter. Einen Hannes Löhr könnten die Schalker gut gebrauchen, fand Hans-Josef Justen, der den Kölner Angriffsspieler »frech, kaltschnäuzig, entschlossen« gesehen hatte. Doch bei Schalke wurden bereits andere Pläne geschmiedet.

Eine Woche später nämlich fiel im Gelsenkirchener Hans-Sachs-Haus die Wahl auf einen neuen Präsidenten: Günter Siebert, Zimmermannsgeselle aus Kassel, Mittelstürmer der Meistermannschaft von 1958 und vor gut einem Jahr von Fritz Szepan zum zweiten Schriftführer ernannt. Eine Wahl, die der »Spiegel« als nicht besonders »ehrenvoll« für den neuen Schalke-Chef bezeichnet hat: »Damals befand sich Schalke wieder in Abstiegsgefahr. Siebert suchte die Sportredaktion des Düsseldorfer 'Mittag' auf und schwärzte Szepan an. Vor allem monierte er, daß der Klub Szepans Ladenhilfe und Sekretärin bezahlen müsse. Zum Tage der Generalversammlung standen die Enthüllungen im Blatt. Weinend wehrte sich der Alt-Kicker gegen die Vorwürfe. Da sprang Siebert auf die Bühne, legte seinen Arm um Szepan und rief in die empörte Menge: 'Pfui, so lasse ich diesen Mann hier nicht behandeln.' Stunden später verzichtete Szepan auf den Vorsitz, und Siebert wurde Nachfolger.«

An Sieberts Seite stand ein nörgelnder Kohlenhändler aus Bulmke-Hüllen: Heinrich Orzewalla, zweiter Vorsitzender des Vereins und von allen nur Onkel Heini genannt. Der drängte nun unaufhörlich »Präses« Siebert, seinen Liebling »Stan« Libuda zurückzuholen.

Siebert: »Ich war noch nicht lange im Amt, da rief ich Libuda einfach an. Er war am Telefon, und ich sagte: 'Stan, laß uns doch einmal treffen!' 'Na klar', meinte er: 'Wo denn?' Wir trafen uns wenig später in der Pension Wernscheid in Gelsenkirchen.« Bei Wernscheid – seit dort öfter die Hüllen fallen gelassen wurden, auch »Café-Hemd-hoch« genannt – befand sich unten eine kleine Wirtschaft. Dort nahmen Reinhard Libuda, Heinrich Orzewalla und der neue Schalke-Präsident Günter Siebert an einem der hinteren Tische unauffällig Platz. Zuerst wurde ein wenig herumgeplaudert, dann kamen die Gelsenkirchener zur Sache. »Ich sagte, daß wir ihn gerne wieder in Gelsenkirchen haben würden«, erinnert sich Siebert, »ob er sich das vorstellen könne? 'Ja', erwiderte er: 'Warum nicht?' Er fühle sich dem Verein ohnehin noch sehr verbunden, wolle aber eine Menge Geld: '30.000 Mark schwarz', das heißt netto, das war seine Forderung. Ich sagte: 'Der Verein hat 1,8 Millionen Mark Schulden. Wir müssen sehen, ob wir das hinkriegen.'«

50.000 Mark sollte die Ablösesumme für den Rechtsaußen betragen – zu zahlen an Borussia Dortmund, zusätzlich die geforderten 30.000 Mark Schwarzgeld bar auf die Hand des Spielers. Doch »Heini« Orzewalla war von dem spektakulären Transfer nicht abzubringen. Viel zu sehr hegte er für den verschrobenen Stürmer väterliche Verantwortungsgefühle. Er wollte auch deshalb Libuda in der nächsten Saison wieder für Schalke spielen sehen. Nur kurze Zeit später trafen sich die drei wieder. Diesmal in Orzewallas Gelsenkirchener Wohnung. Und diesmal wurde alles klar gemacht. Das Geld zahlte Orzewalla persönlich. Es war die Schalker Mark gewesen, zu der Libuda zurückkehrte. Nicht der Schalker Markt.

Vielleicht hatte er aber auch das richtige Gespür für einen Trend, der sich erst langsam abzeichnete: Borussias große Zeit neigte sich vorläufig dem Ende zu. Schalke war hingegen trotz der Schlappe von Köln auf dem Weg nach oben.

Bereits zum Ende der vergangenen Saison hatte sich der »Sportkamerad« (»Vereinsnachrichten«) Hans Tilkowski, Torhüter der deutschen Nationalmannschaft während der Fußballweltmeisterschaft ’66, von Borussia Dortmund getrennt. Im vergangenen Fußballjahr mußte er die Spiele seiner Mannschaft immer häufiger auf der Ersatzbank sitzend miterleben. Jetzt versuchte er bei der Frankfurter Eintracht noch einmal sein Glück. Außerdem hatte Alfred Schmidt seine Karriere beendet. Gute Spieler, die nötig waren, um an der Spitze mitzuhalten, wurden hingegen nicht eingekauft.

Als Borussia immer häufiger verlor und immer seltener gewann, ging im Januar 1968 ein Theater los, das sich schon seit geraumer Zeit angekündigt hatte. Hatte der Vereinsvorstand im November noch die Parole »Ruhe und Zuversicht« ausgegeben, rückte jetzt Trainer Heinz Murach in den Mittelpunkt unverhohlener Kritik. Schonungslos gingen die Borussen, die vorher noch so selbstsicher gewesen waren, auf einen Coach gegebenenfalls ganz verzichten zu können, mit ihm ins Gericht: Murach habe seine Autorität verloren, als er in der Kabine nach einem Spiel geweint habe, hieß es. Er könne die Spieler nicht motivieren und erscheine sowieso etwas überfordert, die berühmte Borussia standesgemäß zu führen. Jetzt wurden ständig alle möglichen Namen öffentlich diskutiert. Gerüchte über Kritik am Trainer hatte es gegeben, seit dieser die Mannschaft trainierte. Vorher war man dieser entgegengetreten. Unter »Grundsätze des BV Borussia Dortmund« hieß es etwa in einer früheren Vereinsmitteilung: »Zur Trainerfrage erklärte Willy Stegemann (der Präsident, Anm.), daß Heinz Murach, der unter ungünstigen Verhältnissen beim abrupten Weggang von Willi Multhaup eine undankbare Aufgabe übernahm, als vorbildlicher Sportsmann das absolute Vertrauen des Vorstandes, des Wirtschaftsrates und des Ältestenrates besitze. Der Ballspielverein Borussia Dortmund und seine maßgeblichen Männer erwarten von Spielern und Trainer keine Wunderdinge; Star-Allüren müssen sich der Forderung nach korrekter Pflichterfüllung unterordnen. Die Beachtung dieser Grundsätze haben Borussia Dortmund groß gemacht und bleiben deswegen weiterhin die Richtlinien erfolgreicher Vereinsarbeit.«

Jetzt jedoch hatte der Vorstand freie Bahn, sich nach einem Ersatz für den erfolglosen, aber »vorbildlichen Sportsmann« umzusehen. Stegemann war als Präsident von Walter Kliemt, einem ehemaligen Oberstadtdirektor, abgelöst worden. Und Heinz Stork, der mittlerweile auch nicht mehr Fußballobmann des Vereins war, konnte in seiner Freizeit ungeniert und öffentlich über einen neuen Trainer spekulieren. Er hätte seinen alten Freund »Fischken« Multhaup am liebsten wieder auf dem Trainerstuhl gesehen. Doch der war nach seinem eiligen Abgang nicht mehr opportun. »Multhaup hat keine Chance, bei uns je wieder aufgenommen zu werden«, verkündeten die »maßgeblichen Männer« und entschieden sich unter dreißig Bewerbern für Oswald Pfau, einen Zwickauer, der zuletzt das Training beim VfR Mannheim geleitet hatte. »Auch für einen Bundesligatrainer gilt immer noch der alte Grundsatz, der für jedes Vereinsmitglied an der Spitze seines Denkens stehen sollte: Sportsmann sein, heißt Charakter sein«, gaben sie dem neuen Mann nicht ohne leicht drohenden Unterton auf den Weg.

Doch während trotz aller Appelle an »Borussengeist« und »Pflichtbewußtsein« in Dortmund das Chaos fröhliche Urständ feierte, ordnete sich der gefühlsduselige Kumpelklub in Gelsenkirchen unter der Leitung des hemdsärmeligen Präsidenten Siebert neu. Trainer Karl-Heinz Marotzke wurde vom zuvor von Werder Bremen entlassenen Günter Brocker ersetzt, für die nächste Saison verpflichteten Siebert und sein Schatzmeister Aldenhoven zahlreiche neue Spieler wie Herbert Lütkebohmert aus Marl-Hüls und Heinz van Haaren vom MSV Duisburg. Außerdem wurde nun wieder Wert auf konsequente Jugendarbeit im Verein gelegt – eine Art »Fußballinternat« schwebte den neuen Verantwortlichen vor, eine »Schalker Schule«, die unaufhörlich Talente ausspuckte.

Während eines überraschend klaren 6:1-Siegs bei Borussia Mönchengladbach zeichnete sich die Trendwende zum Jahresbeginn 1968 ab. Das war gegen die hochgelobte »Fohlen-Elf« eine gelungene Revanche für das blamable 0:11 des Vorjahrs. Zur Belohnung erhöhte Präsident Siebert die Siegprämie von

1.000,– auf 1.200,– Mark. »Auf Schalke« wehte jetzt ein neuer Wind.

Am 16. März mußten die Dortmunder im Frankfurter Waldstadion antreten. Dem Journalisten Jörg Hüls erzählte Borussen-Mittelfeldspieler Horst Trimhold später, wie der labile Rechtsaußen Libuda von seinem Frankfurter Gegenspieler in Schach gehalten wurde: »Es hatte sich natürlich herumgesprochen, daß Libuda ständig Ärger mit seiner Frau hatte und seine Formschwankungen stark von der privaten Situation abhingen. Deshalb nervte Eintrachts Linksaußen Oscar Lotz schon Tage vor dem Spiel seinen Trainer, ihn doch gegen Libuda antreten zu lassen. Er sei dafür prädestiniert, er solle ihn ruhig machen lassen. Das Spiel wurde für Libuda dann tatsächlich zur Qual. Ständig hing Lotz an ihm dran und quatschte permanent: 'Sag mal, mit Deiner Frau, das ist ja blöd. Aber Du hast recht, wenn Du Dir Sorgen machst. Total begründet Dein Verdacht! Die liegt doch jetzt mit 'nem anderen im Bett und macht mit dem rum.' Das waren die Situationen, in denen 'Stan' dann total versagte. Er brach ein, plötzlich gelang ihm gar nichts mehr.«

Doch Lotz war nicht der einzige, der Libuda mit dem Psycho-Trick zu bremsen versuchte: »Wenn ich früher einmal schwach spielte, dann hat es gleich geheißen: 'Der Stan hat mal wieder Probleme mit seiner Frau.' Und in der Bundesliga ging unter den Verteidigern das Gerücht um, ich sei mit einem einzigen Satz zu stoppen: 'Du, Stan, weißt Du eigentlich, wo Deine Frau gerade ist?' Ein Satz, den Otto Rehhagel einmal prägte, als er sich bei meinen Dribblings nicht mehr anders zu helfen wußte, weil ich ihn schwindlig gespielt hatte.«

Das Spiel in Frankfurt ging für die Borussia mit 1:4 verloren: Am Dortmunder Borsigplatz sprach man vom »Schwarzen Samstag«, nachdem tags zuvor nach einem leichten Börseneinbruch das Wort vom »Schwarzen Freitag« in Frankfurt die Runde gemacht hatte.

Nachdem die Finanzen geklärt waren und dem Transfer nach Gelsenkirchen nicht mehr viel im Weg zu stehen schien, war Libuda mit seinen Gedanken eigentlich nur noch bei seinem neuen alten Verein. Bei der 0:3-Niederlage am 8. Februar in Köln wurde Libuda zur Halbzeit ausgewechselt, weil er kaum Einsatz zeigte und so lauffaul gewesen war, daß er bei seinem Trainer Murach den Eindruck hinterlassen hatte, er »wollte nicht so recht«. In der Folgezeit wurde Libuda manchmal gar nicht erst aufgestellt. Doch als er gegen 1860 München einmal wieder zum Einsatz kam, zog er sich lediglich den Zorn des »Aufhören« rufenden Dortmunder Publikums zu. Libuda könne man wohl nur als ehemaligen Nationalrechtsaußen bezeichnen, schrieb Alfred Heymann in seinem Bericht. »Was Libuda sich leistete, war der absolute Gipfel.« Die Frage sei auch gar nicht gewesen, ob man Emmerich oder Brakelmann, den Nachwuchsspieler, hätte auswechseln sollen. »Zwar brachte 'Emma' auch nicht viel auf die Beine. Aber er übertraf Libuda trotzdem noch.«

Als die vermutete »Arbeitsverweigerung« einigen Fans unerträglich wurde, erstattete Fußballfreund Gerd Röhrig aus Waltrop Anzeige wegen Betrugs – er hatte in der Roten Erde 14 Mark Eintritt bezahlt und, seiner Meinung nach, zu wenig zu sehen bekommen. Obwohl Hauptkommissar Kirschstein, Leiter des Betrugsdezernats, früh abgewiegelt hatte (der Fall bliebe wohl folgenlos), schlugen die Wellen in Dortmund hoch. Heinz Murach bekundete, einige Spieler hätten eine »sehr verschrobene Arbeitsmoral«, die reize auch kein Geld mehr: »Vielleicht haben sie schon genug.« Wenn man Herrn Libuda nach den Gründen seiner Spielfaulheit fragte, bekäme man doch nur dumme Antworten.

Es wurde öffentlich darüber spekuliert, ob der ehemalige (und zukünftige) Schalker wohl kein Selbstbewußtsein habe oder einfach nur zu träge sei. Im Pokalspiel gegen Hertha BSC, das die Dortmunder prompt 2:1 gewannen, lief Libuda wie in den nächsten Bundesligaspielen nicht auf. Das Verfahren wegen Betrugs wurde von der Staatsanwaltschaft später eingestellt. Es sei unklar, ob ein Zuschauer »mit seiner Eintrittskarte überhaupt den Anspruch erwerben kann, von allen Spielern kämpferische Leistungen bis zum Letzten zu verlangen«.

Günter Siebert, der später sagte, Libuda seien doch schon die 35 Kilometer zwischen Dortmund und Gelsenkirchen zuviel gewesen, hatte mit Geld und Heimatklängen sehr treffsicher an die Instinkte des sportwagenfahrenden Arbeiterkindes appelliert. Später mutmaßte er allerdings auch, daß Libuda wohl ganz froh gewesen sei, auf diese Weise eine räumliche Distanz zwischen einem gewissen Möbelhändler und Fußballbraut Gisela herstellen zu können.

Als die Schalker im Frühjahr nun Borussia Dortmund empfingen, wurde auf der Tribüne heftig spekuliert. Geteilte Meinungen über die Rückkehr des verlorenen Sohnes machte Alfred Heymann auf den Rängen der Glückaufkampfbahn aus. Selbst die Dortmunder würden nicht allzu sehr an ihrem Starstürmer hängen. »Nur einer legte sich hundertprozentig fest: Schalkes Vorsitzender Günter Siebert. 'Wir nehmen den Reinhard. Bei uns wird er wieder ein erstklassiger Rechtsaußen', behauptete er optimistisch. Zu diesem Zeitpunkt wußte Siebert aber ebensowenig wie wir, daß der DFB-Beirat als Gesetzgeber das Bundesligastatut geändert hatte. Die Handgelder sollen wegfallen. Das würde in der Praxis bedeuten, daß van Haaren bei Schalke nicht die erwarteten 100.000 DM für einen Fünfjahresvertrag in Empfang nehmen kann, wenn er die Unterschrift unter einen Vertrag mit dem Altmeister setzt. Der DFB weiß nun, wie es bei verschiedenen Vereinen in der Kasse aussieht, und er will sie – mit Verlaub – vor 'Dummheiten' bewahren.«

Schalkes Ex-Nationalspieler Bernhard Klodt orakelte daraufhin düster: »Perfekt sind Verträge erst mit der Unterschrift.«

Auf dem Spielfeld machte Reinhard Libuda an diesem Nachmittag nicht so sehr von sich reden. So wenig wie die gesamte Borussenmannschaft, der ein Spiel »ohne Saft und Kraft« bescheinigt wurde. Hatten in den letzten Jahren die Dortmunder immer – teilweise sensationell hoch – gegen den haßgeliebten Nachbarn gewinnen können (6:2, 4:1, 7:0, 6:2, 4:0), so vermißte Klodt bei den Dortmundern das Zusammenspiel: »Da ist ja von Mannschaftsarbeit, von Harmonie überhaupt nichts mehr zu sehen.« Libuda wurde gegen seinen neuen Verein in der

74. Minute sogar ausgewechselt – seit Anfang der Saison war es den Klubs möglich gemacht worden, einen Spieler auszutauschen. Nur sein zukünftiger Trainer Brocker von Schalke 04 meinte hinterher süffisant: »Ich war froh darüber, daß Libuda herausgenommen wurde. Er war gerade zu dieser Zeit eine ständige Gefahr für uns. Emmerich wäre eher an der Reihe gewesen.«

Durch ein Tor von Pohlschmidt, das dieser bereits in der 17. Minute schoß, siegten die »Knappen« mit 1:0 und brachen damit endlich den Bann im Revierderby. Libuda hätte sich für seine Rochade zwischen Dortmund und Gelsenkirchen kaum einen besseren Zeitpunkt aussuchen können. Er durfte zurück nach Gelsenkirchen. Zu Schalke 04, zu Mutter Martha, Vater Paul und Wirt Polomski. Zurück nach Haverkamp. Und zu Kuzorra, der erfreut ausgerufen haben soll: »Der Köttel gehört zu unserem Klub wie die Fördertürme zu den Zechen.«

Wie Kinder

Training unter »Riegel-Rudi«

Die Hinrunde 68/69 war für Schalke 04 eine einzige Katastrophe gewesen. Nach einer Niederlage in Duisburg als 15. gestartet, wurde es in den folgenden Spielen nicht besser. Nur eine kleine Formsteigerung gegen Werder Bremen, die mit einem 3:1-Auswärtssieg belohnt wurde (laut »WAZ« ein »Triumph der Jugend«), und gegen Borussia Dortmund sorgten für ein wenig Entlastung. 4:1 schlugen die Schalker Libudas Ex-Verein und sorgten dafür, daß der 14. September 1968 zum »Tag der Rache«, so Kolumnist Wilhelm Herbert Koch, wurde. »Schon in der Halbzeit hißten die Wirte in den Gaststätten rund um die Glückaufkampfbahn die Fahnen. Zum Schluß standen die Zapfhähne nicht still.« Dortmund war zwar in der 14. Minute in Führung gegangen, doch Libuda schoß ausgerechnet gegen seinen Ex-Verein eines seiner seltenen Tore und stellte in der 31. Minute den Ausgleich her – für Borussenspieler Brakelmann »eine eiskalte Dusche« gerade in dem Augenblick, »als wir schon vom Sieg träumten«. Der Torschützenkönig der Vergangenheit, der Dortmunder Lothar Emmerich, blieb hingegen wirkungslos. Norbert Nigbur hielt, was zu halten war. Und Kasperski und Erholff trafen noch dreimal das Dortmunder Tor. »Ein Jubelsturm durchraste die alte Glückaufkampfbahn, die in ihren Grundfesten erzitterte.«

Doch die Form der Schalker mit einem »gereiften Libuda« im Sturm hielt nicht lange an, die alte Kampfbahn erzitterte nicht mehr, und am fünfzehnten Spieltag stand der Altmeister FC Schalke 04 bereits auf dem vorletzten Platz. Abstiegsangst machte sich breit. Da wurde der in letzter Zeit vielkritisierte Trainer Günter Brocker von seinem schweren Amt erlöst und ein Mann verpflichtet, der sich Jahre zuvor beim Meidericher Sport-Verein einen Namen gemacht hatte, indem er den relativ unscheinbaren Klub zur Vizemeisterschaft führte: Rudi Gutendorf, wegen seines ausgeprägten Hangs, die Abwehr zum Bollwerk umzurüsten, allerorts nur »Riegel-Rudi« genannt – ein Trainer, der im Ausland wertvolle Erfahrungen gesammelt hatte und von Bundeskanzler Konrad Adenauer einst mit den Worten nach Nordafrika verabschiedet wurde: »Machen Se et jut, Herr Jutendorf. Sonst holen die einen von der Sowjetzone.«

Gutendorf war gerade aus den USA zurückgekehrt, wo er als General Manager bei den St. Louis Stars Fußball-Entwicklungshilfe geleistet hatte – für den umtriebigen Coach »eine reizvolle, aber auch schwierige Aufgabe, einerseits in den Colleges und Hochschulen junge Menschen in die Anfangsgeheimnisse des Fußballs einzuweihen, andererseits aus einem 'Gemisch' von Spielern zahlreicher Nationalitäten – Polen, Deutschen, Holländern, Jugoslawen, Ungarn, Griechen und Amerikanern – eine Mannschaft zu bilden, die harte Dollars verdienen und sich behaupten sollte.« Doch als die Zuschauerzahlen hinter den Erwartungen der optimistischen US-Fußball-Manager zurückblieben und diese auf »Riegel-Rudis« Spielkonzepte Einfluß zu nehmen versuchten, kündigte der Trainer und kehrte, frisch verheiratet und um einiges reicher, nach Deutschland zurück. Er hätte es geschafft, in der kurzen Zeit das Bild vom »kriegerischen Deutschen« ins rechte Licht zu rücken, schrieb ein Leserbriefschreiber aus den Vereinigten Staaten dem »Kicker«: »Er war der beste Botschafter für den deutschen Sport.«

Doch noch sagte Gutendorf: »Die Sehnsucht nach der Bundesliga, dem großen Fußball, wiegt schwerer als finanzielle Erwägungen und bessere Verdienstmöglichkeiten im Ausland, die einstweilen von untergeordnetem Rang sind.«

Als er im November 1968 – nach Erfahrungen in der Schweiz, in Tunesien und den USA – den Bundesliga-Erfolg suchte, glaubte Gutendorf, in Schalke 04 einen Arbeitgeber gefunden zu haben, der ihm das ermöglichen könne. »Es ist ein gutes Aufgebot an Spielern vorhanden«, lobte er den Verein: »Daß auch der Begeisterungsfähigkeit des treuen Schalker Publikums eine wichtige Rolle zur Hebung der Moral zufällt, bedarf kaum der Betonung. Die Mannschaft soll und darf Vertrauen und Selbstvertrauen zu ihrem Leistungsvermögen haben, dessen echte Grenze sie bisher nicht erreicht hat.« Aber das würde sich bald ändern, kündigte der neue Mann damals an, »wenn alle nur den festen Willen dazu mitbringen«.

Den festen Willen seiner Spieler gedachte Gutendorf gleich zu Beginn der neuen Trainertätigkeit auf die Probe zu stellen. »Ich bestellte alle morgens um halb sechs auf die Glückaufkampfbahn zum Lauftraining. Vorher hatte ich mich erkundigt, wann die Bergmänner zur Arbeit in ihre Zechen gehen – das war ungefähr die Zeit. Sie sollten an den Werktätigen vorbeilaufen und zeigen, daß auch die Fußballer des Stadtteils arbeiten konnten.« Also hielt Gutendorf erstmal eine Standpauke: »Ihr habt den Verein in den Keller gebracht; beweist, daß ihr auch Malocher seid!«

Eine Machtprobe, der der Trainer etwas sorgenvoll entgegenblickte, zumal er auch diverse Lokalzeitungen und das Fernsehen zum spektakulären Zechenlauf bestellt hatte. »Ich war früh da und war natürlich sehr nervös, ob die Spieler nun kämen. Der erste war Libuda. Er fieberte mit. 'Ob dat 'ne gute Idee war, Trainer?' Er machte sich richtig Sorgen. Doch nach einer Weile tanzten alle an. Es konnte also losgehen.«

Später äußerte Torwart Norbert Nigbur seinen Respekt vor dem unkonventionellen Übungsleiter: »Mit dem Mann kam Farbe in den Verein. Schon damals hatte Gutendorf viel von der Welt gesehen, war im Ausland erfolgreich, er hatte ein gewisses Flair. Das tat Schalke gut, denn solange ich bis dahin dort war, spielte sich gedanklich alles um den Schalker Markt ab.« Mit Gutendorf sei »ein neues Denken« gekommen – eine kleine Erschütterung des Bier- und Bratwurstklubs, der eher an eine etwas chaotisch geführte Laubenpieperkolonie mit Spielbetrieb erinnerte als an einen Fußballverein mit Millionenumsatz. »So gut Bodenständigkeit auch sein mag, so blind für das, was außerhalb läuft, kann sie auch machen.«

Gutendorfs Problemkind war Reinhard Libuda. »Er und Kevin Keegan waren die besten Spieler, die ich jemals trainiert habe«, sagt Gutendorf noch heute und lobt das »körperlose Spiel« seines Rechtsaußens. »Aber Libuda war labil, und er wurde ständig verspottet. Ich habe einen kleinen Sohn, und ich bekomme mit, wie Kinder sich gegenseitig fertigmachen können. Ähnlich war es bei Schalke. Sie haben sich benommen wie Kinder, und ihr Opfer war immer Libuda, der sich nicht dagegen wehren konnte. Immer wieder sagten sie, angetrieben von Franz Hasil und Hansi Pirkner, den beiden Österreichern in der Mannschaft, 'der doofe Stan' und 'Deine Frau fickt rum'. Sie habe etwas mit einem Ersatzspieler, den wir nicht zu jedem Auswärtsspiel mitnahmen, hieß es. Deshalb erzählten sie immer, wenn wir Gelsenkirchen zu irgendeinem Einsatz verließen, verschwörerisch: 'Also Reinhard: die Gisela, was die jetzt wohl treibt...' Sie wußten, wie eifersüchtig er war, sie wollten ihn kleinmachen. So etwas kann einen in den Selbstmord treiben. Es war wirklich schlimm. Sogar Präsident Siebert machte sich ganz gerne über ihn lustig – sie lachten ihn ständig aus. Das beunruhigte mich sehr. Friedel Rausch und Rolf Rüssmann waren die einzigen, die versuchten, ihn gegen die gehässigen Sprüche in Schutz zu nehmen.«

Um das angeknackste Selbstbewußtsein seines Stars aufzubauen, wollte Gutendorf Libuda mehr Verantwortung übertragen. »Wir saßen die ganze Nacht zusammen und diskutierten. Ich wollte Libuda zum Mannschaftskapitän machen – damals konnte man so etwas ja noch als Trainer. Doch er wollte nicht, er hatte Angst davor und war schrecklich verlegen. Ich sagte ihm, er solle nicht glauben, was die anderen sagten. Er sei ein hervorragender Spieler und müsse nur etwas robuster werden. Und dann versprach ich ihm: 'Ich bringe Dich zurück in die Nationalmannschaft.'« Schließlich willigte der notorische Neinsager ein und löste Interimskapitän Hermann Erlhoff als Spielführer ab. Die Maßnahme des Trainers schien schnell Früchte zu tragen. »Er bezog jetzt auch einmal Position, er fühlte sich für viele Dinge, die die Mannschaft tangierten, verantwortlich. Er rückte stärker in den Mittelpunkt.«

Gutendorf hatte bei Meiderich bereits Erfahrungen mit komplizierten Spielern sammeln können. Dort bereitete ihm WM-Held Helmut Rahn ähnliche Probleme wie später Libuda. Beide nennt Gutendorf »Weltklassespieler«, die allerdings besonderer Aufmerksamkeit des Trainers bedurft hätten. »Rahn konnte man in manchen Dingen mit Libuda vergleichen. Er hatte viele Probleme, als ich Trainer bei Meiderich war: zu viele falsche Freunde, zuviel Alkohol und zuwenig Spaß am Training. Deshalb ging ich los und überredete ihn, ein Traberpferd zu kaufen – für Pferderennen hatte er immer ein Faible. Wir legten zusammen: 3000,– Mark kostete der Gaul, und jeder von uns zahlte die Hälfte. Plötzlich hatte Rahn etwas zu tun, das wirkte sich auch positiv auf sein Spiel aus. Diese Freizeitbeschäftigung sorgte für Ausgleich – so hing er nicht immer mit irgendwelchen dubiosen Gestalten in der Kneipe herum. Die meiste Arbeit mit dem Pferd blieb schließlich allerdings an mir hängen.«

Gutendorf war eine Ausnahmeerscheinung unter den Bundesligatrainern der damaligen Zeit. »Rauf aufs Spielfeld, Tore schießen, wieder runter und weg«, erinnert sich Erwin Kostedde an die Zustände: »Es gab ja noch nicht einmal Warmlaufen und Auslaufen.« Ansonsten hätten sich die Vereine um ihre Spieler nicht gekümmert. »Man stand mehr oder weniger alleine da.«

Bei Gutendorfs trafen sich die Spielerfrauen zum Kaffeekränzchen, und einmal übernachtete Gisela Libuda bei Ute Gutendorf, der Frau des Trainers. Gatte Libuda war samt Mannschaft zum Auswärtsspiel gefahren und hätte nicht beruhigt spielen können, wenn er nicht gewußt hätte, daß seine Frau in sicherer Obhut war. Für eine Weile gelang es dem Fußball-Lehrer, den »Rosenkrieg« im Hause Libuda zu entschärfen.

Plötzlich, so Norbert Nigbur, ging es nicht mehr »um die Frage, ob und wie wir den rettenden 16. Platz packen, sondern darum, wie wir ins obere Tabellendrittel kommen. Sowas zu vermitteln, ist bei einer Profimannschaft immer auch eine Frage der Glaubwürdigkeit. Inwieweit kann man den Mann ernstnehmen? Dem Gutendorf traute man es zu, daß er den Mumm dazu hat. All das riß die Spieler mit. Es hatte auch damit zu tun, daß Gutendorf ein perfekter Showmann war.«

Auch sportlich lief es unter Gutendorfs Training besser. Neue Wege einzuschlagen, hatte der Weltenbummler bei Amtsantritt versprochen: »Vor allen Dingen muß der Mut zum gesunden Experiment gefunden werden. Entscheidend ist die Forcierung eines modernen, weiträumigen Tempospiels, des blitzschnellen Umschaltens von Defensive auf Offensive. Das erfordert ein hohes Maß an Fitneß.« Mit einem solchen Konzept und nicht zuletzt einer starken Abwehr hatte Gutendorf bereits in Duisburg überzeugen können (Sepp Herberger soll gesagt haben: »Der MSV ist die am modernsten spielende Bundesligamannschaft«). Jetzt stellte sich auch bei Schalke 04 der Erfolg langsam ein. Zumindest wurde gekämpft. Gleich im ersten Heimspiel unter Gutendorfs Leitung besiegten die Gelsenkirchener Eintracht Frankfurt mit 2:0. Gutendorf habe der Mannschaft »Begeisterung und restlosen Einsatz einimpfen können«, hatte die »Westdeutsche Allgemeine« befunden und sich über »Schalkes profihafte Härte« gefreut, die den Frankfurtern »nicht behagt« habe.

So ging es nach der Winterpause auch im neuen Jahr weiter. Mit etwas Glück siegten die Schalker im DFB-Pokal gegen Rot-Weiß Oberhausen mit 3:2 – allerdings, weil der Schiedsrichter zwei Oberhausener Treffer nicht anerkannte, weswegen er nachher unter Polizeischutz aus dem Niederrhein-Stadion geführt werden mußte. Dennoch war Schalkes Trainer mit der kämpferischen und spielerischen Leistung seiner Fußballer zufrieden und überzeugt: »Unserer Elf wird dieser Sieg moralischen Auftrieb für die kommenden schweren Punktspiele geben.«

Doch darauf allein mochte er sich nicht verlassen. »Bis in die intimste Privatsphäre seiner Spieler rückt Schalkes Trainer Gutendorf vor«, ließ die »WAZ« ihre Leser wissen, die Spieler seien vierzehn Tage lang im Trainingslager an der Wedau einkaserniert gewesen: »Um zehn Uhr ging das Licht aus.« Gutendorf wollte seine neuen Kicker kennenlernen, außerdem Disziplin und Gemeinschaftsgefühl seiner Leute stärken. In Duisburg, aber auch danach, mußte sich Gutendorf allerdings vorgekommen sein wie ein Lehrer mit einem Haufen Pubertierender auf nicht enden wollender Klassenfahrt. Ständig fielen sie übereinander her und immer wieder über ihren »Liebling« Libuda. Der litt schrecklich unter den Hänseleien und konnte vor allen Dingen seine Eifersucht nicht mehr ertragen. »Eines Abends kam er zu mir«, erinnert sich der damalige Schalke-Präsident Günter Siebert, »und sagte: 'Herr Siebert, ich muß zu meiner Frau fahren. Ich weiß nicht, wo sie steckt und kann nicht schlafen, solange ich sie nicht gefunden habe.' Daraufhin gab ich ihm meine Autoschlüssel und schickte ihn los. Der Trainer durfte davon nichts erfahren, also schlich er sich heimlich aus dem Haus.« Wenig später flitzte Libuda im weinroten Mercedes 230 SL des Präsidenten über die Autobahn nach Gelsenkirchen und kontrollierte, ob bei Gisela und Matthias-Claudius alles in Ordnung war. »Am nächsten Morgen kam er wieder und drückte mir die Schlüssel wieder in die Hand.« Doch natürlich war das Verschwinden des Verliebten nicht unentdeckt geblieben. Sein Zimmernachbar war eilfertig zum Trainer gelaufen und hatte sofort Bericht erstattet. Gutendorf: »Klaus Senger kam ganz scheinheilig an und sagte: 'Trainer, der Libuda ist weg, ich glaube, der ist nach Hause gefahren.' Alle haben das gewußt, und natürlich haben sich alle darüber kaputtgelacht. Die Mitspieler waren wirklich gemein und auch sehr unreif. Ihr Gerede von Kameradschaft war überwiegend pure Heuchelei. Libuda hat sich daraufhin natürlich schrecklich geschämt« – obwohl sich Trainer Gutendorf nicht hatte anmerken lassen, daß man ihn schon vom nächtlichen Abstecher seines Schützlings nach Gelsenkirchen informiert hatte.

Im folgenden Spiel gegen den MSV Duisburg siegten die Schalker mit 1:0; das einzige Tor schoß Stopper Erlhoff aus zwölf Metern – nach einem Alleingang von der Mittellinie. Es ging wieder aufwärts. Durch diesen zweiten Sieg in Folge erklomm Schalke den fünfzehnten Tabellenplatz, verließ mal wieder die Abstiegszone und beruhigte Ruhrbischof Franz Hengsbach. Der war im Stadion gewesen und hatte auf die Frage, was nun ausgerechnet er hier unter den Fußballfans treibe, erklärt, daß zu seinem Bistum zwar viele namhafte Vereine zählten, es ihm aber gehe wie einer Mutter mit fünf, sechs Kindern, die sie zwar alle gleich liebe, aber dem Sorgenkind die größere Aufmerksamkeit und Anteilnahme schenke.

Von Spiel zu Spiel arbeiteten sich Hengsbachs Schäfchen nach oben. In München, beim kommenden Deutschen Meister, erkämpften sie sich ein Unentschieden; gegen Werder Bremen, in Dortmund und gegen den 1. FC Köln siegten sie in Serie. Ähnlich lief es im DFB-Pokal, wo ihnen der SV Alsenborn und Alemannia Aachen keine Schwierigkeiten bereiteten. Libuda kam langsam wieder in Form.

Für die Nationalmannschaft ging es um die Qualifikation zur Fußballweltmeisterschaft, die 1970 in Mexiko stattfinden sollte. Schottland, Österreich und Zypern waren in einer Gruppe mit der deutschen Mannschaft. Und Libuda gehörte nach guten Leistungen in der Schalker Mannschaft wieder zum erweiterten Kreis der Nationalspieler. Vor dem Auswärtsspiel gegen die Schotten wurde er von Bundestrainer Helmut Schön nach zweijähriger Abstinenz wieder einmal zu einem Trainingsspiel in Karlsruhe eingeladen. Jetzt nahmen auch die Medien Notiz von dem einst so Hochgelobten, der seit seiner Bundeswehrzeit etwas in Vergessenheit geraten war. Der Bundestrainer habe es auf Libuda abgesehen, schrieb die »Bild« und nannte Libuda »Außenstürmer von Schalke 04 und vielleicht der gesuchte Flügelflitzer für die Nationalmannschaft«. Seit Gutendorf bei Schalke trainierte, hatte er Libuda ständig eingetrichtert, daß er gut genug für die Nationalmannschaft sei, und auch Helmut Schön ununterbrochen mit Elogen auf seinen Rechtsaußen genervt: »Der Stan gehört in die Nationalelf, wer das nicht begreift, tut mir leid. Besser als Libuda kann niemand spielen. Er ist auf seinem Posten Weltmeister.«

Das schien Wirkung zu zeigen. Beim Karlsruher Testspiel habe Libuda Schön beeindruckt und »viel Glanz« verbreitet, schrieb Reporter Paul Palmert. Nur dann und wann habe er etwas geschwächelt. Woran das liege, habe er ihn gefragt. »Ich bin nach der Pause im Matsch hängengeblieben, sonst hätte ich außer Höttges auch den Berti Vogts schlecht aussehen lassen«, antwortete ein stolzer Libuda und verblüffte damit den Journalisten: »Donnerwetter! Soviel Selbstbewußtsein hatten Sie früher nicht.« Libuda: »Das ist es ja eben. Wenn ich ins Nationaltrikot schlüpfte, bekam ich weiche Knie. Heute ist das vorbei. Man wird ja mal erwachsen.« Und für das kommende Spiel im Glasgower Stadion, wo er einst den Europapokal nach Dortmund schoß, nahm er sich vor: »Man darf nicht mit bangem Herzen in den Hampden Park einlaufen. Sonst ist man verloren...«

Auch bei einem zweiten Testspiel schlug sich Libuda beachtlich. »Als die fähigsten Männer für Glasgow ausgesucht wurden, bot der Schalker in den ersten 45 Minuten eine prächtige Leistung«, beschied »Sven-Simon-Text« nach einem Spiel gegen Wales in Frankfurt. »Nach der Pause aber, völlig überraschend, beorderte ihn der Bundestrainer auf den gegenüberliegenden linken Flügel. Für den Rechtsaußen kam das einem Dolchstoß gleich, es war, als ob er in der Pause seine Schuhe verkehrt an die Füße geschnürt hatte. Helmut Schön sagte nachher nicht viel Gutes über ihn.« Immerhin bekam der Unglückliche als kleines Dankeschön für seinen zehnten Einsatz am 26.3.1969 die silberne Ehrennadel des Deutschen Fußball-Bundes überreicht. Über ein möglicherweise banges Herz brauchte er sich nun allerdings keine Gedanken mehr zu machen, denn in Schottland spielte wieder Bernd Dörfel, »der Zuverlässige«.

Gutendorf aber setzte seinen Einsatz für die Berufung Libudas in die Nationalmannschaft fort. Heute sagt er: »Das war sehr wichtig für 'Stans' Selbstvertrauen. Ich mußte ihn einfach aufbauen. Deshalb drängte ich Helmut Schön bei jeder sich bietenden Gelegenheit, Libuda zu berücksichtigen: Er sei ein hervorragender Spieler, keiner könne auf ihn verzichten und solche Sachen. Bis zu seinem Tod nahm mir das Schön übel; er hat mir, glaube ich, nie verziehen.« Ob Gutendorf denn als Bundestrainer auf Libuda 'gebaut' hätte? »Nein, wenn ich Coach der Nationalmannschaft gewesen hätte – ich hätte mich wohl nicht auf jemanden wie Libuda verlassen. Dafür war er einfach zu unbeständig. Man konnte nie sicher sein, wie er 'drauf' war. Manchmal lief es hervorragend, doch dann war mal wieder gar nichts von ihm zu sehen, dann fummelte er sich unentwegt fest, daß es für alle eine Qual war. Mein permanentes Insistieren war taktisch: Ich wollte sein Selbstbewußtsein stärken. Dann spielte er besser. Er brauchte Sicherheit, privat wie in der Mannschaft. Und ich mußte sehen, wie ich ihn soweit bekam, seine privaten Angelegenheiten zu vergessen.«

Gutendorf mußte für die psychische Stabilität seines »Problemkindes« sorgen, und er versuchte, es aus Presseschlagzeilen herauszuhalten. Doch beides war nicht gerade einfach, seit sich bei den Sport- und Boulevardzeitungen der manchmal etwas ausschweifende Lebenswandel des Stürmers herumgesprochen hatte. Irgendwann klingelte bei Gutendorfs nachts das Telefon. »Ihre Spieler lassen heute aber ganz schön die Puppen tanzen«, sagte jemand und empfahl dem fürsorglichen Trainer einen Abstecher in ein stadtbekanntes Etablissement. »Es war nachts um halb eins, ich lag schon im Bett. Aber was sollte ich machen? Also zog ich mich an und fuhr los. Meine Spieler sollten im 'Mississippi' hocken, einer Bar in Essen. Ich komme da an. Und wen sehe ich? Libuda, Franz Hasil – unseren österreichischen Nationalspieler – und zwei Mädels. Sie sitzen ziemlich vergnügt und angetrunken an der Bar und albern herum. Ich nehme die Mädchen am Arm und will sie sachte von den beiden Spielern wegziehen. 'Klack', da fotografiert auch schon jemand. Und am nächsten Tag steht in der Zeitung: 'Gutendorf macht mit seinen Spielern und unbekannten Frauen 'ne Sause in einer Bar.'«

Von den Zeitungen sollte sich Libuda seitdem noch bis zu seinem Tod ständig verfolgt fühlen; sie erschienen allmächtig, und er, tragischer Held, setzte sich zum Schutz eine Sonnenbrille auf, um nicht erkannt zu werden. Nationaltorwart Toni Schumacher, der ganz anders – viel selbstbewußter und burschikoser – mit der Öffentlichkeit umging, hat einmal seine Ohnmacht gegenüber der Presse geschildert. Allerdings war Schumacher, nach seinem Foul an dem Franzosen Patrick Battiston als »Nazi« beschimpft, einem viel stärkeren Druck ausgesetzt. »Machtlosigkeit. Wenn jemand von den Medien einmal zum Monster erklärt worden ist, hat er keine Chance mehr gegen die Presse. Abkapseln – das war die einzige Lösung. ...Schlimmer als die faulen Eier, die mein Kreuz trafen, spürte ich die bohrenden Blicke der Presse.«

Doch im Gegensatz zu Libuda war sich Schumacher des bisweilen komplizierten Verhältnisses zwischen Spielern und Reportern bewußt, und er verstand es auch, die Berichterstattung in seinem Sinne zu beeinflussen.

Im anonymen Medienriesen witterte Libuda lediglich die Wurzel vielen Übels – einen imaginären Feind, gegen den er sich wieder einmal hilflos fühlen konnte und von dem er gejagt würde wie ein Tier. Auf diese Weise kanalisierte dieser Stürmer von der traurigen Gestalt seine Lebensängste, ohne sich damit auseinandersetzen zu müssen – der »Feind« saß irgendwo kafkaesk versteckt in großen Hamburger oder Münchener Pressehäusern und verbarrikadierte sich hinter Schreibmaschinen und Telefonen. Doch statt gegen den ständigen Druck durch die Presse-Präsenz zu rebellieren, zog sich Libuda beleidigt zurück. Das war viel einfacher, als sich mit dem Benehmen seiner Mitspieler oder der Vereinsführung auseinanderzusetzen. Die besaßen als Mitglieder des Elf-Freunde-Zirkels und Kumpelklubs gewissermaßen eine Immunität gegen Zweifel an ihrer Loyalität. Einig waren sie sich nur in ihrer Ablehnung der sich bisweilen sehr aufdringlich gerierenden Journalisten, zu denen sie ein ambivalentes Verhältnis entwickelten, denen sie ihre Popularität und somit auch ihr vieles Geld zu verdanken hatten. Halb wurden sie ins Rampenlicht gezogen, und halb sanken sie allzugerne dahin.

Hinter allem vermutete Libuda versteckte Attacken. Jörg F. Hüls hatte einmal in einer Kolumne Libuda-Antworten in dessen Mundart wiedergegeben: »Da kam viel 'dat' und 'wat' vor –

das war überhaupt nicht böse gemeint. Es war ohnehin immer schwer, ihm überhaupt einmal etwas zu entlocken, er sagte ja kaum etwas. Später traf ich ihn, und er regte sich furchtbar auf – wie ein Rohrspatz schimpfte er: 'Wat soll'n der Scheiß? Dat kann doch keiner lesen!' Er glaubte, wir wollten uns auf diese Weise über ihn lustig machen. Er hatte ungeheure Angst, als kleiner 'Doofmann' hingestellt zu werden.«

Freunde bestärkten ihn noch in diesem Gefühl. So wurde er immer einsilbiger und zurückgezogener. Seinen »Kumpels« erzählte er voller Selbstmitleid: »Ich darf ja noch nicht einmal ein Bier trinken. Dann steht es doch schon am nächsten Tag in der Zeitung.« Was natürlich eine groteske Verzerrung der Wirklichkeit war: So interessant war er auch wieder nicht, daß Journalisten seine Biere gezählt hätten. Im Gegenteil, die meisten Berichte, die über ihn geschrieben wurden, waren wohlmeinend. Von seinen Alkoholproblemen wurde kaum berichtet, die meisten Artikel über seine sonstigen Eskapaden beschränkten sich auf das Wesentliche – es wurde eher ausgelassen als alles niedergeschrieben. Der Verfolgungswahn nahm später grotesk anmutende Züge an: Auf dem Grabstein seines Vaters stand nicht der Name Libuda, sondern lediglich die Initialen P.L. für Paul Libuda. Kein Geburtsdatum, kein Todestag.

»Er war eben kein Glamour-Boy«, so Hans-Josef Justen, der Revier-Journalist, »und er war nicht pfiffig. Während heute Spieler Rhetorik-Kurse besuchen, überforderte das steigende Interesse der Medien den scheuen Libuda, der ja damals ohne das Fernsehen aufgewachsen war. Er wurde auf einen Präsentierteller gezerrt, auf den er nicht wollte. Und er war dem Trubel nicht gewachsen. Vielleicht hätte er sich lieber einmal auf die Couch eines Psychiaters gelegt.«

So blieb ihm die Beschäftigung mit seinem Sohn als Ausgleich. Matthias-Claudius war drei Jahre alt und machte, zur großen Freude seines Vaters, erste Anstalten, in dessen Fußstapfen zu treten. Auf seinen Trainingsanzug mußte ihm die Mutter das Emblem des Deutschen Fußball-Bundes nähen. »Das ist Deutschlands Außenstürmer von morgen«, hoffte »Stan« auf die Erfüllung seines größten Wunsches. Matthias-Claudius sollte einmal ein Fußballer werden – so wie der Vater. Vielleicht nicht unbedingt so schüchtern, aber mindestens so schnell.

Gutendorfs neu motivierte Truppe marschierte nun von Erfolg zu Erfolg, holte sich gegen Ende der Saison 10:2 Punkte in sechs Spielen und landete schließlich auf einem überraschenden siebenten Platz, den der Mannschaft nach der desaströsen Hinrunde niemand mehr zugetraut hatte. Der Rückstand auf den Tabellenzweiten – die Überraschungself von Alemannia Aachen – betrug zum Schluß nur noch drei Punkte.

Doch was noch wichtiger war: Die Schalker standen nach einem hart erkämpften Halbfinalsieg gegen den 1. FC Kaiserslautern im Endspiel des DFB-Pokals. Bayern München hieß der Gegner – eine Mannschaft, die, seit sie vor drei Jahren in die Bundesliga aufgestiegen war, stetig auf dem Vormarsch gewesen war. 1966 wurden die Münchener bereits DFB-Pokalsieger, im Jahr darauf holten sie den Europacup, und nun, 1969, wurden sie mit acht Punkten Vorsprung Deutscher Meister und befanden sich erneut im Endspiel um den DFB-Pokal.

Schalke hatte in diesem Finale keine Chance. Zu überlegen spielten die Bayern, und vor allen Dingen spielte bei ihnen vorne im Sturm ein Mann, den sein früherer Trainer »Tschik« Cajkovski einmal »kleines dickes Müller« genannt hatte. Ein Tor erzielte Schalke 04, zwei Tore schoß der gedrungene Bayer – gefeierter Star des Tages. »Dieser Müller ist ein Phänomen«, schrieb die »Westdeutsche Allgemeine« anerkennend. »Wie ein Gummibaum federt Müller auf seinen dicken Beinen unberechenbar vor dem Tor herum, so daß kein Gegenspieler weiß, was er in der nächsten Zehntelsekunde tun wird, und wenn die Chance da ist, so nimmt Müller sie wahr – und dies ergaben die beiden Tore, die Bayern München den Pokal bescherten.« Nur Beckenbauer mißfiel mit seiner bisweilen pomadig wirkenden Lässigkeit: »Man muß schon ein eingefleischter Bayern-Fan sein, um seine Starallüren und seine Überheblichkeit ohne Kopfschütteln zu verkraften. Nachdem er Libuda einmal mit einem Catchergriff bremste – anders ging's nicht mehr –, wurde er wütend ausgepfiffen. Beckenbauer gefiel sich dann darin, ein Solo in Ballartistik einzulegen. So etwas paßt nicht in den Begriff des Sports.« Zumindest nicht in den, den man in Gelsenkirchen und Umgebung pflegte, wo Fußball immer ein wenig mehr nach Arbeit auszusehen hatte als anderswo.

Mit »Blau-und-weiß-wie-lieb-ich-Dich-blau-und-weiß-verlaß-mich-nicht« begleitete die Bergwerkskapelle Consolidation die heldenhaften Pokalverlierer, die auf einem offenen Lastwagen durch Gelsenkirchen gekarrt wurden. Vorweg sechs Schutzmänner auf ihren Polizeirössern. Auf dem Preuteplatz stand ein Bierbrunnen. Ein Fanfarenzug stieß unaufhörlich in die Hörner. Kaufmann Preute, der Vorsitzende der Werbegemeinschaft Gelsenkirchen, überreichte Trainer Gutendorf einen goldenen Ball und Oberbürgermeister Scharley den Spielern die silberne Ehrenmedaille der Stadt. Überall auf den Straßen standen neugierige und glückliche Fußballfreunde, obwohl schon auf der Polizei-Sport-und-Musikschau am Vortag 12.000 Besucher gezählt worden waren. Blumengebinde wurden verteilt. Die Jugendspieler des Vereins säumten den Weg. Einige riefen »Hipp-hipp-hurra!« »Manchmal ist einem das Glück eben nicht hold, und es fehlt an der eiskalten Cleverneß, Chancen zu nutzen«, sagte der Bürgermeister. Und die Spieler riefen »Bravo«, als er ergänzte, die Schalker hätten mehr Torchancen gehabt als die Bayern. Und noch einmal »Bravo«, als der Bürgermeister sagte, der DFB-Präsident Gösmann habe gesagt, Schalke wäre auch ein würdiger Pokalsieger gewesen. Danach wurde im großen Saal des Hans-Sachs-Hauses gefeiert. »Musik und Tanz« stand auf dem Programm. Gisela Libuda soll an diesem Tag dagewesen sein und mitgefeiert haben – hieß es. Es muß ein rundum gelungenes Fest gewesen sein.

Da die Bayern somit als zweite Mannschaft nach dem FC Schalke 04 das Double gewannen – Schalke war dies 1937 gelungen –, durften die Gelsenkirchener als deutscher Vertreter im Europapokal der Pokalsieger dabeisein. »Ein klingendes

Trostpflaster«, nannte das der große Fritz Szepan in seiner unnachahmlichen Art.

Als seine erfolgreichste Station bezeichnet Rudi Gutendorf, der mittlerweile 52 Vereine in aller Welt trainiert hat, Schalke 04 und verweist darauf, wie er innerhalb eines halben Jahres den sicheren Abstiegskandidaten aus dem Kohlenpott in den Europapokal führte.

Die neue Saison begann vielversprechend mit einem Heimsieg gegen Borussia Mönchengladbach – jene Mannschaft, die schließlich mit der Rekordzahl von 51:17 Punkten Deutscher Meister wurde. Es waren die Schalker Tugenden, der die Mannschaft diesen Sieg zu verdanken hatte: Arbeit statt Artistik, mehr Gekeuche als Eleganz. »Das war zum Auftakt ein großartiger Kampf, mit restlosem Einsatz auf beiden Seiten. Unsere Mannschaft ist vollkommen ausgepumpt«, lobte nachher Trainer Gutendorf und versuchte diejenigen zu bremsen, die am Schalker Markt bereits wieder von Meisterschaften und Pokalen träumten. »Wir haben nur die eine große Bitte, uns nach diesem Sieg nicht überzubewerten!« Das war auch nötig, denn nach der erfolgreichen Rückserie und dem Sieg gegen den Meisterschaftsfavoriten aus dem Rheinland wurde nach Schalker Art euphorisch zum Sturm auf den Fußballthron geblasen. Jetzt war man wieder wer. In den Kneipen flossen schon wieder Bier, Schweiß und Tränen der Rührung über diese Jungs, die das vollbracht hatten. Daß Mönchengladbach ohne den verletzten Spielmacher Günter Netzer auskommen mußte und sich auch das Comeback des Torjägers Peter Meyer herausgezögert hatte, wurde in Anbetracht des »großartigen Kampfsieges« gerne vergessen.

Hatte sich nicht sogar Gladbachs Trainer Weisweiler beeindruckt gezeigt und die Schalker Mannschaft gelobt, sie sei den »Beweis neugewonnener Stärke nicht schuldig« geblieben und »ein verdienter Sieger«? Und war nicht sogar Bundespräsident Gustav Heinemann in der Kampfbahn der »Knappen« gewesen und hatte ein »schnelles, kämpferisch starkes« Spiel gesehen, das der Vorortverein aus Gelsenkirchen mit 2:0 gewann? Und hatte daraufhin nicht das Heimatblatt »WAZ« geschrieben, man habe mit dem Gegner »förmlich Katz und Maus« gespielt? Wann hatte es das zuletzt gegeben? Jetzt mußte es, Glück auf!, endlich wieder losgehen.

Endlich durften die Ballproleten aus dem Pütt auch wieder einmal Fußball »made in Germany« international repräsentieren. Am 17. September 1969 stand die Partie im Europapokal der Pokalsieger gegen die Shamrock Rovers an. Der erste europäische Pokalauftritt des Vereins, seit er 1959 im Wettbewerb der Landesmeister an Atletico Madrid gescheitert war. Weltmann Gutendorf wollte mit seinen Mannen nicht allzu ungebildet erscheinen und setzte einen Schnellkurs in Englisch an. Es ginge um die Vorbereitung auf internationale Aufgaben, da seien rudimentäre Sprachkenntnisse unentbehrlich, erklärte er den Spielern. Da standen sie nun alle vor der grünen Schiefertafel der Gelsenkirchener Volkshochschule und folgten den Ausführungen des Trainers, der schrieb: »Libuda, what is your position?« – mögliche Frage irischer Spieler oder Journalisten. Der zwar flinke Flügelflitzer, doch bisweilen recht schwerfällige Schüler möge dann, bitteschön, antworten: »I'm the right wing.«

Die Mannschaft begleiteten zwei »Stern«-Reporter mit nach Irland. Sie hatten eine Reportage im Sinn über Trainer Gutendorf mit seiner unkonventionellen und bisweilen recht seltsam anmutendenden Art, die Spieler zu motivieren. Als Honorar sagten sie »Riegel-Rudi« 5.000,– Mark zu. »Ich war für sie interessant, weil ich ja kurz zuvor erst aus Amerika zurückgekommen war und nun mit Schalke 04 Schlagzeilen machte«, erinnert sich Gutendorf. Doch die Mannschaft drohte zu meutern. »Ein paar Wortführer erhoben ihre Stimme und behaupteten, es sei ungerecht, daß ich das Geld bekäme, da sie ja unweigerlich auch auf Fotos abgebildet würden. Also müßte das Honorar in die Mannschaftskasse geschmissen und unter allen gerecht verteilt werden. Plötzlich war Libuda gefordert. Schließlich war er Mannschaftskapitän, und er fühlte sich verpflichtet, das Problem aus der Welt zu schaffen. Also stand er vor allen Leuten auf und sagte: 'Was ihr macht, ist Blödsinn. Die wollen doch über den Trainer berichten und nicht über uns. Also soll er auch das Geld für den Bericht bekommen.' Er hatte es geschafft. Ich wußte in diesem Moment: Jetzt hat er Selbstbewußtsein entwickelt, jetzt kommt er vielleicht endlich aus seiner Nische heraus. Jetzt versteckt er sich hoffentlich nicht mehr unentwegt.«

Das Spiel in Dublin verloren Gutendorfs gelehrte Gesellen dann nur knapp und ziemlich unglücklich mit 1:2. Jedenfalls kämpften die Schalker und hinterließen einen guten Eindruck in Irland. Libuda jedoch, so wurde kolportiert, soll schon wieder alles vergessen gehabt haben, als er auf der Insel war. Seine Antwort auf die unvermeidbare Frage sei gewesen: »I am the white ring.«

Das Rückspiel hingegen wurde zur großen Show: des Schalker Publikums, das mit Fahnen und Fanfaren die Rückkehr in den europäischen Fußballzirkus zelebrierte, und ihres Lieblings »Stan« Libuda, der wieder einen außergewöhnlichen Tag erwischt hatte. Zwei Radfahrer hatten sich in blau-weißer Kostümierung auf einem Tandem nach Schalke bewegt und durften ihre Leistung mit einer Ehrenrunde durchs Stadion krönen. Dann bekamen die Fußballer Gelegenheit zur Selbstdarstellung. Dabei begann das Spiel recht ruppig. Bereits nach drei Minuten blieb Mittelstürmer Wüst nach einem Zusammenprall mit seinem Gegenspieler Mulligan verletzt liegen und mußte gegen Erlhoff ausgewechselt werden. Doch dann begann auch schon der famose Auftritt des rechten Flügelstürmers Libuda. Wüst wurde noch behandelt, da setzte er sich zuerst gegen den Verteidiger Countly durch, dribbelte an zwei weiteren Iren vorbei und schoß unerwartet aus spitzem Winkel auf das gegnerische Tor. Wie einst Lothar Emmerich beim Spiel gegen Spanien während der Weltmeisterschaft in England, fanden einige. Nach sieben Minuten führten die Schalker schon mit 1:0. Allein dieses Ergebnis hätte zum Erreichen der nächsten Runde gereicht. Doch es ging weiter: Immer wieder bestürmten die Gelsenkirchener das irische Tor und waren nur durch zum Teil sehr harte Fouls der Insulaner zu stoppen. In der 57.

Minute verwandelte Pirkner einen Freistoß aus 23 Metern zum 2:0 und verschoß 18 Minuten später einen Elfmeter, ehe Wittkamp zehn Minuten vor Schluß auf 3:0 erhöhte.

Die nun folgenden Lobeshymnen auf Libuda wollten kein Ende nehmen. Der russische Schiedsrichter Kazakow schwärmte: »Wenn ich einen großen Koffer hätte, ich würde diesen Mann mit zu uns nehmen.« Und Gutendorf versuchte wieder einmal, seinen Mann in die Nationalmannschaft zu loben: »Ich kann Herrn Schön einfach nicht verstehen, daß er an diesem Könner vorübergeht.«

Doch »der Schalker besitzt nicht die Gunst des Bundestrainers«, berichtete eine Nachrichtenagentur zu den Diskussionen um eine Rückkehr Libudas in die Nationalmannschaft. »Er zuckt mit den Achseln und zwingt sich zu einem gequälten Lächeln. So beantwortet Reinhard Libuda, von seinem Trainer Rudi Gutendorf nach dem Europacup-Spiel gegen die Shamrock-Rovers mit dem Titel 'Weltmeister' bedacht, die Frage, warum ihm Helmut Schön in der Nationalelf einen eindeutigen Beweis seiner Leistungskraft verwehre. Über diesen Tatbestand gab es am Schalker Markt wieder einmal verständnisloses Kopfschütteln. 40.000 hatte er wieder ins Schwärmen gebracht und Millionen an den Bildschirmen dazu.«

Zwar habe Libuda im Qualifikationsspiel gegen Zypern gespielt – aber das »wohl mehr lokalpatriotischen Forderungen nachgebend«, denn das Spiel fand im benachbarten Essen statt. »Bei der Reise nach Österreich und Bulgarien war der 'Stan' zwar dabei, wurde im Praterstadion noch gegen den enttäuschenden Dörfel ausgetauscht, doch in Sofia fand er sich zu seiner Enttäuschung wieder auf der Reservebank. Auf diesem Platz wird er wahrscheinlich auch am 22. Oktober im Hamburger Volksparkstadion sitzen, denn Schön lobte Dörfel in Sofia über den grünen Klee, ohne zu berücksichtigen, daß dessen Gegenspieler nicht gerade von großer Klasse war.« Im Cupspiel gegen die Iren habe Libuda nun seine Gegenspieler wie Slalomstangen aussehen lassen und die Abwehr mit unnachahmlichen Körperdrehungen genarrt, weshalb sich die Frage stellte, »ob die Nationalelf ohne einen solchen Mann auskommen kann, ob nicht Helmut Schön seinen Mut zum Risiko, den er wohl doch auch bei der Nominierung Uwe Seelers neben Gerd Müller bewiesen hat, im Fall Libuda nochmals beweisen könne«.

Zwischen »Fußball-Rastelli« Libuda und Bundestrainer Schön bahnten sich indes ernstzunehmende Auseinandersetzungen an. Libuda fühlte sich von dem ewig zaudernden Trainer betrogen. Er konnte sich nicht auf die Zusagen verlassen, die Schön gemacht hatte. »Er hat mir vor dem Spiel in Sofia gesagt: 'Libuda, Du spielst.' Wer nicht spielte, war Libuda.« Auch nach dem Spiel gegen Zypern, nach dem er hervorragende Kritiken bekommen hatte, konnte er für zukünftige Auftritte der Nationalelf nicht mit einem Stammplatz rechnen. Wenn dieses Hickhack so weitergehe, habe er langsam die Schnauze voll, befand ein zorniger Rechtsaußen. »Als Herumsitzer auf der Ersatzbank bin ich mir zu schade, da bleibe ich lieber gleich zu Hause.« Libuda war aufbrausend, aber er beruhigte sich schnell wieder, wenn man ihm eine neue Chance gab. Auch, wenn er sich durch seine spontanen Wutausbrüche einige Sympathien verscherzte. »Er hat sich nie für irgend etwas entschuldigt«, hat Jürgen Grabowski beobachtet. »Er schaffte es nach einem seiner Ausfälle einfach nicht, später anzukommen und zu sagen: 'Mensch, das war nicht so gemeint.' Er erklärte auch sein unbeherrschtes Verhalten nicht. Er zog sich dann zurück und schmollte. Damit hat er es sich selber oft sehr schwer gemacht.«

Helmut Schön war nicht gerade ein besonders unkomplizierter Mensch für solche Auseinandersetzungen. Er hatte es während der Weltmeisterschaft 1966 in England nicht einmal fertiggebracht, Albert Brülls persönlich davon in Kenntnis zu setzen, daß dieser im Finale nicht spielen würde. Sepp Herberger war es gewesen, der ihn zu einem Spaziergang bat. Jürgen Leinemann hat den Dialog der beiden festgehalten: »Dabei habe er ihm dann gesagt: 'Albert, ich weiß, daß Sie heute nicht spielen.' Brülls: 'Und das muß ich von Ihnen erfahren. Warum sagt er mir das nicht selbst?' 'Ja, das verstehe ich auch nicht', war Herbergers knappe Antwort.« Helmut Schön selbst sah das etwas anders. Später schrieb er über seine Differenzen mit Günter Netzer: »Ich lebe nicht gerne im Streit. Ich bin auch nicht nachtragend. Ich habe nie einen Spieler aus persönlicher Aversion aus der Nationalmannschaft hinausgedrückt oder sie ihm versperrt. Ich habe immer das Gespräch gesucht. Oft konnten Probleme ohne große Worte erledigt werden: Das nächste Mal ist der Betreffende wieder aufgestellt worden, er ist gekommen, wir haben uns die Hand gegeben.«

Die Ursache für Libudas nach außen getragenes Selbstbewußtsein suchte man bei Trainer Gutendorf.

»Noch vor einem Jahr blickte er verlegen zu Boden, wenn ihn ein Kritiker für ein gelungenes Spiel lobte«, versuchte die Münchener »Abendzeitung« den vermeintlichen Wandel zu ergründen: »Reinhold Libuda (27) hatte stets mehr mit seinem unterentwickelten Selbstbewußtsein zu kämpfen, als mit seiner Form auf dem Rasen (richtig: Reinhard, Anm.). Noch beim Länderspiel gegen Frankreich in Berlin hatte er rote Ohren bekommen, als ihm von allen Seiten Komplimente für sein hervorragendes Spiel gemacht wurden.« Das habe sich jetzt endlich geändert. Libuda würde aufbegehren, fürchte sich nicht vor Konsequenzen und klage endlich sein Recht ein: »Rudi Gutendorf mag schuld sein, daß der Libuda so ein Ausbund an Selbstsicherheit geworden ist. Beinahe nach jedem guten Spiel – und da gibt es in letzter Zeit fast nur noch gute Spiele – weist der exzentrische Trainer darauf hin, daß es in ganz Europa keir besseren Rechtsaußen gibt als Libuda.«

Gutendorfs Beschäftigung mit dem »Problemkind« zeigte Wirkung. Libuda erschien selbstbewußter und psychisch stabiler als je zuvor, und er spielte auch prompt besser. Vielleicht hatten die vielen Zeitungsberichte, in denen gefordert wurde, Libuda stärker zu berücksichtigen, den Bundestrainer beeinflußt: Helmut Schön zeigte sich nach Libudas Aussagen tatsächlich nicht nachtragend und nahm ihn mit nach Malente zur Vorbereitung auf das alles entscheidende, letzte Qualifikationsspiel gegen Schottland – so etwas wie der Angstgegner der deutschen Mannschaft: Noch nie hatte sie gegen die Schotten gewonnen, im Hinspiel in Glasgow trennten sich beide Teams, immerhin, 1:1.

Die deutsche Mannschaft mußte am 22. Oktober im Hamburger Volksparkstadion gewinnen. Sie führte die Qualifikationsgruppe mit 9:1 Punkten und einer Tordifferenz von 17:1 an, dicht gefolgt von den Schotten mit 7:1 Punkten und plus 14 Toren. Doch die Briten hatten außer der Begegnung mit der Schön-Elf noch ein Spiel gegen Österreich, in dem sie – im Falle eines Unentschiedens gegen Deutschland – alles hätten klarmachen können. Österreich und Zypern waren bereits weit abgeschlagen.

Doch vor dem Qualifikationsfinale, dem alle entgegenfieberten, hatte Schalke noch seinen Bundesligaalltag zu bewältigen. Als fünfter nach dem sechsten Spieltag hatten sich die Gelsenkirchener bislang recht wacker geschlagen, zuletzt in Bremen sogar gewonnen. Nun kam mit dem MSV Duisburg der Tabellenvierzehnte zum Ruhrderby nach Gelsenkirchen. Die »Zebras« ertrotzten in der Glückaufkampfbahn ein Unentschieden und erhielten eine Libuda-Lehrstunde. Der Ball schien ihm am Fuß zu kleben. Manchmal stand er still da, zuckte nur kurz nach links und gab damit die Richtung vor, in die sein Gegenspieler zu laufen hatte. Dann stoppte er kurz, täuschte nur leicht mit der Schulter nach rechts an und blieb – anders als der Verteidiger – stehen. Das machte er noch einmal und noch einmal. Dann endlich erlöste er den Unglücklichen und stürmte samt Ball die rechte Außenlinie entlang. »Libuda 'Weltklasse'« fiel der Essener »WAZ« dazu ein. Reporter Heinz Kottek mußte nach Superlativen suchen, um seiner Begeisterung Worte zu verleihen: »Ein Mann drückte dem Spiel, in dem beide Mannschaften den guten Ruf der Bundesligisten aus dem Ruhrgebiet stärkten, seinen glanzvollen Stempel auf: Reinhard Libuda. Zapf Gebhard (der Duisburger Trainer, Anm.) urteilte: 'Weltklasse!' und Trainer Gutendorf: 'Non plus ultra!' Niemand in der Duisburger Abwehr konnte Libuda bremsen. Er glänzte mit Matthews- und Garrincha-Tricks, mit meisterhaften Dribblings auf dem rechten und linken Flügel und Flanken in den Strafraum, die zu Toren hätten führen müssen. Chancen hatte Schalke indessen genug. Einmal nahm Pohlschmidt den Ball volley und jagte ihn über das Tor. Pirkner, schwächer als sonst, schoß freistehend den Torwart an. So gerieten die Schalker Anhänger schier in Verzweiflung, daß die große Klasse von Libuda, dessen Schachzüge Bella nie vorher berechnen konnte, nicht das entscheidende Tor einbrachte. Libuda selbst beurteilte seine Leistung: 'Seitdem ich Kapitän bin, spiele ich wie gelöst und befreit von allen Hemmungen.'«

Als die Schalker am nächsten Sonnabend in München die 60er schlugen, jubelten Präsident Günter Siebert und Trainer Rudi Gutendorf unisono: »Wir sind auf dem Weg zu einer Klassemannschaft« und »Jetzt kommt uns zugute, daß wir einen erstklassigen zweiten Anzug haben«. Gleich vier Stammspieler – Becher, Rausch, Wüst und Pirkner – hatten in München gefehlt. Jetzt sagte Gutendorf: »Libuda gehört nicht nur in die deutsche Mannschaft, er gehört in eine Europaauswahl, in eine Weltelf.«

Helmut Schön hatte wieder einmal lange gezögert, bis er sich für sein endgültiges Aufgebot für das Schottlandspiel entschieden hatte. Er wollte abwarten, welche Spieler die Schotten nominieren würden. Zwei Tage vor der wichtigen Partie, die schon zum »Spiel des Jahres« erklärt worden war, teilte Schön in Malente auch Reinhard Libuda mit, daß er dabeisein würde. »Stan« hatte sich in den überragenden letzten Spielen dem Bundestrainer aufgedrängt, Zeitungen hatten den schnellen Schalker in ihre Wunschmannschaften gewählt, »der Lange« konnte ihn jetzt eigentlich nicht mehr ignorieren. Dennoch gab Helmut Schön später zu Protokoll, daß Libuda seinen Einsatz nur der schottischen Aufstellung zu verdanken hatte: »Als ich wußte, daß Schottlands stürmender Verteidiger Gemmel auf der linken Seiten stehen werde, entschied ich mich für Libuda. Er sollte diesen gefährlichen Mann durch seine Dribbelkunst binden. Hätte Gemmel rechts gespielt, wäre Held sein Gegner gewesen.« Libuda sollte also spielen, dafür rückte Helmut Haller nach links. Eine Position, als zurückgezogener Linksaußen, die dieser schon bei Juventus Turin gespielt hatte. Der Legionär konnte mit seiner »Versetzung« leben: »Etwas ungewohnt für mich, aber man kann auch aus dieser Rolle etwas machen. Ich spiele ja auch in Italien Mädchen für alles.«

Libuda fiel eine Last von der Schulter; tagelang war er mürrisch und nicht ansprechbar durch das Trainingscamp in Malente gestrolcht, nun strahlte er. Er hatte wohl selbst nicht mehr mit seiner Aufstellung gerechnet, nachdem der Bundestrainer ihm gesagt hatte: »Glauben Sie nur nicht, daß Sie Ihren Platz in der Elf schon sicher haben.« »Jetzt muß ich erst einmal meine Frau anrufen und ihr die frohe Botschaft mitteilen. Mann, was wird sich Gisela freuen«, war das erste, was Reinhard Libuda sagen konnte. Dann gab er sich, gutendorfgeschult, keß. Sein Gegenspieler Tommy Gemmel, ein berüchtigter, streckenweise erbarmungslos hart spielender Verteidiger, sei ihm egal. Alle sprächen von dem – er nicht. Auch habe ihn seine Nominierung nicht überrascht: »Ich habe den Bundestrainer eben überzeugt. Ich werde ihn auch nicht enttäuschen. Auf mich blickt der ganze Fußball-Westen...« Jetzt könne er wieder lachen, er sei schließlich dabei und wolle sich von Sigi Held, der den Schotten noch aus dem Hinspiel kannte und nun wegen Libuda aus der Mannschaft geflogen sei, wichtige Informationen holen. »Jeder von uns weiß: Es geht nur um Mexiko!«

Gegen Schottland wollte Helmut Schön es wieder einmal mit der Kombination Uwe Seeler und Gerd Müller probieren; beide waren trotz aller Unterschiede in der Spielweise klassische Mittelstürmer und erhoben auf diesen Posten Anspruch: »Uns Uwe«, der Volksheld aus Hamburg – kämpferisch, artistisch, keinen Ball aufgebend, und Gerd Müller, der »Bomber« aus München, der es fertigbrachte, fast jedesmal zu treffen, wuselig, gedrungen und immer mit dem Gespür für den richtigen Moment.

Es sah an diesem »grauen Herbsttag in Hamburg« (Helmut Schön) nicht gut aus für die Deutschen. Bereits nach drei Spielminuten lagen sie mit 0:1 im Rückstand, nachdem Johnstone

Sepp Maier überlistet hatte. In der Abwehr herrschte lange Zeit ein ziemliches Chaos – »nicht mehr Ordnung als auf einem Hühnerhof«, wie Ulfert Schröder im »Tagesspiegel« schrieb –, und es dauerte 35 weitere Minuten, bis Klaus Fichtel zum erlösenden 1:1 traf. Es war das erste Tor, das der Schalker Abwehrspieler für die deutsche Nationalmannschaft erzielte – in seinem zwölften Einsatz. Vielleicht war es sein wichtigstes.

Dennoch konnte man nicht von einer Überlegenheit der deutschen Mannschaft sprechen, sie wirkte nervös, verkrampft und hatte sichtlich Probleme mit dem Forechecking der Schotten. Doch nach einer Stunde knallte plötzlich Gerd Müller – niemand wußte so genau, wie er das immer machte – den Ball in die Maschen des schottischen Tores: »Als der Franz den Freistoß zu Uwe hob, hätte ich fast geschworen: Jetzt der Uwe zu mir. Ich fuhr Geschütz auf und 'wums'!« Im Volksparkstadion brach Hektik aus, so Ulfert Schröder: »Fernschreiber beginnen zu tikken, Reporter brüllen in ihre Telefone, Fernsehkommentatoren verleiten ein ganzes Volk zum Aufatmen: 'Unsere Mannschaft fährt nach Mexiko.' Deshalb kann das Entsetzen zwei Minuten später gar nicht größer sein. Der Schotte Gilzean schießt das 2:2, und Schottland stürmt. Fast zwanzig Minuten lang zittern die Deutschen.« »Denn das Spiel«, so Jo Viellvoye in seinem Bericht für »Sven-Simon-Text«, »stand auf des Messers Schneide, und dieses Messer schnitt tief in das Fleisch der deutschen Elf. Schottland beherrschte das Feld, zweimal schrammte der Ball das deutsche Torgebälk, Höttges köpfte das Leder von der Linie. Nichts war mehr geblieben vom furiosen Schlußakt der ersten Halbzeit.«

»Uwe 'steckte zurück', wie man so schön sagt«, notierte später Helmut Schön, »damit Gerd Müller Platz bekam, seine Rolle zu spielen. Die Konsequenz war, daß wir keinen Raum für einen richtigen Linksaußen hatten. Helmut Haller trug zwar die Nummer elf, operierte aber vorgeschoben im Mittelfeld...« Viellvoye: »In dieser Phase, als Schlimmes drohte, erkämpfte Haller im Mittelfeld den Ball. Ein diagonaler Paß zu Libuda setzte den schottischen Verteidiger Gemmel schachmatt.« »Etwas mehr als zehn Minuten waren noch zu spielen – 2:2«, erzählte Libuda nachher einem Reporter, »und ich war ganz schön kaputt. Da spielte mich der Helmut Haller an, plötzlich hatte ich freie Bahn.« »Reinhard Libuda beginnt zu rennen«, notierte Schröder. Libuda: »Ich spürte den Atem von Gemmel im Nacken. Der foult, dachte ich noch und sprang hoch – Gemmel trat ins Leere. Ich lief noch ein paar Meter«, und Reporter Viellvoye beobachtete oben auf der Pressetribüne: »Mit allen Anzeichen panischen Entsetzens im Gesicht stürzte Herriot aus dem Tor. Da schoß Libuda.« Libuda: »Irgendwie bekam ich den Ball an ihm vorbei.« Viellvoye: »50 Zentimeter unterhalb der Querlatte schlug der Ball ins Netz.« Libuda: »Das Hamburger Publikum raste – herrlich. Ich schlug gleich einen Purzelbaum vor Freude.« Helmut Schön: »Als Libuda das 3:2 für uns einschoß, schlugen manche Spieler Purzelbäume – und auch mir war danach zumute.« Später ließ der Torschütze seinen Gefühlen freien Lauf: »Ich wollte nach meinem Tor auf dem Kopf laufen! Mann, ich dachte, ich war im Fußballhimmel.« Und Viellvoye resümierte: »In seinem 13. Länderspiel wurde er zum Mann des Jahres für den deutschen Fußball. Und damit endlich jener Spieler, der es verdient, so genannt zu werden wie der große Stan Matthews.«

Später legte Helmut Schön väterlich seinen Arm um den kleinen Libuda. »Happy-Helmut« hatte ihn der schottische Trainer Bobby Brown genannt. Weil er diesen Mann in seiner Mannschaft hatte. Diesen Trickser, den sie in Schottland seit seinem Pokalauftritt mit Borussia Dortmund kannten – doch sie hatten geglaubt, Libuda würde gar nicht spielen.

»Libuda machte Helmut Schön glücklich«, schrieben die Zeitungen, und Helmut Schön versprach: »Libuda bleibt unser Flügelstürmer Nummer eins, wir haben keinen besseren.«

In einem Interview mit Gerhard Vögtler vom »Sport-Informations-Dienst« antwortete Libuda auf die Frage, ob er jetzt einen Stammplatz sicher habe: »Beim Abschied in Hamburg bedankte sich Bundestrainer Schön für meine Leistung und versicherte mir, daß ich das nächste Mal wieder dabei sein werde.«

»Auch bei der Weltmeisterschaft im nächsten Jahr in Mexiko?« »Ich werde jedenfalls alles tun, um meine Form noch zu steigern.« »Zuletzt hat Deutschland oft ohne echte Außenstürmer gespielt. Kann (es) sich die Nationalmannschaft beim Endrunden-Turnier in Mexiko leisten, auf Flügel zu verzichten?« »Auf keinen Fall! Der Erfolg der Zukunft liegt bestimmt im Flügelspiel. Ich will gern meinen Teil dazu beitragen. Aber wir brauchen auch einen Linksaußen!« »Wer könnte das sein?« »Sigi Held!« »Aber der ist auch kein 'gelernter' Flügelstürmer.« »Schon, aber er ist gut.«

Günter Siebert saß noch lange freudetrunken an einer Hamburger Bar und tönte: »Heute nacht ist das ganze Revier besoffen.« Schalke hätte Deutschland nach Mexiko geschossen. »Man muß unsere Jungs nur 'ranlassen.« Nur Reinhard Libuda zog sich, nachdem er mit Gisela telefoniert hatte, still zurück. »Als die Reporter ihn umringt hatten, da war ihm alles so peinlich. Das Tor wäre nun wirklich keine große Kunst gewesen, sagte er. Das hätte jeder schießen können, der so frei vor dem Kasten gestanden hätte. Er hat sich fast für das geschämt, was er getan hatte«, war der Eindruck von Jörg F. Hüls, dem ehemaligen Bundeswehrkameraden von der Pressestelle, der mittlerweile für die »Bild«-Zeitung arbeitete. Hinterher gestand der traurige Held: »Ich wäre vor dem Spiel am liebsten davongelaufen. Mir war ganz elend vor Angst.« Nun endlich sei ihm, dem Abergläubischen, ausgerechnet im 13. Spiel der Durchbruch gelungen. Und wie sich das gehört, bedankte er sich: »Das Hamburger Publikum ist großartig. Es hat mich vom ersten Augenblick an unterstützt und mitgerissen.«

Man munkelte, dieses eine entscheidende Tor habe Libudas Marktwert auf einen Schlag um 100.000,– Mark erhöht. Und tatsächlich begannen die Schalker nervös zu werden, denn der Vertrag des Rechtsaußens lief ein Jahr später aus. Schon hieß es, Angebote lägen in Hülle und Fülle vor, besonders hartnäckig bewerbe sich Herta BSC Berlin um den Spieler. Sofort mobilisierte Gutendorf alle Kräfte, um seinen sensiblen Liebling in Gelsenkirchen zu halten. »Die Berliner haben Stan ein Traumangebot gemacht«, erzählte er der »Hamburger Morgenpost«: »Nur gut, daß wir darüber informiert sind. Und in Schalke wird man nicht schlafen. Wir werden mithalten. Auch, wenn es schwerfällt. Aber Libuda gehen lassen, wäre eine Bankrotterklärung. Das können wir uns gar nicht leisten. Unsere Anhänger würden die Tribüne abreißen.« Vor einem Jahr hatte bereits Juventus Turin Interesse an Libuda bekundet, aber damals hatte die Ausländersperre einen Wechsel des »Kellerkinds aus dem Ruhrpott« (Viellvoye) ins sonnige Italien verhindert. Doch schon am 27. Oktober 1969 meldete das »Handelsblatt«, Libuda habe seinen Vertrag beim FC Schalke 04 um weitere zwei Jahre verlängert. Schalke-Präsident Günter Siebert sagte dazu metaphernreich: »Der 'Stan' wurde nach seinen letzten überragenden Leistungen von vielen Vereinen umworben, so daß wir Nägel mit Köpfen machen mußten, um allen Spekulationen den Wind aus den Segeln zu nehmen.«

Helmut Schön war im Begriff, aus dem Schatten Sepp Herbergers hervorzutreten; zum zweiten Mal führte er eine deutsche Nationalelf zu einer Weltmeisterschaft. »Das machte mich stolz. Meine Bilanz als Bundestrainer ließ sich inzwischen sehen: 53 Spiele, 32 Siege, 13 Unentschieden, 8 Niederlagen, ein Torverhältnis von 111:38 – und immerhin eine Vizeweltmeisterschaft. Ich hatte das Gefühl, auch für Mexiko gut gerüstet zu sein.«

Schalke hingegen schien für den Kampf um die Bundesligaspitze nicht gewappnet. Einer 0:3-Schlappe in Berlin folgte eine Heimniederlage gegen den VfB Stuttgart. Noch immer mußte der Verein auf seine vier verletzten Stammspieler verzichten. Das ganze Mannschaftsgefüge sei zerbrochen, haderten die Gelsenkirchener, schon bevor sie sich auf den Weg ins Rheinland machten zum Auswärtsspiel gegen den 1. FC Köln. Und ihr Gefühl sollte sie nicht trügen: Mit 0:8 ging der Altmeister unter und fing sich, nach dem 0:11 gegen Mönchengladbach, die zweithöchste Niederlage in der Vereinsgeschichte ein. Lediglich Libuda konnte halbwegs überzeugen, er rackerte sich auf der rechten wie linken Seite ab, flankte immer wieder nach innen, aber da war niemand. Alle anderen rannten hilflos in der Gegend herum und ließen sich von den Kölnern ein ums andere Mal düpieren. Immer wieder paßte Regisseur Overath in die Spitze. Die Kölner Stürmer brauchten nur noch zu treffen. Die Niederlage, sie hätte auch zweistellig ausfallen können: Doch Löhr nahm einmal die Hand zu Hilfe, Rupp erzielte ein Abseitstor, und Hornig traf einmal nur die Latte.

Trotz des Schalker Versagens war bei den Libudas die Welt in Ordnung. Sein Hobby sei die Familie erzählte »Stan« einmal im »Intim-Report – Erfolgreiche Sportler ganz privat«, einer Kolumne der Schalker Vereinszeitung »Kreisel«: »Zu Hause fühle ich mich am wohlsten.« Außerdem esse er gerne Filetsteaks, höre Schlager von Dean Martin, lese Krimis und Sportzeitschriften und fahre gerne in den Süden. Gerne flitze er mit seinem Pudel Cherry über »die Grasfläche hinter dem Haus in Gelsenkirchen, Wittekindstraße 19. 'Cherry ist ganz verrückt nach dem Ball und kann kein Ende finden', umreißt der Nationalspieler den Ballhunger des verbissenen Vierbeiners. Bei seinem Sohn Matthias-Claudius hat der Reinhard noch Bedenken, ob er je in die Fußstapfen des berühmten Vaters treten wird. Seine Feststellung: 'Ich war in dem Alter jedenfalls ganz anders.'« Ansonsten liebe er schnelle Autos, drücke sich gerne vor Hausarbeit und wolle von Politik nichts wissen. Kurz und gut: »Seine Frau, Sohn Matthias-Claudius und Pudel Cherry thronen ganz oben in der Bewertungsskala des Mannes.«

Im »Bild und Funk«-Fragebogen, den der Spieler Libuda einmal ausfüllte, gab er als »Lieblinge« an: »Pudel, Elvis Presley, Dana, Theo Lingen, Der Kommissar, Ben Hur, Filetsteak, Bier.« Seine »zweite Existenz« sei »Versicherungskaufmann«, sein Urlaubsziel für 1970 »Spanien« (Gisela wollte allerdings lieber nach Mexiko; die beiden einigten sich schließlich auf Italien) und die privaten Pläne: »Haus bauen.« Stärke: »dribbeln«, Schwäche: »Kopfballspiel«, Auto: »BMW«.

Die Frauenzeitschrift »Jasmin« bat Gisela um eine kleine Gastkolumne – schließlich war sie jetzt, wovon sie immer geträumt hatte: die Frau eines berühmten Fußballers, der Tore für Deutschland schoß. Ihre Wünsche möge sie doch bitte aufschreiben, ihre Zukunftspläne. Sie schrieb.

Zweimal Mexiko und zurück und ein bißchen weniger Angst
Gisela Libuda (25), verheiratet mit Fußball-Nationalspieler Reinhard Libuda.

»Ich wünsche mir, daß wir zur Fußballweltmeisterschaft nach Mexiko fahren können. Bis jetzt war es ja nicht sicher, daß Reinhard aufgestellt wird, aber nach seinem entscheidenden Tor gegen Schottland haben sich seine Chancen erheblich verbessert. Er hat mir auch versprochen, daß ich mitfahren darf. Natürlich nicht mit der Mannschaft und auch nicht während der Spiele. Da sind Fußballfrauen nicht erwünscht. Aber ich soll dann später nachkommen, und beide würden wir einen schönen Urlaub in Mexiko verbringen.

Dann wünsche ich mir natürlich, daß sich unser Sohn Matthias weiter gut entwickelt und daß die Finanzen stimmen. Außerdem wäre es schön, wenn mein Mann immer gesund alle schweren Spiele übersteht und niemals verletzt würde.

Und auf längere Sicht wünsche ich mir, daß mein Mann uns ein Haus im Grünen kauft, einen Bungalow vielleicht, damit man sich ein bißchen freier bewegen kann. Großer Luxus ist nicht nötig, ein offener Kamin und genügend Platz, daß wir drei gemütlich leben können. Mein ganz großer Wunsch für später ist, eine Herrenboutique zu besitzen.

Wenn mein Mann einmal nicht mehr aktiv Sportler sein kann, wäre das ideal. Ich könnte dann mit ihm immer zusammen sein.«

Giselas Träume von Bungalow und Boutique wurden am 22. Dezember von der »Jasmin« publik gemacht, doch schon einen Tag später hing bei Familie Libuda wieder einmal der Haussegen schief. Diesmal wurde der Don Quijote des deutschen Fußballs wegen Notzucht verfolgt. Jetzt kamen die Journalisten nicht mehr wegen der Heile-Welt-Homestories, jetzt belagerten Polizeireporter das Haus. Eine Schwangere hatte den Flügelflitzer beschuldigt, sie in seinem schneeweißen BMW befummelt zu haben. Bei der Staatsanwaltschaft in Essen hatte sie daraufhin Anzeige wegen Notzucht erstattet. Folgendes soll sich abgespielt haben: Libuda hatte einen Tag vor Heiligabend, voller Vorfreude auf das große Fest, mit einem Freund eine Kneipe besucht. Dort hatte er die im achten Monat Schwangere, die leicht angetrunken gewesen sein soll, kennengelernt. Später bat sie ihn, sie nach Hause zu fahren. Doch statt sie dort wohlbehalten abzuliefern, habe der Fußballkönig angefangen, intim zu werden.

Libudas Darstellung war eine andere: Schalkes zweiter Vorsitzender Kurt Hatlauf sei zuvor zu Grabe getragen worden, und nach der Beerdigung habe er Durst verspürt, weswegen er mit einem Freund in eine Innenstadt-Gaststätte eingekehrt sei. »Als wir wieder gehen wollten, bat uns eine etwa 20jährige Frau, sie nach Hause zu bringen, da sie kein Taxigeld mehr hätte. Sie war keineswegs ein hübscher Anblick und außerdem noch voll schicker. Hinterher hat man mir gesagt, daß sie 1,9 Promille intus gehabt hätte.« Oberstaatsanwalt Maaß dazu lakonisch: »Die Aussagen sind zu widersprüchlich.« Libuda meinte, alles sei ganz harmlos gewesen: »Ich habe gefahren, und mein Freund saß mit der Frau, deren Namen ich bis heute noch nicht kenne, hinten im Wagen. Durch den Rückspiegel habe ich gesehen, daß die beiden so ein bißchen herumgemimt haben. Dann gab es plötzlich Streit, weswegen weiß ich auch nicht. Nach ein paar Minuten bat mich die Frau anzuhalten, weil sie aussteigen wollte. Ich habe dann sofort gehalten, und sie stieg aus. Das war alles.« Für Rechtsanwalt Grütters, den Verteidiger des angeblichen Libuda-Opfers, war diese Darstellung unglaubwürdig: »Da war noch eine ganze Menge mehr. Glauben Sie, daß sonst meine Mandantin auf dem schnellsten Weg zur Kripo gegangen wäre?«

Was auf die Rücksitz-Affäre folgte, erinnerte ein wenig an »Einsatz in Manhattan«. Mit mehreren Peterwagen war die Polizei nach Haverkamp ausgerückt, hatte das gesamte Gebiet um das Haus des Fummelkönigs hermetisch abgeriegelt und dort auf den »Sittenstrolch« gewartet. Der traf allerdings erst nach vier bis fünf Stunden ein, weil er vorher noch bei seinen Eltern Martha und Paul zum Skatspielen gewesen wäre. Er beteuerte seine Unschuld, doch die Schutzmänner kannten kein Pardon in dieser Nacht und sperrten »Stan« ein. Am nächsten Morgen – eine Blutprobe hatte in der Zwischenzeit ergeben, daß Libuda relativ nüchtern gewesen war – wurde er aus der Haft entlassen.

Beim Verein löste das alles Bestürzung aus, weniger wegen der ungeklärten Vorwürfe selbst. Doch Trainer und Präsident befürchteten, solch ein Skandal könnte das frisch erworbene Selbstvertrauen des sensiblen Mannes erschüttern. Was das zur Folge hätte, war allen klar: mäßige Leistungen auf dem Rasen. Dabei hatte man gerade erst den Vertrag mit dem Flankengott verlängert und stand nach einem Sieg und einem Unentschieden gegen Norrköping im Viertelfinale des europäischen Pokalsiegerwettbewerbs. »Ich habe mir keine Vorwürfe zu machen«, beteuerte Libuda, »ich war nur meiner Frau eine Erklärung schuldig. Sie hat mir vertraut. Seitdem haben wir nicht mehr darüber gesprochen.« Und Gisela, angeblich ja selber kein Unschuldsengel, verzieh: »Der Reinhard? Niemals! So eine Unverschämtheit! Uns wurde das Weihnachtsfest gründlich verdorben.«

Präsident Siebert versuchte, jeden Zweifel an der Lauterkeit seines Idols zu zerstreuen: »Die Frau ist in Gelsenkirchen kein unbeschriebenes Blatt. Sie will vielleicht nur Geld herausholen. Wenn ich nicht hundertprozentig überzeugt wäre, daß der Stan unschuldig ist, würde ich mich nicht vor ihn stellen.« Doch die Hauptarbeit hatte wieder einmal Psychologe Gutendorf. Wenige Tage nach dem Zwischenfall überredete er seinen Schützling, wieder in der Öffentlichkeit zu erscheinen und mitzukommen aufs Sportpressefest in Dortmund: »Keiner wurde von den 15.000 Leuten so gefeiert wie Libuda«, versuchte er hinterher allen weiszumachen. »Wer dem Jungen wegen dieser Geschichte an den Karren fahren will, dem trete ich höchstpersönlich in den Hintern. Das würde ich selbst beim Bundestrainer tun.« Und Libuda hatte seine Lektion wohl gelernt, zumindest sagte er forsch: »Meine Frau hat immer und immer wieder gepredigt: 'Reinhard, Du mußt ruhiger werden. Nimm nicht alles gleich so tragisch.' Das hat bei mir gewirkt. Schließlich habe ich eingesehen, daß ich als ausgewachsener Familienvater nicht immer mit einem Knacks durch die Gegend laufen kann. Ich habe es aufgegeben, mich über alles aufzuregen, das ist endgültig vorbei. Die Leute können meinetwegen denken, was sie wollen. Ich weiß schließlich, daß ich nichts getan habe.«

Schon im Januar 1970 stellte die Staatsanwaltschaft Essen das Ermittlungsverfahren wegen Notzucht und Körperverletzung mangels Beweisen ein.

Helmut Schön machte sich in der Zwischenzeit Gedanken über die Truppe, die er nach Mexiko mitnehmen wollte. 22 Namen kritzelte er schließlich auf sein Blatt. Hinter jedem Namen machte er sich später Notizen. Über Libuda schrieb er: »Reinhard Libuda – ein Sonderfall: Man nannte ihn nicht umsonst 'Stan'. Konnte mit glänzenden Körpertäuschungen den Gegner fabelhaft narren. Ließ sich aber als etwas labiler Typ leicht von anderen Dingen beeinflussen und aus dem Gleichgewicht bringen. Brachte über Wochen nie die gleichen Leistungen.« Zumindest gehörte er zum Mannschaftskader, der zur Weltmeisterschaft nach Mexiko fahren sollte.

Nach der demoralisierenden Niederlage gegen den 1. FC Köln hatten sich die Gelsenkirchener wieder etwas gefangen und in drei Spielen ohne Niederlage 5:1 Punkte geholt – Hannover 96 wurde mit 2:0 besiegt, gegen den Hamburger Sport-Verein 1:1 unentschieden gespielt, und dann gewann der FC Schalke 04 zweimal spektakulär gegen die Konkurrenz aus dem Westen. In einem dramatischen »Fußballkampf« (»Sportbeobachter«) bezwangen sie den Ente-Lippens-Klub Rot-Weiß Essen nach einem 1:3-Rückstand noch mit 5:3, nachdem sie eine Woche zuvor Rot-Weiß Oberhausen mit 3:0 abgefertigt hatten – es war Nikolaustag gewesen, und die Schalker Zuschauer hatten gesungen: »Lustig, lustig trallalalala, heut' ist Schalke wieder da.«

Doch beim Traditionsverein gärte es. Die letzten Spiele konnten nur mit einer Rumpfmannschaft bestritten werden (zum Teil fehlten gleich sechs Stammspieler: Wüst – wegen eines Beinbruchs, Becher, Neuser, Pirkner, Scheer und Erlhoff) und verliefen nur dank der erstaunlich guten Ersatzspieler erfolgreich. Die jungen Spieler Rüssmann, Lütkebohmert, Scheer und Sobiray kamen zum Einsatz und konnten auf Anhieb überzeugen. Jetzt erinnerte Trainer Rudi Gutendorf an seine Forderung nach dem Einkauf »fertiger« Spieler, die er zu Beginn der Saison in sein Team integrieren wollte.

Es räche sich eben, daß man darauf verzichtet habe, erzählte er der »Buerschen Zeitung«, er habe zwar nichts gegen junge Spieler, aber ein »Real Madrid von damals« könne man ohne die Erfahrenen eben nicht werden. Ob er nicht genug auf Neu-Einkäufe gedrängt habe, wurde er gefragt. »Natürlich habe ich darauf gedrängt. Aber ich mußte einsehen, daß ich nicht mit dem Kopf durch die Wand stoßen konnte. Nun außerdem sollte man immer wieder berücksichtigen, daß der echte Profibetrieb auch in Schalke noch nicht verwirklicht werden konnte, was aber an den Halbheiten im bundesdeutschen Fußball liegt.« Diese Unentschlossenheit hatte zuvor schon dazu geführt, daß Erfolgscoach Branko Zebec (mit den Bayern Pokalsieger und Deutscher Meister) München verlassen hatte und nun Hajduk Split in Jugoslawien trainerte. Von seinen Forderungen wollte auch Gutendorf nicht abrücken: »Lauter Libudas und Fichtels, das wäre die Idealelf.«

Doch Präsident Günter Siebert blockte ab: »Wir haben Rudi Gutendorf, dem wir zu einem erheblichen Teil den Aufschwung zu verdanken haben, einige Forderungen erfüllen können. Bei der Ergänzung des Spielerstammes aber mußten wir ihm den Weg über den Nachwuchs vorschreiben.« Was den Erfolg anginge, sollte man nicht nur über den Trainer sprechen, es müßten »auch Vorstand und Verwaltungsrat genannt« werden.

Zunächst mußte sich Schalke 04 allerdings schon mächtig ins Zeug legen, um Libuda überhaupt zu halten. Der Stürmer,

»der sich immer noch in einer hervorragenden Form befindet – über Monate hinweg« (»Kicker«), hatte gerade bestätigt, daß ihm der holländische Verein Feyenoord Rotterdam ein interessantes Angebot gemacht habe und bereit sei, die für damalige Verhältnisse außergewöhnlich hohe Ablösesumme von rund 700.000,– Mark zu zahlen.

Zum Viertelfinalspiel gegen Dinamo Zagreb mußten die Schalker ohne Libuda fahren, der sich leicht verletzt hatte. Dabei galten sie gegen die hochgelobte Mannschaft, in der diverse jugoslawische Nationalspieler standen, ohnehin schon als krasser Außenseiter. Die Kroaten hatten zudem im laufenden Wettbewerb bereits den Vorjahressieger Bratislava aus der Tschechoslowakei ausgeschaltet. Doch den »Knappen« gelang die große Überraschung. Obwohl sich Klaus Senger nach einer halben Stunde Spielzeit das Wadenbein brach, hielten die Schalker dem Druck der Jugoslawen stand, gingen mit 1:0 in Führung, verkrafteten auch den zwischenzeitlichen Ausgleich gut und gewannen nach zwei weiteren Toren von Fichtel und Becher mit 3:1.

Dennoch kam es zum unvermeidlichen Krach zwischen Trainer und Präsident. In seinem Rückblick des Fußballjahres (»Das große Fußballbuch 1970«) schrieb Herbert Neumann über die Auseinandersetzung der beiden extrovertierten Herren: »Im fernen Zagreb gingen die Gäule durch. Die Szene trug tragikomische Züge. Eben hatten die Schalker den stolzesten Sieg der Saison errungen, den 3:1-Sieg gegen den jugoslawischen Pokal-Gewinner, der soviel wie den Einzug ins Europacup-Halbfinale bedeutete. Unter Spielern und Schlachtenbummlern herrschte eitel Wonne. Die beiden Väter des Sieges aber gifteten sich an. Ein Reporter der in Köln erscheinenden 'Fußballwoche' gab, als er Gutendorf um einen Kommentar zum Spielablauf bat, ungewollt das Stichwort. Was dann kam, brauchte er nicht mitzustenographieren. Das behält ein guter Reporter im Kopf. Gutendorf: 'Ich habe nichts zu sagen. Das macht bei uns alles der Präsident. Während des Spiels war das auch schon so.' Und zu Günter Siebert gewandt: 'Das verbitte ich mir. Für die Mannschaft und die Dispositionen auf dem Spielfeld bin ich verantwortlich. Ich habe eine Trainerpraxis von fünfzehn Jahren, während Sie erst kürzlich den B-Schein gemacht haben. So kann das nicht weitergehen!' Siebert: 'Als Präsident habe ich sehr wohl das Recht, mich einzuschalten, wenn es notwendig ist.' Gutendorf (entrüstet): 'Herr Siebert, wir werden uns morgen arrangieren.' Siebert: 'Ist das Ihre fristlose Kündigung?' Gutendorf: 'Ich habe gesagt: Arrangieren.'«

Was die Öffentlichkeit zu diesem Zeitpunkt noch nicht ahnte: Während Schalke gegen die Jugoslawen ins Halbfinale stürmte, hatte Siebert bereits mit Dinamo-Coach Ivica Horvat über eine mögliche Nachfolge des Erfolgstrainers Gutendorf gesprochen. Ein Vorgang, der ein wenig an die merkwürdige Entlassung von Jörg Berger erinnert, der von Huub Stevens ersetzt wurde, nachdem dessen Mannschaft Utrecht gegen Schalke aus dem UEFA-Cup geflogen war. Im Trainerwechseln hat Schalke ohnehin Erfahrungen wie kein zweiter Verein: 28 Übungsleiter kamen und gingen in 33 Jahren seit Beginn der Bundesliga.

Bereits in der Vergangenheit war es des öfteren zu Zusammenstößen zwischen den beiden gekommen: etwa um die Aufstellung des österreichischen Nationalspielers Hans Pirkner. Der war zeitweilig bei Gutendorf in Ungnade gefallen, konnte sich aber auf Rückendeckung durch den Präsidenten verlassen und verdankte angeblich Siebert seine Rückkehr in die Mannschaft. Dennoch wurde nach Kräften versucht, diese Streitigkeiten vor der Öffentlichkeit zu verbergen. Jetzt schien der Draht zwischen Siebert und Gutendorf endgültig gerissen. Gutendorf verlangte eine Aufwertung seines Postens zum kaufmännischen und spieltechnischen Generalmanager mit sämtlichen Vollmachten, stieß aber schnell auf Gegenwehr des Präsidenten, der sofort sein Veto einlegte.

»Ich sah die Lücke und zielte genau. Ich freue mich riesig über dieses Tor«, sprach Libuda cäsarisch knapp und glaubte, das könne reichen für das Rückspiel. »Uff, das war ein Sieg mit der

Brechstange«, ergänzte »Bild« ähnlich sparsam. Gerade hatte er mit seinem Tor die Schalker zum dürftigen 1:0-Sieg gegen Manchester City geschossen, den Gegner im Europapokal-Halbfinale; jetzt bangten alle dem Rückspiel in England entgegen. »Zu Hause muß Manchester ja kommen«, hoffte der kleine Stan und rechnete mit einem Konterspiel, das seinen flinken Flügelläufen entgegenkäme.

Doch es kam anders: Im Main Road Stadion in Manchester besaßen die Schalker nicht den Hauch einer Chance, sie waren nicht mehr als das »Kanonenfutter« (»WAZ«) der dynamischen Briten. In England hatte die Schalker ein Platz erwartet, der vom britischen Regen bereits arg in Mitleidenschaft gezogen war. »Der Ball war hart wie Zement«, so Gutendorf, »da blieb der Matsch dran kleben.« Und bleiern wirkten die Beine der Blauweißen. Rolf Rüssmann gab, gerade 18 Jahre alt, seinen internationalen Einstand im Schalker Trikot und wirkte etwas überfordert mit der großen Aufgabe. »Wir waren noch nicht auf dem Platz, da stand es schon 1:0 für Manchester. Der Rolf stand 'rum wie Falschgeld.« Auch wenn der widersprach und seinen Abwehrkollegen Klaus Fichtel für den frühen Rückstand verantwortlich machte.

Sie lagen 0:5 im Rückstand, als wieder einmal Libuda traf und auf 1:5 verkürzte. Ein mitgereister Schalker erstattete nachher Bericht: »Ausgezeichnet hielten sich Nigbur, der an allen fünf Toren schuldlos war, Rüssmann, der Summerbee vorbildlich deckte, und Libuda, der immer zwei Gegenspieler band, aber dessen Tor leider viel zu spät kam. So gingen wir denn unter im Höllenlärm der Klatschsprechchöre von Main Road.«

Immerhin: So weit war eine Schalker Mannschaft in einem europäischen Wettbewerb noch nie gekommen. Und schließlich hatte sie gegen den späteren Cup-Sieger verloren, »die damals stärkste Mannschaft Europas«, wie Gutendorf im Rückblick findet: »Wir waren alle nicht enttäuscht, weil keiner damit gerechnet hatte, daß wir so weit kommen.«

Im DFB-Pokal besiegten die Schalker den Südwest-Meister SV Alsenborn mit 5:1 – Libuda brachte das seltene Kunststück fertig, gleich zwei Tore in einem Spiel zu schießen. In der Bundesliga erreichten sie noch einen neunten Platz. Deutscher Meister wurde mit großem Abstand Borussia Mönchengladbach.

Ein Mal noch in dieser Saison hatte Schalke 04 in einem Bundesliagspiel prachtvoll gekämpft – als es gegen den abstiegsbedrohten Revierklub Rot-Weiß Essen für die Gelsenkirchener eigentlich um nichts mehr ging. Da rudiriegelten sie ihr Gehäuse ab, daß die Essener kaum Tore schießen konnten (ein einziges sollte ihnen gelingen) und erzielten eine Minute vor Schluß noch den Ausgleich.

Das wollte den Leuten im Pütt nicht einleuchten, das war keine Hilfe für den kleinen Nachbarn. Das wurde mit verständnislosen Buh-Rufen zornig quittiert. Und zwischendurch war es zu tumultartigen Szenen gekommen, als die erbosten Essener Trainer Gutendorf an den Kragen wollten. »Der Gutendorf hat die Jungs regelrecht scharf gemacht«, meinte der Rot-Weiße Werner Kik etwas wehleidig ob des engagierten Einsatzes der Schalker. Und Gutendorf mußte sich nachher rechtfertigen, warum seine Mannschaft die zwei nutzlosen Punkte nicht beim Nachbarverein zur Förderung des Standorts »Ruhrgebiet« gelassen hatte. »Bei mir wird nicht geschoben«, versuchte er den Ungläubigen zu erklären: »So gerne wir es sehen würden, wenn Rot-Weiß Essen drin bleibt, auf Betrug lasse ich mich nicht ein...« Und Libuda stieß ins gleiche Horn. »Wir sind Profis«, sagte er über seine Fußballermoral, »und können keine Prämie verschenken.«

Doch die Ära Gutendorf neigte sich ihrem Ende zu. Er hatte aus einem Abstiegskandidaten im Vorjahr noch einen Tabellensiebenten gemacht, er brachte seine Mannschaft ins Halbfinale des Pokalsiegerwettbewerbs und wurde jetzt mit seinen Spielern Bundesliganeunter.

Zwei seiner Spieler befanden sich im Aufgebot der deutschen Nationalmannschaft für die Endrunde der Weltmeisterschaft in Mexiko: Klaus Fichtel und Reinhard Libuda.

Horror am Flügel

Libuda in Mexiko

Libuda hatte sich auf Mexiko gefreut; jetzt bekam er endlich, was ihm 1966 noch verwehrt worden war: das Ticket zur Weltmeisterschaft. Endlich wurden seine Dribbelkünste auch vom Bundestrainer anerkannt, endlich durfte er sein Land beim größten Fußballturnier der Welt vertreten. Aber ein wenig schmerzte ihn auch die erneute, diesmal längere, Trennung von Gisela. Deshalb machte er einen etwas unglücklichen Eindruck, als er mit seiner großen Reisetasche bekümmert am Düsseldorfer Flughafen stand und sich von Gisela und Matthias-Claudius verabschiedete. Reinhard aus Haverkamp reiste mit Chef Helmut und seinen 22 Recken ins ferne Mexiko, um sich dort für die Nation zu schlagen. Sein Blick drückte Skepsis darüber aus, ob das Abenteuer gut ausginge.

Zur Vorbereitung auf die ersten Gruppenspiele begab sich die deutsche Equipe einige Tage vor dem Start ins Trainingsquartier. Marokko würde der erste Gegner sein, dann Bulgarien und Peru. Spielort war Leon. »Wir kamen in ein Paradies«, schrieb Helmut Schön in seinen Erinnerungen. »Mitten in der mexikanischen Wüste. Nach verdorrten Bachläufen, ausgebrannter Erde, staubergrauten Kakteen und Disteln blühte plötzlich eine Oase auf. Palmen fächelten milde im Wind, tropische Bäume streuten Schatten, Oleander entzückte uns in Rot und Weiß. Gummibäume standen da, so riesig, daß wir lachen mußten: 'Die passen in kein Wohnzimmer...' Das war 'Balneario de Comanjilla', das Heilbad von Comanjilla, mitten in Mexiko, rund 400 Kilometer Luftlinie nordwestlich der Hauptstadt Mexico City, 1.885 Meter über dem Meeresspiegel, nahe unserem Gruppenspiel-Platz Leon. Vögel, die wir noch nie gesehen hatten, schwebten und schwirrten zwischen den Bäumen.«

Und mitten drin im Blütenzauber: ein Haufen ehrgeiziger blonder deutscher Fußballer, Dutzende von mitgereisten Journalisten und ein Troß aufgekratzter und bierseliger Schlachtenbummler im Urlaub, über die »Spiegel«-Reporter Kai Hermann schrieb: »Die Bäuche über Shorts gehängt, sonnengerötete Gesichter unter Strohhüten, wehende Fahnen in den Fäusten, stürmten die gebetenen Gäste den Marktplatz, enterten vorbeifahrende Lastwagen, verschreckten die freundlichen Eingeborenen eher, als sie zu amüsieren. Böse war das alles freilich nicht gemeint. Es war eher Ausdruck selbstverständlichen Selbstbewußtseins. Den begreifenden und bewundernden Mexikanern erläuterten sie in den verschiedenen Dialekten deutscher Landschaften: 'Wir deutsch – wir stark. Du verstehen?' Und erklärten: 'Wir hier', mit dem Zeigefinger an den Bizeps tippend, 'wir aber auch hier', den Finger an die Stirn führend.«

Für den Posten des Rechtsaußens hatte Schön zwei Kandidaten in seiner Reisegruppe: Jürgen Grabowski, den Frankfurter, und Reinhard Libuda aus Gelsenkirchen. Rivalitäten waren zu befürchten. Ein Kampf um den Posten, der Unruhe im Quartier der Mannschaft auslösen könnte. Deshalb legte der Bundestrainer die beiden auf ein Zimmer. Ähnlich verfuhr er auch mit den Mittelstürmern Uwe Seeler und Gerd Müller (Zimmer 15), um die es im Vorfeld Aufregung gegeben hatte – Müller soll gefordert haben: »Herr Schön, Sie müssen sich für einen entscheiden.«

Die ständige Nähe der potentiellen Streithähne sollte Gemeinschaftssinn provozieren, eine solidarische Verbundenheit – den »Geist von Leon«, so wie Herberger das mit seinen Spielern bei der Weltmeisterschaft in der Schweiz erfolgreich vorexerziert hatte. Damals teilten sich die Rechtsaußen Bernhard Klodt und Max Morlock, die Verteidiger Kohlmeyer und Laband, die Torhüter Kwiatkowski und Kubsch jeweils einen Raum in der Unterkunft in Spiez. »In jedem Zimmer wohnen zwei Mann. Der Chef sucht sie nach Möglichkeit so aus, daß sie sich bis in die letzten Träume fachlich unterhalten können«, notierte Fritz Walter in seinen WM-Aufzeichnungen »3:2«.

Mit dem erwünschten Resultat: »Die Paare sind zum Teil unzertrennlich. Eckel weicht auch dann nicht von Schäfers Seite, als dessen Frau in die Schweiz kommt.«

Damit hatte auch Herbergers Eleve Helmut Schön Erfolg: Statt gegeneinander zu kämpfen, verbündeten sich die zusammengelegten Rivalen – ungewollt allerdings auch immer häufiger gegen den langen Bundestrainer. So kam es, daß sich bereits nach kurzer Zeit Libuda und Grabowski als Freunde bezeichneten. Der Frankfurter wurde ohnehin wider Willen zum »Gegenspieler« Libudas gemacht: »Ich wollte ja gar nicht Rechtsaußen spielen. Bei der Eintracht spielte ich im Mittelfeld und war so etwas wie der Spielmacher. Auf dieser Position wollte ich natürlich auch in der Nationalelf eingesetzt werden. In den Sturm rückte ich nur, weil wir damals mit Overath und Netzer schon zwei herausragende Mittelfeldspieler hatten.«

Doch im ersten Spiel gegen Marokko gedachte Helmut Schön, ganz auf Flügelstürmer zu verzichten. Für den deutschen Angriff hatte er drei klassische Mittelstürmer vorgesehen: Sigi Held, Gerd Müller und Uwe Seeler. Am Abend vor dem Spiel lagen Jürgen Grabowski und Reinhard Libuda wach in ihren Betten. »Wir klagten uns gegenseitig unser Leid«, so Grabowski, »und schimpften auf den Bundestrainer. Es war nicht einfach mit Helmut Schön. Er war schon von der Statur eine imposante Gestalt, eine Vaterfigur für uns jüngere Spieler und auch eine Respektsperson. Aber er konnte uns nicht direkt ins Gesicht sagen, was er von uns hielt, ob wir spielen würden oder nicht, ob wir vielleicht beim nächsten Spiel eingesetzt würden. Manchmal sagte er zwar tröstend: 'Eure Chance kommt schon noch', aber er wollte einfach keine schlechten Nachrichten überbringen. Wir hatten beide Schwierigkeiten mit ihm, denn als Spieler in so einem wichtigen Turnier ist es wichtig, einen Trainer zu haben, von dem man sich ernstgenommen fühlt.«

In der Heimat schlugen anläßlich Schöns »Mittelstürmerballung« im Angriff die Wogen hoch. »Kein Platz für 'Held' Libuda – Schotten-'Killer' muß gegen Marokko zuschauen«, empörte sich der Kölner »Express« lautstark. Vor Monaten sei er als »Held von Hamburg« gefeiert worden, jetzt habe ihn der Bundestrainer offensichtlich schon wieder vergessen. »Noch beim 1:0 über Jugoslawien in Hannover meinte Schön: 'Libuda brachte Schwung in unser Angriffsspiel. Eine echte Verstärkung.' Doch davon will der 'lange Sachse' nun anscheinend nichts mehr wissen. Er hat bestimmt, daß Haller ins Team kommt. Doch gerade der leichtfüßige Schalker wäre der richtige Mann, um die Marokkaner mit seinen verwirrenden Dribblings zu zermürben, zumal der Angriff sich mit Seeler, Müller und Held aus drei Mittelstürmern zusammensetzt.«

Der Liebling der Medien blieb draußen, genauso wie Grabowski. »Wir waren Leidensgenossen«, erklärt der Frankfurter. Und Libuda klagte in einem Interview: »Ich hatte Wut im Bauch. Bei allen Trainingsspielen war ich gut in Form und besaß eine glänzende Kondition.«

In Anbetracht der Mannschaftsaufstellung blickten die deutschen Beobachter dem Spiel gegen die Nordafrikaner eher skeptisch entgegen. Nur Günter Netzer, der – verletzt – als 23. Mann der DFB-Truppe und Kolumnist einer großen deutschen Boulevardzeitung mit nach Mexiko gereist war, glaubte an einen leichten Sieg: »Wenn Ihr die nicht mit sechs, sieben Toren an die Wand spielt, könnt Ihr wieder die Koffer packen.« Ein Satz, mit dem er sich bei Beckenbauer und Kollegen nicht gerade beliebt machte.

Die Partie gegen die Marokkaner wurde zum befürchteten »Trauerspiel« (»Kicker«). Im Spiel lief nicht viel zusammen, den hochgelobten deutschen Spielern, die ihren Gegner unterschätzten, unterliefen Fehler über Fehler. Außerdem schienen sie der mexikanischen Hitze und der Höhenluft nicht gewachsen. Wolfgang Overath meinte später, man habe sich für eine Minute Anstrengung drei Minuten ausruhen müssen – am Spielfeldrand standen Beatmungsgeräte bereit. Während sich die Deutschen mühsam akklimatisierten, machten die Marokkaner das Spiel. In der 21. Minute flankte Linksaußen Gazhouani den Ball hoch über das deutsche Tor. Eisenfuß Höttges, statt ihn zur Ecke zu köpfen, »versuchte eine verkorkste Rückgabe zu Sepp Maier« (Helmut Schön) und spielte in die Mitte. Direkt vor die Füße von Mittelstürmer Houmane; der spitzelte an Maier vorbei ins deutsche Tor, und es stand 0:1. Nur drei Minuten später hätten die Marokkaner fast das 0:2 erzielt, doch Maier kam gerade noch heran und klärte mit Mühe. Overaths Pässe erreichten selten einen Mitspieler, dafür stürmten die Marokkaner jetzt fast pausenlos.

»Libuda, Libuda« begannen die deutschen Schlachtenbummler, unter ihnen auch Trainer Rudi Gutendorf, trotzig und provozierend in die Nachmittagssonne zu brüllen – eine unsinnige Forderung, denn der Schalker saß noch nicht einmal auf der Ersatzbank, um eventuell zum Wirbeln eingewechselt zu werden. Erst spät rückte Helmut Schön von seinem Konzept ab. In der 46. Minute ließ er Jürgen Grabowski für Helmut Haller, der große Konditionsdefizite erkennen ließ, auf den Rasen von Leon. Das zahlte sich aus. Grabowski rannte und flankte unermüdlich. Er wurde so etwas wie der erste »Joker« in der Fußballgeschichte, denn international durfte erst seit 1970 ausgewechselt werden. Langsam fing sich die deutsche Mannschaft, begann die Partie zu kontrollieren. Doch überzeugend war das alles nicht.

In der 55. Minute kam dann die Erleichterung; Grabowski hatte den Ball zu Held gespielt, der gab weiter auf Müller, kurzer Paß auf Seeler: Der schoß und traf. Es stand 1:1. Und nun zeigten sie Siegeswillen, erspielten sich Torchancen. Müller vergab freistehend zwei Meter vor dem Tor, Beckenbauer scheiterte mit einem Fernschuß, Overath zog ab, doch der Ball traf einen Verteidiger, nicht den gegnerischen Kasten. In der 75. Minute durfte auch Johannes Löhr mitspielen, der zuvor schon im Training einen guten Eindruck hinterlassen hatte. Jetzt spielten die beiden Flügelstürmer zusammen. Und sie harmonierten. Endlich wurde das Spiel in die Breite gezogen, entstand Raum, konnten die Spieler kombinieren und blieben nicht immer an der massiven Abwehr hängen. Wie in der 78. Minute, als Grabowski in die Mitte gab, Löhr an die Latte köpfte und der Ball zurücksprang. Dorthin, wo gerade Gerd Müller stand;

der hielt nur noch seinen Kopf hin, und die deutsche Mannschaft führte. Endlich.

Sie gewann auch. Doch es war ein glanzloser Sieg gewesen. Die deutschen Spieler hatten den Schlußpfiff herbeigesehnt. Nach dem 2:1 hatten eigentlich nur noch die Marokkaner gestürmt und schließlich sehr unglücklich verloren.

Helmut Schön mußte sich für das nächste Spiel gegen Bulgarien etwas einfallen lassen. »Dabei waren wir angetreten wie die Weltmeister, mit einer Mannschaft, bei deren Namen einem das Wasser im Mund zusammenlaufen konnte: Maier – Vogts, Schulz, Fichtel, Höttges – Haller, Beckenbauer, Overath – Seeler, Müller, Held. Und wir hatten, nach der Papierform und dem Urteil mancher 'Experten', ein 'Glückslos' gezogen: Wir waren mit Marokko, Peru und Bulgarien in einer Gruppe.«

Libuda war sauer auf Helmut Schön, daß er nicht spielen durfte; nach dem Spiel telefonierte er mit seiner Frau Gisela, die ihm berichtete, sämtliche Bekannte hätten in Gelsenkirchen vor dem Fernseher gesessen und auf seinen Einsatz gewartet: »Das hat mich ganz schön in Braß gebracht.« Einem Reporter des »Kicker« antwortete er auf die Frage, warum er nicht dabei gewesen sei. »Das habe ich mich auch gefragt, aber keine Erklärung gefunden. Denn für mich war sonnenklar: Den Marokkanern muß man mit echten Flügeln kommen, dann werden sie entblättert.« Und Schön war wütend über die Einstellung seiner Mannschaft (»Naja – laß sie mal kommen«), die besonders am rechten Flügel versagt hatte: Da habe »sich die mangelnde Form von Helmut Haller negativ« ausgewirkt. Beim nächsten Mal wollte er sein Glück mit dem wankelmütigen Fummler Reinhard Libuda versuchen, dessen Einsatz so vehement gefordert worden war. Haller, der einen »hängenden Rechtsaußen« gespielt hatte, blieb draußen. Gerd Müller sollte Mittelstürmer spielen, für ihn rückte Uwe Seeler ins Mittelfeld. Die beiden hatten sich im »Marokko-Spiel« gegenseitig auf den Füßen gestanden. Links im Sturm stand nun wieder Johannes Löhr, der im ersten Gruppenspiel überzeugen konnte – Helmut Schön experimentierte noch während der Weltmeisterschaft und wollte sein Glück jetzt mit der Mannschaft versuchen, die im Testspiel die Jugoslawen geschlagen hatte. Die Stimmung im Quartier der deutschen Mannschaft war gereizt; immer wieder bleute Schön seinen Spielern ein, die Bulgaren, die zuvor gegen Peru knapp mit 2:3 verloren hatten, nicht auf die leichte Schulter zu nehmen. Man müsse unbedingt selber in Führung gehen und dann das Spiel kontrollieren, besonders bei bulgarischen Freistößen sei höchste Vorsicht geboten. Am Vorabend des Spiels gab Helmut Schön die neue Mannschaftsaufstellung bekannt und Libuda mit auf den Weg: »Renn, solange Du kannst, dann wirst Du ausgewechselt.«

Anpfiff sollte bereits um 12 Uhr sein – eine Entscheidung zugunsten der europäischen Fernsehgewohnheiten (in Deutschland war es 19 Uhr) und gegen die Interessen der antretenden Mannschaften, die sich einen späteren Zeitpunkt gewünscht hatten. Und als es dann kurz vor zwölf in Leon losging, zeigten die deutschen Spieler, daß sie ernstlich um eine Anhebung ihres Leistungsniveaus bemüht waren. Besonders Libuda spielte wie aufgekratzt. Direkt nach dem Anpfiff schnappte er sich den Ball, stürmte die Linie entlang und erzwang den ersten Eckball für das deutsche Team. Da waren gerade erst 40 Sekunden vergangen. So ging es in der Folgezeit munter weiter, immer wieder wurde der Rechtsaußen gesucht – mal von Seeler, mal von Overath –, und immer wieder raste er den Flügel rauf und runter und flankte auf Gerd Müller.

Der »Kicker« hat die ersten Minuten dieses Spiels festgehalten: »3.: Und wieder Libuda, von Seeler eingesetzt. Prächtige Flanke. Simeonov fängt ab, ehe Müller da ist. 8.: Libuda durch, denkste! Jetchev läßt ihn übers ausgestreckte Bein fallen. Freistoß. 10.: Erste Chance! Libuda-Flanke, Müller kommt nicht so an den Ball, wie er möchte. Im Nachschuß Uwe aus 20 Metern drüber.« Nur einmal kamen die Bulgaren zum Kontern. In der elften Minute. Doch Klaus Fichtel bremste den heranstürmenden Asparuchov – allerdings per Foul – und verursachte damit einen Freistoß für die Bulgaren. Und somit auch das 0:1. Die Abwehr hatte geschlafen und teilnahmslos zugesehen, wie Mittelfeldstar Bonev den Ball zu Nikodimov schob; der schoß sofort, und der Ball zappelte im Netz. Maier hatte dabei keinen sehr glücklichen Eindruck gemacht.

Schon wieder lag die deutsche Mannschaft im Rückstand, und Wolfgang Overath sah sich »schon vor den wütenden deutschen Fans flüchten«. Doch diesmal rissen sich die Spieler zusammen – angekurbelt von Reinhard Libuda, der, nachdem er im ersten Spiel zugucken mußte, am liebsten zurück nach Deutschland geflogen wäre. Den Ausgleich schoß der kleine Flankengeber ausnahmsweise einmal selbst, wenn auch unbeabsichtigt. Wieder einmal hatte er sich auf dem rechten Flügel durchgesetzt und dabei zwei Verteidiger ausgetrickst. Nun erwartete jeder einen Paß in die Mitte, auch Bulgariens Torhüter Simeonov, doch Libuda rutschte der Ball etwas vom Fuß, und die Flanke verwandelte sich in einen flachen Torschuß aufs kurze Eck. Das Leder prallte Simeonov an die Brust und sprang von dort über die Linie. Der spanische Schiedsrichter de Mendibil zögerte nur kurz, dann entschied er auf Tor. Bereits in der 19. Spielminute war der Ausgleich geglückt. Und Libuda, von den deutschen Schlachtenbummlern zum Sturm gebrüllt (»Im Ausland ist mir so etwas noch nie passiert, ich kam mir vor wie in der Glückaufkampfbahn«), ließ nicht locker. Wieder und wieder versetzte er seinen Gegenspieler Gagenelov. »27.: Das 2:1! Wieder ein Libuda-Solo. Fast schon ist er den Ball los, erkämpft ihn sich wieder, schwenkt um Gaydraski herum, zieht den Ball nach innen, Müller ist da! Ein kurzer Schuß. Toor! Toor!« Bereits zu dieser Zeit muß Bulgariens Trainer Dr. Stefan Boskov angesichts der Libuda-Kabinettstückchen auf seiner Bank nervös geworden sein. Später sagte er voller Hochachtung: »Diesen Mann kann man nur mit einer Flinte erlegen.«

Libuda gelang an diesem Tag praktisch alles, er rannte, solange er konnte – wie ihm das aufgetragen worden war –, doch ihm ging nicht die Puste aus. Er tänzelte mit dem Ball diese berühmten Links-rechts-links-Hüpfer, ging vorbei, zog mehrere Gegenspieler auf sich und schlug dann auch noch präzise Pässe in die Sturmmitte – es war eine Freude. Und er spielte, das kam nicht immer vor, effektiv. Nach der Halbzeit, in der 52. Minute, stürmte er mit dem Ball am Fuß an drei Gegenspielern vorbei in den Strafraum, bis Jetchev nur die Notbremse blieb. Es stand immer noch 2:1 für die Deutschen, und Müller hämmerte den Ball ins linke hohe Eck. Da war für den Torhüter Simeonov, der noch seine Fingerspitzen an das Leder bekam, nicht viel zu machen: 3:1. Der Rest des Spiels diente nun dem Wiederaufbau der angeschlagenen deutschen Moral. Beckenbauer zauberte im Mittelfeld, Seeler schuftete mit seinen 33 Jahren, als gäbe er sein Nationalmannschaftsdebüt, und Libuda – immer wieder Libuda – wollte endlich allen Zweiflern zeigen, daß er als Oberfummler in diese Mannschaft gehört.

Zwei andere mußten auch beweisen, daß sie ins Team gehörten, und zwar gemeinsam: Uwe Seeler und Gerd Müller. In der 69. Minute gelang ihnen das. Da hatte Müller sich links durchgesetzt und scharf zur rechten Seite geflankt, auf der der Hamburger mitgelaufen war. Seeler erreichte den Ball im Fallen und knallte ihn zum 4:1 ins Tor. Helmut Schön machte von seiner Trainerbank einen Freudensprung. Die Rechnung schien aufgegangen zu sein. Uwe Seeler jedoch erhob sich, küßte seine Fingerspitzen und winkte 'rüber zu Gerd Müller, der noch jubelnd an der Linie stand. Der Dank für eine perfekte Vorlage und Geste der Verständigung zwischen den Mittelstürmern, um die es große Aufregung gegeben hatte: Müller oder Seeler?

Das vierte deutsche Tor sollte das einzige sein, das ohne Beteiligung des Rechtsaußens zustande kam. Zwei Minuten vor Spielschluß kam er wieder zum Zug. Wieder einmal war der flinke Stürmer gefoult worden. Den Freistoß führte er selber aus. Hereingabe exakt auf den Kopf von Gerd Müller, der knallte – man sagte bereits nach einem Spruch des Radiokommentators Rudi Michel: müllerte – den Ball ins Netz: 5:1. »Marcador: Muller« gab der Stadionsprecher bekannt: Torschütze Müller. Dreimal hatte er in diesem Spiel getroffen, viermal bereits in beiden Spielen. Zwei deutsche Helden waren geboren: Müller und Libuda. Über den geriet Ron Greenwood, Trainer von West Ham United und FIFA-Beobachter in Leon, ins

Schwärmen: »Dieser Mensch hat die Deckung der Bulgaren demoliert. Er war an vier Toren beteiligt, er ist ein Individualist, der den Mut hat, das scheinbar Unglaubliche und Unmögliche wahr zu machen. Ohne diese Figuren wie Libuda ist der moderne Fußball überhaupt nicht mehr entwicklungsfähig.« Das letzte Tor der Bulgaren zum 2:5 kurz vor dem Abpfiff tat der deutschen Euphorie keinen Abbruch. Helmut Schön befand, der bemitleidenswerte Gegenspieler Libudas habe »einen Drehwurm angesichts der Tricks von 'Stan'« bekommen. »Wir gewannen 5:2. Und das Gefühl der Sicherheit: Wir sind endlich da.«

Für Libuda wurde es nun gefährlich. Immer näher kam der Pulk aus strahlenden, rotgebrannten Fußball-Touristen, -Offiziellen und -Reportern. Sie faßten und küßten und drückten ihn eng an sich. Sie klopften ihm schwer auf die Schulter, und sie lobten und fragten, wie er sich jetzt fühle. Hinten sangen sie – ihren Gemütszustand nach außen kehrend – ausgelassen, wie wunderschön doch dieser Tag heute sei, und skandierten mit rauher Kehle ihr Libuda-Stakkato. Es roch nach Bier und Schweiß und Gras. Rudi Gutendorf gab stolz ein Interview, in dem er beteuerte, daß jetzt, wo doch Matthews und Garrincha nicht mehr spielten, Libuda und der Brasilianer Jairzinho »die besten Rechtsaußen der Welt« seien. Er habe das immer gewußt: »Jetzt muß das doch der letzte begriffen haben.« Libuda meinte nur lakonisch: »Ich möchte endlich ein paar Spiele hintereinander machen – rein und raus ist Käse.« Dann war er plötzlich fort.

»Er schlich irgendwo ganz hinten herum und versteckte sich«, hatte »Welt«-Reporter Gerd Krug beobachtet. »Es gab eine Art 'Kontakthof' für Spieler und Journalisten – nur Libuda habe ich dort selten gesehen. Und wenn er einmal da war, verschwand er gleich wieder.« Obwohl der wenig charismatische und deshalb auch zur Ikone gänzlich ungeeignete Libuda plötzlich der gefragteste Mann im deutschen Lager war, blieb er unscheinbar. Die Journalisten rissen sich um ihn, Libuda war an diesem Tag »die Story«. Doch er flüchtete. Die Not der Journalisten wurde ihnen schließlich zur Tugend. Sie stilisierten den schweigsamen Star zum Aschenputtel unter lauter Fußballprinzen und beschrieben genüßlich dessen unbeholfenes Auftreten. »Da kam also ein Junge aus Schalke nach Mexiko und fand zunächst einmal, daß alles ganz anders und vor allem sehr heiß sei. Im Training schlich er wie ein verstoßenes Kind über den Platz, und meistens war er dort zu finden, wo ein bißchen Schatten war.«

Ein Reporter der mexikanischen Zeitung »The News« schrieb die Geschichte des Mannes, der nicht sprechen wollte: »Während fünfzehn Minuten erreichte ich nicht mehr, als ihm ein sporadisches 'ja' oder 'nein' zu entlocken. Sein längster Satz, auf den ich noch lange stolz sein werde, kam auf die Frage, ob er als Gegner Mannschaften mit Raum- oder Manndeckung bevorzuge. Die geradezu epische Antwort des Reinhard Libuda lautete: 'Das kommt darauf an'...«

Dann begann der Reporterwettkampf um die eindrucksvollste Beschreibung des traurigen Stürmers. »Horror am Flügel« lautete die Schlagzeile des »Hamburger Abendblatts«: »Wenn er so dasteht, knickbeinig und hohlwangig, die Augen wie braune Murmeln und den Trainingsanzug um eine magere Figur schlotternd, dann sieht er wirklich nicht aus, als hätte er der Welt Eindringliches zu sagen.« Die Kollegen von der »Bild« entdeckten: »Aus hohlen Wangen standen Bartstoppeln hervor. 'Jetzt wäre meine Freude vollkommen, wenn ich hier im Hotel mit meiner Frau zusammensein könnte', sagte Stan. 'Morgen muß ich sie anrufen. Ich muß ihre Stimme hören, muß hören, was sie über mein Spiel gegen die Bulgaren sagt.'«

Und die Münchener »Abendzeitung«, die so lange nicht warten konnte und sich schon am selben Abend in Haverkamp meldete, brachte es fertig, erst Libudas Telefonnummer bekanntzugeben (»Jeden Samstag, 22 Uhr, ist Libuda-Time. Zu dieser Stunde verlangt Reinhard Libuda im fernen Mexiko die Telefonnummer Gelsenkirchen 62213 und läßt sich von seiner Frau Gisela berichten, was es über Küche und Kind so Neues gibt«), um dann mitfühlend zu beschreiben, daß Gisela vor lauter Telefonterror nicht mehr ruhig schlafen könne: »'Das Telefon neben meinem Bett klingelte ununterbrochen', sagte sie gestern der AZ. 'Und das die ganze Nacht.' Der erste, der anrief, war ein Conférencier aus Gelsenkirchen. 'Es hatte ihm glatt die Sprache verschlagen, er konnte nur noch ein paar Glückwünsche stammeln', sagte Gisela Libuda. Dann riefen welche an, nannten sich alte Bekannte und kündigten ihren Besuch an. 'Da wurde es schlimm', sagte Gisela. 'Ich hab die wieder ausgeladen, das Telefon auf leise gestellt und mich auf den Balkon verzogen. Da hatte ich meine Ruhe.'«

Während die Korrespondenten ihre einfühlsamen Hymnen tippten, litt Libuda leise. Die »Abendzeitung« zitierte noch einmal die überschwengliche Gisela über Reinhards Pläne für eine fußballose Zeit: »Dann schreibt er bestimmt Gedichte. Er hat zwar noch keines geschrieben, aber er ist der Mann, der sogar das könnte.« Doch der Gatte gab keine Interviews mehr, weil er sich seines Ruhrpottidioms schämte. »Bei der Nationalmannschaft kann ich doch nicht 'dat' und 'wat' sagen.« Seine eloquenten Mitspieler hatten solche Hemmungen nicht. Vom »Rastelli am rechten Flügel« sprachen sie. Vogts fand ihn »Weltklasse«, Grabowski erkannte »neidlos« seine »große Leistung« an, Spaßvogel Sepp Maier tat »sein Gegenspieler leid. Der mußte sich hinterher von einem Sanitäter behandeln lassen, weil ihm ganz schwindelig war.« Wolfgang Weber lag wohl nicht ganz falsch, als er interpretierte: »Man hat direkt gemerkt, der Stan hat seine ganze Wut ausgelassen, weil er gegen Marokko nicht aufgestellt wurde.« Libuda war das alles etwas unangenehm, nur eines gab er noch zu Protokoll: sein Mitgefühl mit dem Leidensgenossen Grabowski. »Er ist mein Freund, sagte er, »wir wohnen zusammen, und wir halten auch zusammen. Gegen die Marokkaner hat Jürgen die Feuerwehr gespielt und hundertprozentig damit gerechnet, daß er gegen die Bulgaren eingesetzt wird. Da hat der Bundestrainer mich dem Jürgen vor die Nase gesetzt. Ich weiß, wie ihm zumute war.« Sein Frankfurter Konkurrent habe ihm entsetzlich leid getan: »Ich habe den Grabowski getröstet. Zum Glück kam er im letzten Drittel auch zum Zug und hat seine Form erneut bewiesen. Ich weiß, daß er mir meinen Erfolg von Herzen gönnt.«

Dieser Gemeinschaftsgeist, der sich nun langsam unter den Spielern entwickelte, war es, was »Mexiko« zum unvergeßlichen Erlebnis werden ließ. Noch heute bezeichnet Jürgen Grabowski, der an den drei Weltmeisterschaften 1966, 1970 und 1974 teilnahm, die Spiele in Leon und später in Mexiko-Stadt als »phantastisch« und spricht vom »großen Erlebnis«. »Am Anfang dachten wir: 'Oh Gott, wie kriegen wir nur die Zeit rum', aber dann war es toll. Alle verstanden sich unheimlich gut. Auch Libuda und ich wurden ein 'Paar'. Eigentlich hätte einer dem anderen ja Verletzungen oder Pech wünschen müssen, aber es kam ganz anders. Wir gaben uns gegenseitig Tips und drückten uns den Daumen. Wir verbrachten auch die Freizeit meist gemeinsam, spielten Tischtennis oder Crocket oder sprangen in den Hotel-Pool. Wir waren eine richtige Gemeinschaft. Ab und zu kamen Mädchen an und wollten Autogramme oder mehr. Das alles haben wir sehr genossen.«

Dem Gespann Müller-Seeler erging es in Comanjilla nicht anders. »Die 22 Spieler – auch die auf der Ersatzbank, die nie zum Einsatz kamen – waren tatsächlich ein Team«, meinte der »Bomber« aus Nördlingen. »Man spürte, daß sie alle nur ein Ziel kannten, nämlich den Erfolg. Das verband uns, obwohl wir nüchterne Profis sind, in unseren Vereinen gegeneinander spielen und uns auch sonst in vielen Dingen unterscheiden.« Gerd Müller lernte in Mexiko Uwe Seelers Frau Ilka kennen. Die drei verstanden sich auch privat prächtig. »Der Kontakt mit Uwe hat mir viel gegeben, von ihm konnte man lernen, in mancher Beziehung. Wir harmonierten zum Schluß nicht nur auf dem Spielfeld.«

Libudas Verhältnis zu Helmut Schön hatte sich indes nicht sonderlich verbessert. Nach dem überragenden Spiel gegen Bulgarien erwähnte der Bundestrainer den Schalker in der abendlichen Pressekonferenz nur am Rande und gab, nachdem Journalisten nachgefragt hatten, zu verstehen, daß das Fehlen Libudas gegen Marokko nicht unbedingt der Grund für die blamable

Vorstellung gewesen sei. Als er dann ansetzte, einen Spieler besonders zu loben, erwähnte er zur Überraschung der Reporter – nicht Libuda, sondern Uwe Seeler.

Dennoch wurde Libuda für das nächste Gruppenspiel gegen Peru nominiert. Die Ausgangslage war für beide Mannschaften günstig, denn da sie ihre ersten Spiele gewonnen hatten, waren sowohl Peru als auch Deutschland für das Viertelfinale qualifiziert. Jetzt wurde gerechnet: Würden die Deutschen verlieren, müßten sie – als Gruppenzweiter – im nächsten Spiel gegen Brasilien antreten. Im Falle eines Sieges würde der Gegner England sein, also der amtierende Weltmeister, im Falle eines Unentschiedens hätte gelost werden müssen. Der Vorteil des Gruppenersten war, daß er weiter in Leon spielen würde. Zwischen den Spielern der deutschen Mannschaft und ihrem Trainer kam es darüber fast zum Krach. Die meisten waren der Ansicht, daß Brasilien der leichtere Gegner wäre.

Zeitungen hatten den athletischen Mitteleuropäern nach dem Sieg gegen Bulgarien brasilianische Fußballkunst attestiert (»keine 50-Meter-Pässe mehr, keine Hetzjagden mehr über das ganze Spielfeld, kein risikoreiches Abspiel mehr, gemütlicher Zotteltrab, um neue Kräfte zu sammeln« und dann »explosionsartige Reaktion im Angriff«), nun fürchteten die Teutonen den britischen Angriffsfußball mehr als den brasilianischen Zauber. In dieser Meinung wurden sie von Bulgariens Coach Boskov bestärkt: »Lieber Brasilien. Die könnt ihr packen.« Doch Helmut Schön hatte nach eigenen Angaben der Taktiererei ein Ende bereitet. »Ich weiß noch, daß ich richtig trotzig mit dem Fuß aufstampfte und wie ein störrisches kleines Kind sagte: 'Ich will aber die Engländer.'«

Eine Zeitlang hatte der peruanische Fußballverband überlegt, das Turnier abzubrechen. Am ersten Juni, also zu Beginn der Weltmeisterschafts-Endrunde, hatte ein schweres Erdbeben das südamerikanische Land verwüstet. Täglich stieg die Zahl der vermeldeten Toten, bis sie schließlich auf achtzigtausend geschätzt wurde. Spieler und Funktionäre bangten um ihre

Familien, doch der Sportminister Perus ließ die Mannschaft weiterspielen.

Ihm käme die südamerikanische Spielweise entgegen, gab Libuda bekannt. »Die braunen Jungs stehen einem nicht so auf den Hacken. Das ist für mich Wasser auf die Mühle.« Nur vor einem habe er Respekt: dem peruanischen Stürmerstar Teofilo Cubillas, der gemeinsam mit Gerd Müller (beide hatten vier Treffer in zwei Spielen erzielt) die Torjägertabelle anführte. »Er spielt wie ein Brasilianer.« Ein großes Kompliment, denn den brasilianischen Fußball hatte Libuda geliebt. Sein größter Traum war es immer gewesen, einmal mit Pelé und Co in einer Mannschaft spielen zu dürfen. Er sollte ihm nicht erfüllt werden.

Schön ließ die Mannschaft in derselben Formation auflaufen wie gegen Bulgarien. Also mit Maier im Tor, davor Schnellinger, die Abwehr mit Fichtel, Vogts und Höttges, im Mittelfeld Bekkenbauer, Overath, Seeler und im Sturm Müller, Löhr und Libuda.

Eine weise Entscheidung des von den bundesdeutschen Medien arg attackierten Bundestrainers, dem allerdings in Mexiko Trost widerfuhr. Nach dem Peru-Spiel lobte die mexikanische Tageszeitung »El Heraldo«: »Schöns Taktik erwies sich als wohlgesetzte Komposition aus Furioso- und Allegrosätzen.« Eine Anspielung auf die musische Ader des sensiblen Sachsen, »der ein Freund von Opernklängen und moderner Kunst war« (Jürgen Leinemann) und Richard Strauß verehrte.

Das Spiel der deutschen Mannschaft hatte die mexikanischen Journalisten wie ihre zugereisten Kollegen in Verzückung versetzt. Hier spielten plötzlich Fußballer, die mit dem Ball umgehen konnten und Freude an ihrer Beschäftigung ausstrahlten, ohne Zielstrebigkeit vermissen zu lassen; die Kämpfer und Vollstrecker wie Uwe Seeler, Karl-Heinz Schnellinger und Gerd Müller in ihrer Mannschaft hatten, aber auch Techniker wie Franz Beckenbauer und Wolfgang Overath, die den Ball wie ein rohes Ei behandeln konnten. Und dort spielte ein Trickser, den sie mit Matthews und Garrincha verglichen und der an guten Tagen voller Lust dribbelte und nicht nur aus Pflichtgefühl, wie man das von den Deutschen gewohnt war. Das hatte man von den Germanen nicht erwartet: erfolgsorientierten Angriffsfußball natürlich, »Kampf bis zum letzten Atemzug« auch; aber Kurzpaßspiel und Doppelpässe? Angeschnittene Flanken und die demonstrative Lässigkeit dieses Mannes, den sie in Deutschland »Kaiser« nannten? Es begann gerade eine Zeit des deutschen Fußballs, die während der Europameisterschaft zwei Jahre später ihren Höhepunkt erreichen sollte – unter der Regie von Günter Netzer allerdings, der in Mexiko verletzungsbedingt fehlte.

Dem hatten die Peruaner nicht allzu viel entgegenzusetzen. Ihnen fehlte auch ein Mittelstürmer wie Gerd Müller. Der hatte bereits nach 38 Minuten dreimal getroffen (Hattrick nennt man das) und somit für eine frühe Vorentscheidung des Spiels gesorgt. Der Rest war Formsache. Einmal traf Cubillas noch für Peru. Doch an dem klaren Sieg der Deutschen änderte das nichts mehr. Der Sieg hätte eher noch höher ausfallen können, doch Gerd Müller, der noch etliche Male frei zum Schuß kam, hatte sein Soll offenbar erfüllt.

Libuda wurde eine gute Leistung bescheinigt. Er hatte stark begonnen und auch die Flanke gegeben, die Müller zum wertvollen 1:0 verwandeln konnte. Nach einer Weile jedoch ließ er etwas nach, dribbelte sich auch immer häufiger an seinem Gegenspieler Fuentes fest und wurde schließlich in der 74. Minute für seinen Freund Jürgen Grabowski aus dem Spiel genommen. Doch diese Auswechselung diente sicher auch der Überlegung, den Stürmer, der ein erkleckliches Laufpensum absolviert hatte, für das Viertelfinale zu schonen. Der Sieg schien zu diesem Zeitpunkt nicht mehr gefährdet.

Der »Kicker«-Korrespondent Karl-Heinz Heimann jedenfalls sah »taktisch erneut meisterhaft« spielende Außenstürmer. »Libuda verwirrte mit seinen oft sinnlos erscheinenden Haken die peruanische Abwehr genauso wie vor drei Tagen die Bulgaren. Er spielte beherzter jetzt, ein fehlgeschlagener Dribbelversuch entmutigte ihn nicht mehr. In dieser Form ist Libuda beinahe konkurrenzlos in diesem Turnier.«

Nun stand ihnen die Revanche für die Finalniederlage von Wembley bevor – der nächste Gegner hieß England. Psychologisch war die deutsche Mannschaft im Vorteil: In Leon genoß sie so etwas wie Heimrecht, hatte auch einen großen Teil der mexikanischen Zuschauer auf ihrer Seite, die munter »Mexico-Alemania« skandierten. Außerdem hatte sie zwei Jahre zuvor, am 1. Juni 1968, die Engländer im Niedersachsenstadion in Hannover geschlagen – zum ersten Mal seit 1908! Lange Zeit galten die Briten ihren deutschen Herausforderern als unbesiegbar. Die Engländer hingegen waren unzufrieden mit ihrer Leistung. Gegen Brasilien hatten sie als Weltmeister mit 1:0 verloren und außerdem in drei Spielen gerade zwei Tore geschossen – eins gegen Rumänien, eins gegen die CSSR, ein Handelfmeter. Die Deutschen hatten bereits elfmal getroffen und weitaus bessere Kritiken, sieht man von dem schlechten Start ab, bekommen. Weil der erste Torhüter Gordon Banks an einer Magenverstimmung (Montezumas Rache) litt, mußte Ersatzmann Peter Bonetti zwischen die Pfosten, und Trainer Alf Ramsey hatte sich mit unwirschen Kommentaren unbeliebt gemacht, nachdem er ständig auf die »Bobby-Moore-Affäre« angesprochen worden war. Das Fußballidol, Mannschaftskapitän der Meisterelf von 1966, soll in Kolumbiens Hauptstadt Bogotá einen Ladendiebstahl begangen haben.

Doch angeschlagen wirkten die Engländer nicht, als sie auf die Deutschen trafen. Ganz im Gegenteil: »Beckenbauer schien ... durch Bobby Charlton wie hypnotisiert. Fichtel mußte sich mit dem gefährlichen Hurst herumplagen. Müller lag bei Moore an der Leine«, hatte Beobachter Ernst Huberty erkannt. Die Briten hatten Schöns Männer durch forsches Tackling fest im Griff. Niemand im Stadion bezweifelte, daß sie zu Torerfolgen kommen würden: Zu häufig zogen ihre Angriffsspitzen und mitstürmenden Verteidiger an den sich verzweifelt wehrenden Abwehrspielern Vogts, Fichtel und Höttges vorbei, zu sicher stand ihre Verteidigung vor dem Strafraum, zu energisch fuhren die englischen Ausputzer den deutschen Angriffsspielern in die Parade und nahmen damit insbesondere »Stan« Libuda den Schneid. Gerade hatte er zwei hervorragende Spiele absolviert, schon drohte er wieder zu resignieren. Am rechten Flügel lief nicht viel zusammen. So wunderte es niemanden, daß die Ramsey-Schützlinge nach einer guten halben Stunde in Führung gingen. Mullery hatte den rechten Verteidiger Newton steil geschickt und dann dessen präzise Hereingabe in die Mitte kaltblütig verwandelt.

In der Halbzeit mußte Helmut Schön seine Abwehr umorganisieren. Höttges hatte sich verletzt, für ihn kam Willi Schulz, dem sie in London den Beinamen »World-Cup-Willi« verpaßt hatten – eine Anspielung auf »Willy«, das Maskottchen des Turniers. Fichtel sollte die Bewachung von Lee übernehmen, Schulz die von Hurst. »Jetzt haben wir aber wirklich nichts mehr zu verlieren. Denkt dran! Spielt euer Spiel! Greift an!«, beschwor Schön die Kampfmoral seiner Spieler.

Doch es wurde nicht besser. Zwar griffen die Deutschen jetzt an, Libuda setzte sich auch endlich einmal durch, doch trafen sie das Tor nicht und waren nicht in der Lage, die dichtgestaffelte Abwehr Cooper-Moore-Labone-Newton auszuspielen. Statt dessen hatten die Engländer nun Raum für ihre Konter und bekamen die Gelegenheit, ihren Widersachern vorzuführen, wie man Tore schießt. Gerade fünf Minuten waren in der zweiten Halbzeit gespielt, da vollstreckte Peters nach einer Flanke von Hurst, wo blieb eigentlich der Borusse Berti Vogts?, zum 2:0. Dieses Spiel schien gelaufen. Die ausgepumpten Deutschen machten nicht den Eindruck, noch zu großer Gegenwehr imstande zu sein. Nun nahm Helmut Schön den Schalker Fummelkönig Libuda vom Platz: »Ich setzte den 'Joker' ein, Jürgen Grabowski. Libuda hatte nicht versagt. Aber er hatte sich an Cooper verschlissen. Dieser Cooper war ein Mann mit gefährlichem Offensivdrang, und ich hatte 'Stan' aufgetragen, ihm zu folgen, wenn er nach vorne ging. Angreifen und decken – das war auf die Dauer zuviel für Libuda. Aber auch Cooper war im Kampf mit unserem Zick-Zack-Dribbler müde geworden. Jürgen Grabowski startete blitzartig ins Spiel, ohne jede Anlaufzeit. Er vernaschte nun Cooper nach Strich und Faden, legte ein fabelhaftes Solo hin, schoß gefährlich aufs Tor. Cooper, der über eine dreiviertel Stunde in glühender Hitze einen schnellen Mann wie Libuda niedergekämpft und auch noch selbst angegriffen hatte, kam nun mehr und mehr ins Schleudern. Grabowski erkannte das und bereitete von rechts viele Angriffe vor. Er zehrte die Kraft von Cooper völlig auf.« Dieser Schachzug brachte die Wende in einem festgefahrenen Kampfspiel, in dem die deutschen Stürmer keinen Zentimeter Raum gewannen. Grabowski wirbelte die linke Abwehrseite durcheinander. Schön: »Das war einer der Punkte, an denen sich das labile Gleichgewicht zu unseren Gunsten änderte.«

Nun rückte das Mittelfeld nach. Beckenbauer setzte sich im Mittelfeld durch, spurtete mit dem Ball am Fuß an dem erschöpften Charlton vorbei, umspielte einen Engländer, einen zweiten, noch einen. Dann schoß er flach und schräg in die lange Ecke. Bonetti hatte keine Chance, diesen Ball noch zu erreichen. Der Anschlußtreffer war gelungen, und noch blieben den Schön-Spielern 22 Minuten, um eine Verlängerung zu erzwingen.

Ramsey nahm nun seinen Spielmacher Bobby Charlton heraus, brachte Bell, später Hunter für Peters. Sie spielten jetzt auf Zeit, versuchten das knappe Ergebnis zu halten. Doch die Deutschen hatten das »Heft in der Hand«, dominierten im Mittelfeld und bestürmten fast unaufhörlich den Kasten von Torhüter Bonetti. Immer wieder schnappte sich »Senior« Uwe Seeler, fast schon abgeschrieben wegen seines Alters, den Ball und trieb seine Mitspieler nach vorne. Ihm blieb es auch vergönnt, den Ausgleichstreffer zu erzielen. Ein »Jahrhunderttor«, wie man später fand. Schnellinger hatte sich in der 82. Minute den Ball erkämpft und war nach vorne marschiert, dann hatte er hoch in den Strafraum geflankt. Seeler stieg, mit dem Rücken zum Tor, hoch und erwischte den Ball mit dem Hinterkopf. Wie in Zeitlupe senkte sich das Leder in langer Flugbahn über Bonetti ins Netz. »Dieser Mann hat hinten Augen«, raunten die Zuschauer ehrfürchtig. Mit ihren Primärtugenden – nie aufgeben, das Spiel dauert 90 Minuten – hatten die Deutschen eine Verlängerung erwirkt und das Blatt gewendet.

Der Rest war eigentlich nur noch Formsache. Zu überlegen spielten sie jetzt, zu angeschlagen wirkten die Engländer, die einen Zwei-Tore-Vorsprung verspielt und Bobby Charlton ausgewechselt hatten. In der 108. Minute fiel die Entscheidung durch Gerd Müller. Grabowski hatte sich wieder einmal durchsetzen können, auf Löhr gespielt, und dessen Flanke verwandelte Müller mit einer artistischen Einlage aus zwei Metern Entfernung: Der Ball kam direkt auf den langen Pfosten, ungefähr in Kopfhöhe des Torwarts, und »kleines, dickes Müller« segelte – den rechten Fuß voran – in die Hereingabe, als wäre er Akrobat im Zelt von Zirkus Krone und nicht der stämmige Bomber auf dem Fußballplatz von Leon.

Die deutsche Nationalelf hatte das Halbfinale erreicht, nun wartete Italien mit seinen Stars Rivera, Riva und Boninsegna.

Die Deutschen verzichteten auf Reinhard Libuda, der gegen England einen seiner üblichen »Durchhänger« gehabt hatte. Der »Kicker« urteilte vernichtend: »Ein schwarzer Tag für Stan. Cooper nahm ihm schnell den Mut, seine Flanken kamen nicht an, er wirkte zerfahren, zögerte mit dem Abspiel, folgte dem dynamischen Cooper zu selten. Hätte eher ausgetauscht werden müssen!« Dennoch konnte sich seine bisherige Bilanz sehen lassen. In den drei Spielen, in denen er aufgelaufen war, hatte er ein Tor selbst geschossen und vier vorbereitet, war folglich an fünf der elf Tore beteiligt, die in diesen Spielen fielen. Daß Schön ihn nicht aufstellte, enttäuschte den Schalker. Das interpretierte er, nicht ganz zu Unrecht, als mangelndes Vertrauen in seine fußballerischen Fähigkeiten. Bisweilen wurde er richtig jähzornig. Dann fluchte der Introvertierte und jagte seinem Kollegen Grabowski Angst und Schrecken ein: »Er polterte ganz plötzlich los und regte sich über irgend etwas auf. Man durfte ihn in solchen Situationen nicht ansprechen. Obwohl er sich nach einer relativ kurzen Zeit wieder beruhigte, war er nachtragend. Er vergaß nie.«

In Libuda staute sich Frust auf. Diese Weltmeisterschaft war für den 26jährigen der Höhepunkt seiner Karriere, er hatte nicht einmal schlecht gespielt. Nur einmal: Da kam er nicht so richtig in Gang. Und jetzt hatte er den schon so sicher geglaubten und so lange erhofften Stammplatz wieder verloren. In der Mannschaft standen Löhr und Grabowski auf den Flügeln. Libuda fühlte sich um die Früchte seiner Bemühungen, um das Halbfinale, betrogen. Betrogen von Helmut Schön, den er zu hassen begann. Betrogen von einem Mann, dem er nie traute und der ihm nicht zu trauen schien.

Den Beginn des nachher von Journalisten zum »wahren Endspiel« apostrophierten Kampfes gegen Italien verfolgte Libuda – immerhin – von der Bank. »Alemania, Alemania, he, he, he«, brüllten die Mexikaner im mit 110.000 Zuschauern ausverkauften Aztekenstadion. Die Italiener hatten sich nicht sonderlich beliebt gemacht, als sie den Gastgeber im Viertelfinale mit 4:1 aus dem Wettbewerb befördert hatten. Nun sollte wenigstens Alemania das Endspiel erreichen.

Doch für die Deutschen begann das Spiel ziemlich ungünstig. In der achten Minute bereits unterlief Hans-Hubert Vogts ein folgenschwerer Fehler. Sein Abspiel landete beim italienischen Stürmer Boninsegna, Willi Schulz kam zu spät. Boninsegna schoß, Maier flog ins Leere. Wieder einmal, wie schon gegen Marokko, Bulgarien und England, lag die Elf im Rückstand. Nun hatten die italienischen Abwehrstrategen Zeit, in aller Seelenruhe ihr Verzögerungsspiel aufzubauen. Immer wieder foulten sie die verzweifelten Deutschen und unterbrachen deren Spielfluß, attackierten früh und versuchten, so destruktiv wie möglich die Führung über die Zeit zu retten. Das schien ihnen auch zu gelingen. Zur Halbzeit stand es immer noch 1:0, und in der 52. Minute probierte es Schön wieder einmal mit Libuda – für ihn nahm er den eigentlich auf dem linken Flügel stürmenden Johannes Löhr aus dem Spiel.

Libudas Einsatz schien sich auszuzahlen. Grabowski, der ein hervorragendes Spiel machte, wechselte auf die linke Seite und übte dort stärkeren Druck aus, als das Löhr zuvor gelungen war.

Und Libuda wirbelte rechts und band seinen Gegenspieler Facchetti, den »stürmenden Verteidiger« von Inter Mailand, dessen gefährliche Vorstöße in die gegnerische Hälfte gefürchtet waren.

Nachdem Beckenbauer, der nun ständig im Angriff zu finden war, in der 68. Minute im Strafraum der Italiener gelegt wurde, doch der Elfmeterpfiff des Schiedsrichters Yamasaki, eines Peruaners in Diensten des mexikanischen Fußballverbands, ausblieb, glaubte wohl niemand mehr an einen möglichen Ausgleich der Deutschen. Dafür waren sie zu häufig vergeblich nach vorne gestürmt. Nun schien ihnen auch der Unparteiische nicht gewogen zu sein. Unmut machte sich breit. Helmut Schön bezeichnete Yamasaki als »zwielichtigen Herrn«: »In entscheidenden Situationen benachteiligt er uns offensichtlich.« Die Italiener lamentierten bei jeder sich bietenden Gelegenheit, ließen sich nach jedem kleinen Rempler theatralisch zu Boden fallen und minutenlang »behandeln«, die Deutschen zürnten und rackerten und vollbrachten schließlich etwas, das Fußballer gerne als »Wunder« zu bezeichnen pflegen: Sie schossen kurz vor Schluß, in diesem Fall in der Nachspielzeit, ein wichtiges Tor. Es war in diesem Spiel dem Verteidiger Karl-Heinz Schnellinger, der sein Geld ausgerechnet beim AC Mailand verdiente, vorbehalten, den Ausgleich zu erzielen, nachdem Grabowski vor das Tor geflankt hatte und Schnellinger in das Zuspiel gegrätscht war. Das bedeutete Verlängerung. Wie schon gegen England.

Und wie schon gegen England schien die deutsche Mannschaft den psychologischen Vorteil zu haben, kurz vor Spielende das schon nicht mehr für möglich gehaltene Unentschieden erzwungen zu haben. Es waren noch keine vier Minuten gespielt, da »müllerte« der deutsche »Marcador« in eine riskante Rückgabe der Italiener. 2:1! Doch dann ging es Schlag auf Schlag, schossen die erschöpften Akteure Tor um Tor. Bereits in der 99. Minute Ausgleich durch Burgnich nach einem Freistoß. Die deutsche Abwehr hatte geschlafen. Dann die italienische Führung. Libuda war gefoult worden, aber Schiedsrichter

Yamasaki hatte das nicht erkannt. Blitzschneller Konter der Italiener. Linksaußen Luigi Riva von US Cagliari, Italiens Fußballer des Jahres 1969, kam an den Ball – eine kurze Drehung. Maier streckte sich vergeblich. Doch fünf Minuten später, da waren bereits 110 Minuten gespielt, erneuter Ausgleich. Libuda hatte den Ball von Grabowski zugespielt bekommen und in die Mitte geflankt. Seeler köpfte zu Müller, der köpfte ins Tor. 3:3! Doch dann beendete im Gegenzug Gianni Rivera das »Herzschlagfinale«. Willi Schulz fehlte die Kraft, sich gegen seinen Gegenspieler Boninsegna zu behaupten. Dessen Flanke verwandelte Rivera zum 4:3 für die Italiener. Dabei blieb es bis zum Abpfiff. Die deutsche Nationalmannschaft war unglücklich ausgeschieden. Auch, wenn die Spieler gefeiert wurden wie Sieger.

Das letzte Spiel der deutschen Mannschaft gegen Uruguay fiel nicht so berauschend aus wie die vorangegangen Auseinandersetzungen. Der Kölner Wolfgang Overath schoß das 1:0 und sein Team damit auf den dritten Platz. Doch reich an Höhepunkten war der Schlußakt gegen die Südamerikaner nicht gewesen. Nur einer setzte noch einmal Akzente: Reinhard Libuda. In der 74. Minute wurde er, der kein berauschendes Spiel geliefert hatte, aber laut »Kicker« auch »keineswegs unser schwächster Stürmer« gewesen war, gegen Löhr ausgewechselt. Nun wollte Helmut Schön dem soeben Ausgewechselten versöhnlich die Hand reichen. Doch Libuda schlug das Angebot unwirsch aus und trabte, seinen Trainer keines Blickes würdigend, zur Ersatzbank. Vor den Augen von 80.000 Zuschauern und unzähligen Objektiven der Kamerateams. Es war zum endgültigen Bruch zwischen den beiden gekommen. Libuda konnte Enttäuschung, Wut und Trotz nun nicht mehr verbergen. Es sollte eines seiner letzten Spiele in der Nationalelf gewesen sein. Auch, wenn das die Beteiligten im Aztekenstadion von Mexiko-Stadt noch nicht ahnten.

»Warum war er bloß immer so undiplomatisch?«, fragt sich Jürgen Grabowski noch heute. »Damit hat er sich sehr viel verbaut.« Die Szene im mexikanischen Fußballstadion, sie war symptomatisch für das Leben dieses Spielers von der traurigen Gestalt. Kaum gelang ihm etwas, zerstörte er sich auch wieder alles.

Hatte »Don Libuda« gegen Bulgarien noch geglänzt und wurde von allen Kommentatoren in den Fußballhimmel gelobt, versagte er gegen England und düpierte den Bundestrainer nach seiner Auswechselung gegen Uruguay. Hatte er das entscheidende Tor gegen Schottland geschossen und wurde als »Held von Hamburg« gefeiert, suchten ihn zwei Monate später Gelsenkirchener Polizisten als Sittlichkeitsverbrecher. Stand seine Entlassung aus dem Wehrdienst bevor, landete er prompt im »Bau«, weil er seinen Dienstausweis vergessen hatte und Sonderrechte für sich in Anspruch nahm. Kaum war er zum Europapokalheld geworden, indem er Borussia Dortmund zum Sieg geschossen hatte, folgte ein Formtief und fahndeten Feldjäger nach dem Wehrpflichtigen, der lieber mit seinen Fußballern zusammen war als mit Soldaten. Hatte er den damaligen Bundestrainer Sepp Herberger durch seine Leistungen auf dem Fußballplatz beeindruckt, irritierte er ihn durch Fahrerflucht und Abwanderungsgedanken.

»Verflixt, warum nimmt der Lange immer mich aus der Mannschaft?«, versuchte sich Libuda nach dem Eklat während des Uruguay-Spiels zu rechtfertigen, doch dem Berichterstatter der »Hamburger Morgenpost« kam der unglückliche Stürmer vor »wie ein Schüler, dem für eine gute Leistung eine schlechte Note gegeben worden war«.

Rudi Gutendorf saß auf der Tribüne des Stadions. Wie ein Prediger hatte er Libuda – flankiert von einer beispiellosen Pressekampagne – in die Nationalelf gelobt. Nun schämte er sich für das ungezügelte Verhalten seines Schützlings.

Von Schiebung gesprochen

Das Skandaljahr des deutschen Fußballs

Am Frankfurter Flughafen wurde die deutsche Nationalmannschaft empfangen, als wäre sie, und nicht die brasilianische, Weltmeister geworden. Gelsenkirchen war stolz auf seine beiden Schalker Klaus Fichtel und Reinhard Libuda. Ein Empfang jagte den nächsten, neben Blumen wurde ein Bildband über die olympischen Spiele von Mexiko 1968 überreicht, in der Vereinszeitung erinnerte man an die ruhmreiche Tradition des Vereins, der immer wieder Nationalspieler stellte. Kuzorra war 1927 der erste gewesen, ihm folgten Szepan, Tibulski und Urban, später Willi Schulz und Willi Koslowski und dann eben Fichtel und Libuda, dessen Affront gegen den Bundestrainer diskutiert, aber auch als gerechtfertigt betrachtet wurde. Das Schicksal, so hieß es, hatte »ihm in Gestalt des Bundestrainers ja ganz schön mitgespielt«. Libuda fühlte sich allerdings nicht besonders heroisch, er wollte sein Benehmen am liebsten sofort vergessen: »Man sollte das nicht so aufbauschen«, bat er einen Reporter vom »Sport-Informations-Dienst«.

Als Erinnerung an die Weltmeisterschaft hatte er sich aus Mexiko einen riesigen Sombrero mitgebracht, den setzte er erst seinem Sohn Matthias-Claudius auf den Kopf und stellte ihn danach als Zierde in sein Wohnzimmer. Dann ging es erst einmal in den Kurzurlaub nach Italien. Begleitet von einem »herzlichen toi toi toi« des Vorsitzenden des Landessportbundes Westfalen, Willi Weyer, der leider nicht an der offiziellen Ehrung durch den Verein teilnehmen konnte, aber nun schrieb, die Westfalenfunktionäre hätten »am Bildschirm Ihre Kämpfe miterlebt, mit Ihnen gebangt und uns von Herzen über Ihre Erfolge gefreut. Bei der Jugend sollen die Autogrammkurse sprunghaft in die Höhe geschnellt sein: sechs Beatles gegen einen Fichtel oder Libuda!«

Der FC Schalke 04 hatte sich in der Zwischenzeit verstärkt. Mit Klaus Fischer war ein 20jähriger Mittelstürmer verpflichtet worden, der beim Absteiger 1860 München mit 15 Toren in einer Saison auf sich aufmerksam gemacht hatte. Günter Siebert konnte den Torjäger in etlichen privaten Gesprächen überzeugen, nicht zum 1. FC Köln zu wechseln, sondern nach Gelsenkirchen zu kommen. Zu weiterer Fürsorge um den jungen Mann fühlte sich die Vereinsführung freilich nicht verpflichtet. Verbittert schrieb Klaus Fischer: »Die ersten Wochen und Monate im Ruhrgebiet waren nicht leicht für mich. Von Klubseite kümmerte sich eigentlich keiner um die Belange eines jungen Spielers, der plötzlich in einer wildfremden Stadt zurecht kommen mußte. Keine Wohnung, kein Haushalt, nur im Hotel wohnen, so sah es am Beginn meiner Schalker Zeit aus. Man mußte nach und nach selbst dafür sorgen, daß alles im privaten Bereich stimmte.«

Zudem ging es in dem etwas chaotischen Verein wieder einmal drunter und drüber. Bereits nach vier Spielen wurde Trainer Rudi Gutendorf entlassen – eine Heimniederlage gegen Hertha BSC Berlin und ein Interview, in dem er bekundet hatte, man kämpfe nun wieder gegen den Abstieg, wurden ihm zum Verhängnis. Aber es war auch nicht zu übersehen, daß der egozentrische Präsident Günter Siebert die erstbeste Möglichkeit nutzte, den Medienmann Gutendorf zu entlassen, um sich wieder alleine im Licht der Öffentlichkeit zu sonnen. Slobodan Cendic, bisher Assistent und Jugendtrainer, übernahm nun das Training – auch wenn zwischenzeitlich der greise Ernst Kuzorra, der im Gegensatz zu dem Jugoslawen einen Trainerschein erworben hatte, auf der Bank saß.

Libuda, hochgelobt in Mexiko, schlitterte wie so oft in ein Formtief. Vielleicht war er den hohen Erwartungen nicht gewachsen. Alle sprachen noch von seinen Slalomläufen durch die bulgarische Abwehr und erwarteten nun ähnliche Kunststücke in der Bundesliga. Statt dessen bekamen sie einen völlig verängstigten Rechtsaußen zu sehen. »Mit einem Libuda nur in Normalform hätten wir gewonnen«, hatte Gutendorf nach dem Saisonauftaktspiel bei Eintracht Braunschweig gezürnt, in dem die Schalker mit viel Glück noch ein Unentschieden erkämpft hatten. Libudas Verdienst war das in der Tat nicht gewesen. Er hatte ziemlich bedeutungslos auf dem Rasen gestanden und war von seinem Gegenspieler Merkhoffer abgemeldet worden, sobald er an den Ball kam. Im zweiten Spiel gegen Duisburg hatte er gefehlt, im dritten gegen Stuttgart war er bereits zur Halbzeit von Wüst ersetzt worden.

Das Fehlen gegen Duisburg hatte für den Rechtsaußen ein Nachspiel. Vor der Partie war er morgens um sieben Uhr aus dem Trainingslager verschwunden. Seinem Zimmerkollegen Klaus Scheer soll er lediglich gesagt haben: »Ich habe Schmerzen, ich gehe zum Arzt.« Erst kurz vor dem Spiel wurde Trainer Gutendorf von einem Gelsenkirchener Krankenhaus informiert: »Libuda muß ins Bett. Er kann nicht spielen. Er hat eine Entzündung der Harnröhre.«

»Doch einige Mannschaftskameraden wollen so recht nicht an die Krankheit glauben«, teilte die »Bild« ihren geneigten Lesern mit und vermutete »faules Fieber« beim Dribbler. Im Kreis der Mitspieler munkelte man: »Der Stan will nicht mit nach Barcelona zum Fußballturnier. Das hier ist der Vorwand.«

Als er gegen den Hamburger SV endlich einmal wieder ein Tor erzielte, war das dem Springer-Blatt die Meldung wert, dies sei das erste Bundesligator des Schalkers seit dem ersten März 1969, also seit neunzehn Monaten, gewesen. Und die »Morgenpost« lud ihn zum Gespräch, weil er erstaunlicherweise von Helmut Schön zum Länderspiel gegen Ungarn geladen worden war. »Meine Nominierung ist eine Überraschung. Denn ich bin seit den letzten Wochen völlig außer Form«, äußerte er selbstkritisch. »Weiß der Bundestrainer nichts davon?« Libuda: »Offensichtlich nicht. Als ich im letzten Jahr Bombenspiele geliefert hatte, mußte ich verzweifelt um einen Platz in der Nationalelf kämpfen. Jetzt gehöre ich anscheinend zum Stamm der Etablierten.« Er glaubte, er hätte es nun endlich geschafft.

Möglicherweise hatte er es auch. Daß es dennoch eines seiner letzten Spiele im schwarz-weißen Dress werden würde, war – wie so vieles im Leben dieses Spielers – selbstverschuldet.

Die Mannschaft rappelte sich nach dem Trainerwechsel vorübergehend auf und besiegte den Reviernachbarn Borussia Dortmund sogar auf dessen Platz mit 2:1. Doch Libuda fand nicht mehr zu alter Form zurück. Alle rätselten, was mit dem Star los sei. »Der Reinhard ist ein begnadeter Fußballer«, erklärte der entlassene Coach Rudi Gutendorf seinem Nachfolger, »aber auch ein Fall für den Psychologen. Er braucht keinen Trainer, sondern einen Seelendoktor.« Was auch Cendic einsah: »Er ist wie eine Mimose. Wenn nur ein Zuschauer pfeift, dann resigniert er und läßt sich wie im Pokalspiel gegen Heilbronn auswechseln. Jetzt hilft nur Seelenmassage, damit er wieder in Form kommt.« Plötzlich hatten alle etwas zu sagen. Günter Siebert leutselig: »Wenn man es mit Härte versucht, dann wird er bockig wie ein Esel.« Helmut Schön entnervt: »Der Libuda ist mir zu unbeständig. Wenn ich ihn in der Nationalelf aufstelle, ist das immer ein Vabanquespiel.«

Eine Verletzung löste nun die andere ab – psychosomatisch? Einfach nur Pech? Oder simulierte der Fummler? Als Libuda kurz vor dem Spiel gegen Werder Bremen bekanntgab, er könne nicht spielen, und von einer »verschleppten Oberschenkelzerrung« sprach, da kursierte das Gerücht, Libuda habe Angst vor dem als »beinhart« geltenden Verteidiger Horst-Dieter Höttges. »Ich betrachte das als eine Frechheit, so etwas zu behaupten«, erregte sich der als »Feigling« Gescholtene. »Ich habe noch niemals gekniffen.« Seine Verletzung habe er schon lange, während der Balkanreise (Ungarn, Griechenland) der Nationalelf habe sich der Zustand dann verschlimmert. Und er bekam Beistand von seiner Frau Gisela: »Mein Mann kneifen? Das ist doch beinahe Legende hier in Gelsenkirchen. Das kommt immer aus derselben Ecke. Warum sollte mein Mann ausgerechnet vor Höttges Angst haben? Gegen den hat er doch immer gute Spiele gemacht.«

Doch die öffentliche Diskussion hatte trotz der forschen Verteidigung des Fußballers und seiner Frau kein Ende. Noch lange nicht.

Kurze Zeit darauf sprachen die Libudas von Zahnproblemen, die den Rechtsaußen lahmgelegt hätten. Gisela im »Kikker« über den Gemütszustand des Gatten: »Er ist oft sehr mit sich selbst beschäftigt. Reinhard ist vielen Stimmungen unterworfen. Jetzt war er z.B. wochenlang verletzt, weil sich ein vereiterter Zahn auf den Kreislauf auswirkte, und prompt schlug sich das auf seinen Allgemeinzustand nieder. Aber insgesamt habe ich einen wundervollen Mann.«

Doch obwohl sie das auch in Schalke gerne glaubten, wurden sie ungeduldig mit ihrem WM-Helden, der nun als »Kneifer« durch die Gazetten geisterte. Die Mannschaftskameraden lästerten bereits über den »Weichling«, der ständig neue Verletzungen präsentierte. Gegen München mußte er nach einer Viertelstunde wegen einer Muskelverhärtung, in Köln wegen einer Wadenprellung ausgewechselt werden. Und die Verteidigungsreden des Fußballers nahmen immer verzweifeltere Züge an. Der Star von Leon und »Hexer aus der Glückaufkampfbahn« geriet zusehends in die Defensive. Gerade noch gefeiert, mußte er sich nun für seine Leistungsschwankungen öffentlich rechtfertigen. Eine Debatte mit Delinquent, zermürbende Rituale von Kritik und Selbstkritik. Die Sportzeitschriften bildeten den Rahmen dieses »Tribunals«.

»Ich bin zwar sehr empfindlich«, äußerte der Kicker. »Aber ich glaube nicht, daß ich unbeständiger als die meisten anderen Spieler bin. Auch in der Nationalmannschaft nicht. Daß es dort mehr auffällt als in Schalke, liegt meiner Ansicht nach daran, daß ich in der Nationalelf als Rechtsaußen doch sehr auf die Mitarbeit und auf die Vorlagen der Mittelfeldspieler angewiesen bin. Und gerade dort hat es in vielen Spielen der letzten Jahre nicht immer gut hingehauen.« Aber: »Manchmal ist es wie verhext. Wenn bei mir privat etwas nicht geklappt hat, dann kann sich das durchaus auf das Spiel auswirken.« Und flehend:

»Wie ich bin, so bleibe ich. Ein Mensch kann sich nicht selbst ändern. Eins weiß ich jedoch genau: Ich habe mehr gute als schlechte Spiele gemacht. Auch in der Nationalmannschaft. Fußball ist ein Mannschaftssport. Wenn es in der Mannschaft rollt, dann wird man immer mit mir rechnen können...«

Zwar gaben die Schalker ihrem Liebling Rückendeckung – jedoch mit einem Unterton, der darauf schließen ließ, daß ihre Geduld nicht unermeßlich sein würde. »Wenn wir auch in Zukunft etwas durch seine Leistungen erreichen wollen, dann müssen wir uns auf ihn einstellen. Für uns ist er zur Zeit noch unersetzbar«, gab Günter Siebert bekannt. »Noch!« Gerade hatte Libuda eine seit drei Monaten andauernde Krise, da sagte der Präsident: noch. Ruhm ist in der Fußballbundesliga ausgesprochen vergänglich, wo jedes Wochenende von einer Millionenschar selbsternannter Experten Urteile gesprochen werden, wo schnell neue Helden geboren und alte beerdigt werden.

Als die Libuda-Krise sechs Monate alt wurde, erwog man bereits einen Verkauf des Stürmers. »Was nützt uns ein Spieler«, dachte Trainer Cendic laut, »der in zwei Spielen Weltklasse, in den folgenden acht aber noch nicht einmal Durchschnitt ist?«

Ganze drei Spiele, in denen er überzeugen konnte, hatte Libuda in der gesamten Hinrunde absolviert: gegen Mönchengladbach, als er den »Terrier« Berti Vogts austrickste und ihn Trainer Weisweiler lobte: »Welcher Verteidiger kann schon gegen Libuda in dieser Form bestehen?«, gegen Har ver 96, als er das erste Tor vorbereitete und die beiden folgenden selber schoß, und gegen Arminia Bielefeld. An seinem 27. Geburtstag traten die Schalker zum Westfalenderby auf der Alm an und nahmen die schwache Arminendeckung ein ums andere Mal auseinander. Immer wieder tänzelte Libuda leichtfüßig an seinen Bewachern vorbei, gab die Flanke zum 1:0 (Fischer-Kopfball) und bereitete das 2:0 vor, indem er seinen Gegenspieler Stockhausen so in Bedrängnis brachte, daß der vor Schreck ein Eigentor schoß. 3:0 siegten die Schalker, und Libuda hatte das fremde Publikum derart zu begeistern vermocht, daß er selbst von den Bielefeldern lautstark angefeuert wurde. »Schalke 04 hat uns auf den Boden der Realitäten zurückgeholt«, gestand der geschlagene Armine Egon Piechaczek, der allerdings auch eine Begründung für den deutlich sichtbaren Leistungsunterschied zwischen den beiden Mannschaften hatte: »Zu den Realitäten gehört auch die Erkenntnis, daß hier Profis gegen Halbprofis standen.«

Darum war sich der »Schalker Kreisel«, die Stadionzeitung des Vereins, vor dem Rückspiel am 17. April 1971 in seiner Überschrift auch sehr sicher: »Arminia kommt als Außenseiter.« Die Schalker hatten nicht nur Bielefeld zuvor deutlich geschlagen – die Ostwestfalen kamen als Abstiegskandidat, Schalke 04 hingegen war Tabellenfünfter und spekulierte auf eine Teilnahme im UEFA-Cup, der ab der kommenden Saison den Messepokal ablösen sollte. Drei Vereine durfte der Deutsche Fußball-Bund für den Wettbewerb abstellen. Schalke mußte also seinen Tabellenplatz halten. Besonders herzlich begrüßten die Schalker ihren ehemaligen Spieler Waldemar Slomiany im Trikot der Bielefelder. In Gelsenkirchen saß er meistens auf der Ersatzbank. Siebert: »Wir haben den Waldemar in ganz Deutschland wie Sauerbier angeboten, doch kein Mensch wollte ihn haben.« Bis Bielefeld zugriff. Nun hatte er seinen Stammplatz bei den Arminen. »Herzlich deshalb«, schrieb der »Kreisel«, »weil der 'Waldi' in Schalke immer beliebt war«, und »es gibt in Gelsenkirchen nicht wenige, die den Transfer bedauerten und Slomiany lieber im Dreß der Knappen begrüßen würden«.

Trainer Slobodan Cendic machte sich vor dem Spiel allerhand Gedanken über Stärken und Schwächen des Gegners.

»Die Bielefelder werden in ihrer bedrohten Lage um jeden Meter Boden kämpfen, werden massiv verteidigen und unter allen Umständen versuchen, einen Punkt mit nach Hause zu nehmen«, befürchtete er: »Und gerade diese Spielweise liegt meiner Mannschaft nicht.« Die Stärken seiner jungen Spieler hingegen lägen eher im technischen Bereich. »Mal sehen, welche Eigenschaft sich durchsetzt. Wenn uns in der ersten halben Stunde ein Tor gelingt, dann steuern wir einem ungefährdeten Sieg entgegen. Und damit rechne ich auch eigentlich.«

Daß der beliebte »Waldi« bereits mit seinen ehemaligen Mannschaftskameraden zusammengesessen haben könnte, um eine ganz andere Taktik zu besprechen, kam dem unwissenden Trainer nicht in den Sinn. Eine Taktik, bei der sich die Arminia auf den »Kampfgeist« allein nicht verlassen mochte und die aus dem Punkt- eher ein Freundschaftsspiel der beiden Westfalenklubs machte. Nein, Trainer Cendic war nicht zu beneiden an diesem Tag. Doch die mysteriösen Zusammenhänge, die dieses Spiel zum unvergeßlichen Ereignis werden ließen, sollten erst später – viel später – aufgeklärt werden.

Irgend etwas jedenfalls lief seltsam an diesem Samstag in der Glückaufkampfbahn. Das spürten alle, die dabei waren. Zweimal hatten die Schalker Pech, als Herbert Lütkebohmert in der ersten Halbzeit Latte und Pfosten traf. Die restliche Spielzeit wirkten sie wie gelähmt. Da war weder von technischer Überlegenheit etwas zu spüren noch von Einsatzwillen. Sie wollten nicht, das war nicht zu übersehen. Nur Dieter Burdenski, Sohn des Altnationalspielers Herbert und als Torwart kurzfristig für den verletzten Norbert Nigbur eingesprungen, gab sich richtig Mühe und hielt in seinem erst dritten Bundesliga-Einsatz mit Bravour, was die verblüffend frei zum Schuß kommenden Bielefelder auf sein Tor knallten. Als der Bielefelder Roggensack in der 82. Minute zum 1:0 traf und damit seine Mannschaft zum Sieg schoß, war Burdenski schuldlos. Doch was war das für eine rätselhafte Zurückhaltung, die sich die anderen Schalker Fußballspieler da auferlegt hatten? Warum in aller Welt versagten sie gegen einen fast sicheren Absteiger, dem sie eigentlich in sämtlichen Belangen überlegen waren? Und wußten die anderen Abstiegsbedrohten aus Frankfurt und Offenbach vielleicht mehr, als sie nachher wutentbrannt von Betrug sprachen?

Ernst Kuzorra verließ wie viele andere der 13.000, die gekommen waren, schimpfend das Stadion und grollte, diese schwache Vorstellung der Mannschaft sei die 18 Mark für eine Tribünenkarte nicht wert gewesen. Bereits zwei Tage nach der blamablen Vorstellung sprach Redakteur Heinz Kottek in der »Westdeutschen Allgemeinen Zeitung« einen Verdacht aus, der als Unmutsäußerung schon während der 90 peinlichen Minuten ins Stadionrund gebrüllt worden war: Könnte diese Schalker Niederlage etwa bezahlt worden sein? War hier Geld im Spiel gewesen und hatte den Schalker Offensivdrang gebremst?

»Von Schiebung gesprochen« titelte das Blatt und erwähnte den Verdacht von »westfälischer Nachbarschaftshilfe«. Bemerkenswert war, was die Gelsenkirchener Fußballer dazu geäußert haben sollen. »Die Argumente von Nigbur, der sich das Spiel von der Tribüne ansah, des mit einer Muskelzerrung in der Pause ausscheidenden Klaus Fichtel und des erneut überforderten Kapitäns Libuda lauteten: 'Profis verzichten doch nicht freiwillig auf eine Prämie von 1.000 Mark. Das Geschwätz von einem verkauften Spiel ist Unsinn!'« Bemerkenswert auch die Bemerkung des jugoslawischen Trainers Slobodan Cendic: »1.000 Mark Strafe für jeden Spieler, der nachweislich nicht seine volle Leistung gebracht hat. Seit der Bekanntgabe meiner Kündigung stimmt es in einigen Belangen nicht mehr, keine Disziplin, keine Lust am Training.« Und keine Moral, aber davon wußte der Coach in diesem Moment noch nichts.

Für Schalke war nach dieser Niederlage die Saison praktisch gelaufen. Es folgten nun Niederlagen in Serie. In Kaiserslautern verloren die Gelsenkirchener mit 1:2, dann zu Hause gegen Bayern München mit 1:3, in Oberhausen mit 1:4 und sensationell zu Hause gegen den abstiegsbedrohten Verein Kickers Offenbach mit 1:2. Ein Unentschieden am vorletzten Spieltag gegen Köln und ein Sieg in Bremen kamen zu spät. Als sechster schlossen die Schalker die Saison ab. Im UEFA-Cup spielten Hertha BSC, Eintracht Braunschweig und der Hamburger SV.

Deutscher Meister war Vorjahresmeister Borussia Mönchengladbach geworden, gefolgt von Bayern München.

Vom erfolglosen Trainer Cendic trennte sich der Verein und präsentierte als Nachfolger dessen Landsmann Ivica Horvat, der einst als Spieler selber Furore machte und mit der jugoslawischen Nationalmannschaft 1954 im Viertelfinale an der Fritz-Walter-Elf scheiterte. Horvat brachte dabei unglücklicherweise die deutsche Mannschaft auch noch durch ein Eigentor mit 1:0

in Führung. Dennoch schrieb der »Kicker« damals: »Horvat ließ sich kein einziges Mal (jawohl!) umspielen und nahm Ottmar jeden Kopfball weg.« Nebenbei: In der damaligen jugoslawischen Mannschaft spielten mit Branko Zebec, Ivica Horvat und »Tschik« Cajkovski gleich drei Männer, die sehr viel später überaus erfolgreiche Bundesligatrainer werden sollten.

Der Trainerwechsel soll im Einvernehmen mit Cendic stattgefunden haben. Als Grund wurde angeführt, man wolle einen Mann verpflichten, der die nötige Lizenz besitze. Cendic hatte lediglich den Trainer-B-Schein und nicht die vom Deutschen Fußball-Bund vorgeschriebene Qualifikation, als lizensierter Trainer einen Bundesligaklub zu führen.

Die Bombe platzte am 6. Juni 1971 um 12 Uhr mittags – einen Tag, nachdem die Bundesligasaison 1970/71 abgepfiffen worden war. Der Präsident des Absteigers Kickers Offenbach, Horst Gregorio Canellas, ein Südfrucht-Importeur, hatte zu seinem 50. Geburtstag geladen und drückte den Schalter eines geliehenen Telefunken-Tonbandgeräts. Das Band, das die verblüfften Geburtstagsgäste, unter ihnen Bundestrainer Helmut Schön, an diesem Tag vorgespielt bekamen, sollte den deutschen Fußball nachhaltig erschüttern.

Jemand nahm den Telefonhörer ab, es war der Kölner Torhüter Manfred Manglitz. »Manglitz.« Dann war die Stimme des schwer atmenden Canellas zu vernehmen: »Guten Abend Herr Manglitz. Herr Konrad hat gesagt, ich sollte mal anrufen.« Manglitz: »Ja, ja richtisch. Er wollte heute mittag mit mir spreschen, da hatte ich aber Besuch, da konnte ich nichts sagen. Jetzt bin ich allein, jetzt kann ich spreschen« – mit diesen Worten begann in der Villa des Unternehmers die Aufdeckung der größten Ungeheuerlichkeit in der Geschichte des deutschen Sports, der »Pubertätskrise des Geschäfts-Fußballs«, wie Helmut Schön später schrieb. Deutschland erlebte seinen »Bundesligaskandal«.

Vor dem letzten Spieltag hatte sich die Situation in der Abstiegszone der Liga dramatisch zugespitzt. Als einer der beiden Absteiger hatte lediglich Rot-Weiß Essen frühzeitig festgestanden; sowohl der Vorletzte Rot-Weiß Oberhausen als auch der Drittletzte Arminia Bielefeld hatten Chancen, die Klasse zu erhalten. Denn neben Kickers Offenbach war selbst Eintracht Frankfurt, nur einen Punkt von einem Abstiegsplatz entfernt, vom Absturz bedroht. Borussia Dortmund (13.) und der VfB Stuttgart (12.) hätten dank des besseren Torverhältnisses nur noch theoretisch absteigen können.

Das Bundesliga-Tabellenende nach dem vorletzten Spieltag, 29. Mai 1971:

	Tore	Punkte
10. Hannover 96	51:47	32:34
11. 1. FC Köln	42:54	31:35
12. VfB Stuttgart	47:49	28:38
13. Borussia Dortmund	52:58	28:38
14. Eintracht Frankfurt	38:52	28:38
15. Kickers Offenbach	47:61	27:39
16. Arminia Bielefeld	33:53	27:39
17. Rot-Weiß Oberhausen	53:68	26:40
18. Rot-Weiß Essen	47:65	23:43

Das Bundesliga-Tabellenende nach dem letzten Spieltag, 5. Juni 1971:

10. Werder Bremen	41:40	33:35
11. 1. FC Köln	46:56	33:35
12. VfB Stuttgart	49:49	30:38
13. Borussia Dortmund	54:60	29:39
14. Arminia Bielefeld	34:53	29:39
15. Eintracht Frankfurt	39:56	28:40
16. Rot-Weiß Oberhausen	54:69	27:41
17. Kickers Offenbach	49:65	27:41
18. Rot-Weiß Essen	48:68	23:45

Die schlechteste Ausgangslage schienen die Bielefelder zu haben, die im Berliner Olympiastadion gegen den Tabellendritten Hertha BSC anzutreten hatten, der bis dahin zu Hause noch nicht verloren hatte. Rot-Weiß Oberhausen mußte gegen Eintracht Braunschweig spielen. Die vermeintlich leichteste Aufgabe hatte Kickers Offenbach (gegen den 1. FC Köln). Die Hessen wären selbst bei einem Unentschieden nur dann abgestiegen, wenn Bielefeld gewonnen und gleichzeitig Oberhausen mit zwei Toren Unterschied die Braunschweiger geschlagen hätte. Es hätte also mit dem Teufel zugehen müssen... Es ging mit dem Teufel zu.

»Diese Bundesliga-Saison wird nicht in der Tabelle entschieden, sondern vor der Staatsanwaltschaft«, soll Canellas seinen Offenbacher Spielern vor dem Anstoß mit auf den letzten Weg gegeben haben. Er hatte längst durchschaut, welche geheimnisvolle Kraft in diesem Fußballjahr die Geschicke der Klubs beeinflußte. Doch noch behielt er sein Geheimnis für sich.

Es sah auch lange Zeit gut aus für seinen Verein. Zur Halbzeit lagen die Offenbacher Kickers in Köln mit 2:1 in Führung. Die Bielefelder, die in Berlin bis zu diesem Zeitpunkt immerhin ein torloses Unentschieden gehalten hatten, und besonders die Oberhausener, die mit 0:1 im Rückstand lagen, als sie in die Kabine schlichen, konnte scheinbar nur noch ein Wunder retten. Doch in der zweiten Halbzeit war es mit dem Offenbacher Glück vorbei. Oberhausens Torjäger Lothar Kobluhn erzielte gegen Eintracht Braunschweig den Ausgleichstreffer, und in Berlin traf Arminenstürmer Gerd Roggensack, dem schon gegen Schalke so überraschend der Siegtreffer gelungen war, zum 1:0 für die Gäste. »Schiebung, Schiebung« riefen die entrüsteten Berliner, doch die erste Heimniederlage ihrer Elf konnten sie mit ihren Schmährufen, die mehr als ein Körnchen Wahrheit enthielten, nicht verhindern. Kickers Offenbach hingegen verspielte noch den schon sicher geglaubten Klassenerhalt – drei Gegentore in 45 Minuten, am Ende unterlagen sie gegen den 1. FC Köln mit 2:4. Das bescherte ihnen den vorletzten Tabellenplatz und den Abstieg aus der Bundesliga.

Einen Tag später lauschte Canellas verdutzte Partygesellschaft den kölschen Ausführungen des FC-Keepers Manglitz vom Band: »Herr Konrad hat da was gesagt mit dem Jupp Kapellmann, ne? Der is mir was zu grün für die Sache«, plauderte der Torwart munter: »Der is 20 Jahre, und ich hab' nit gerne in soner Sache so jrüne Jungs. Die quatschen mir zuviel, wissen Se. Verstehen Sie das?« Dann die Stimme des Offenbacher Präsidenten: »Jetzt noch eine Frage, Herr Manglitz. Wenn das mit den 100.000, nehmen Sie einmal an, es klappt nicht, wie verbleiben wir dann?« »Äh, ja ich sehe nicht, warum es nicht klappen soll ... äh, äh, wie meinen Se das jetzt?« »Na ja, wenn wir also trotzdem verlieren.« »Dann kriegen Sie es selbstverständlich zurück.« »Kriege ich es zurück. Bitte, ich frage Sie nur. Also: Sie garantieren dafür mit einem Wort?« »Ja.« »Gut, Herr Manglitz.« »Passen Se auf. Auf der anderen Seite könnte ja, man weiß ja nie, wie die hier spielen oder was, ist Ihnen ja vielleicht auch mit einem Unentschieden geholfen, oder? Es könnte ja unter Umständen möglich sein, daß Ihnen mit dem Unentschieden auch schon geholfen ist.«

Canellas' Mannschaft wäre mit einem Unentschieden geholfen gewesen, doch der Deal kam so wenig zustande wie das Remis. In die Rolle des Spielkäufers hatte sich der Vereinsboß lediglich begeben, um Beweise für Schiebung im Abstiegskampf zu sammeln. Zum Nationalspieler Manglitz hatten Kontakte bestanden, seit der von den Offenbachern eine Siegprämie von 25.000 Mark erhalten hatte, nachdem die Kölner gegen Rot-Weiß Essen gewonnen hatten – eine Praxis, gegen die der DFB nichts einzuwenden wußte. Doch Manglitz war nicht der einzige, mit dem Canellas über mögliche Manipulationen sprach. Ebenfalls auf dem belastenden Band befanden sich Gespräche mit einem Herrn Lamers – einem Bekannten des Braunschweigers Lothar Ulsaß, Tasso Wild und Bernd Patzke – beides Spieler bei Hertha BSC.

Die Berliner waren vor ihrer letzten Partie gegen Arminia Bielefeld groß im Geschäft. Als würden sie um ihre Verträge pokern, versuchten sie das letzte Spiel der Saison so gewinnbringend wie möglich an den Mann zu bringen. Wechselweise verhandelten sie mit den Bielefeldern um eine Prämie für Niederlage und mit dem Offenbacher Canellas für Sieg. Wild: »Also, horchen's mal, ich hab' hier'n ganz duften Vorschlag.« »Ja?« »... weil's Offenbach ist. Ohne Kuhhandel hin und her, 140 und die Sache geht in Ordnung.« »140?« »Ja.« Canellas zu Tasso Wild: »Sagen Sie den Bielefeldern ab.« Wild: »Ich muß sagen, die ganze Mannschaft, auch der Bernie, die waren alle dafür, daß Offenbach drinbleibt.« »Daß Offenbach drinbleibt.« »Ja, weil die sagen, wir fahren doch lieber in den Süden runter als in den verdammten Westen rein. Und auch für uns, sagen wir mal, ist es so überhaupt kein Risiko.« »Für Euch kein Risiko, ja.« »Sie kennen's ja; wenn uns ein Gönner da Geld schenkt, na und Sieg, ja das ist doch das Beste!« »Ja.« »Da wird keiner betrogen, gar nichts.« »Ja, meinen Sie denn, daß die Bielefelder noch einmal überbieten und Sie dann umfallen?« »Nein ... äh, ich sage Ihnen das jetzt ganz offen. Aber ... ich sehe Sie, wenn da was rauskommt, gell!« »Da kommt doch nichts raus.« »220 bezahlen die.« »220.000.« »Ja.«

Später meldete sich Ulrich Lammers, Eintracht-Fan und befreundet mit Ulsaß, und teilte mit, Bielefeld hätte 20.000 Mark geboten »wenn wir Oberhausen schlagen«. Canellas bot mit.

Dann setzte er sich mit dem DFB-Sekretär Straub in Verbindung und bat um Rat. Der empfahl, erst einmal die letzten Spiele abzuwarten und erst dann eventuell in Aktion zu treten. Canellas drängte daraufhin, auch den Vorsitzenden des DFB-Kontroll-Ausschusses, Hans Kindermann, von seinen Ermittlungen unterrichten, doch der war angeblich im Urlaub. Dann informierte er seinen Vereinsvorstand. Der Plan, den die Offenbacher zwei Tage vor Ende der Saison ausheckten, sah vor, zwar nicht mitzuschmieren, jedoch zum Schein auf die Angebote der Spieler einzugehen. 140.000 Mark sollten den Berlinern Patzke und Wild präsentiert werden, 100.000 Mark dem Kölner Keeper Manglitz und 20.000 dem Braunschweiger Lammers. Verabredungsgemäß scheiterten alle drei Geldübergaben. Bielefeld allein bestimmte mit seinen Zahlungen den Ausgang der Spiele.

Gerd Roggensack wurde im entscheidenden Spiel von seinem Rechtsaußenjob entbunden und nun als Linksaußen eingesetzt, so daß der Berliner Patzke sein direkter Gegenspieler war. Roggensack schoß relativ ungehindert das Tor, welches seinem Verein zum Klassenerhalt genügte.

Doch die Bielefelder Freude über den geglückten Coup währte nicht besonders lange. Zunächst sah es zwar so aus, als begnügte sich der DFB mit einer Verurteilung des »Nestbeschmutzers« Canellas, als er diesen vor den Kontrollausschuß des Fußballverbands zerrte und ihm lebenslänglich untersagte, Vereinsämter zu bekleiden – obwohl Canellas immer bekundete: »Wir haben damals kein Spiel gekauft wie andere. Wir haben einmal eine Siegprämie bezahlt und das andere Mal der Hertha eine angeboten und sind zum Schein auf ein Angebot eingegangen, einen Sieg zu kaufen. Mehr nicht.«

Doch nach weiteren Canellas-Recherchen wurde langsam ruchbar, welche Dimensionen dieser Skandal bereits erreicht hatte. Nun schaltete sich »Chefankläger« Hans Kindermann, der zuvor so eifrig bemüht war, den Enthüller Canellas aus dem Verkehr zu ziehen (»Bilden Sie sich nicht ein, daß Sie auch nur ein Mosaiksteinchen aus dem DFB-Gebäude herausbrechen können«), in den Fall ein. Es wurde nachgeforscht, und es kam ans Tageslicht, daß mindestens 52 Bundesligaspieler, zwei Trainer und die Funktionäre der Vereine aus Oberhausen, Berlin, Offenbach und Bielefeld in den Bundesligaskandal verwickelt gewesen waren. »Streng genommen müßten außer dem Hamburger SV alle Vereine aus der Bundesliga ausgeschlossen werden«, befand der Bielefelder Rechtsanwalt Karl Lamker. »Denn irgendwie waren sie alle verstrickt.«

Irgendwann geriet auch Schalke 04 ins Visier der DFB-Detektive. Horst Gregorio Canellas hatte wenige Tage nach seiner Geburtstags-Überraschung darauf aufmerksam gemacht, daß ihn der Schatzmeister des Gelsenkirchener Fußballvereins, Heinz Aldenhoven, mit einem unmoralischen Angebot zu ködern versucht hatte. Es soll um das Spiel Schalke 04 gegen

Kickers Offenbach gegangen sein. Einige Tage vor dem für die Offenbacher so wichtigen Auswärtsspiel sei der Schalker mit Gladiolen für die Gattin des Klubchefs bei Canellas aufgetaucht.

Der „Spiegel« hat das Treffen der beiden Funktionäre rekonstruiert.

»Aldenhoven kam zur Sache. Es ging um zwei Spieler von Kickers Offenbach, die Zwillingsbrüder Erwin und Helmut Kremers.

'Ich will offen mit Ihnen reden. Wir haben mit den beiden Kremers schon einen Vorvertrag abgeschlossen. Nun würde ich Sie bitten, die beiden zu beeinflussen, nur zu uns zu kommen und nicht zu anderen Vereinen zu gehen.' Canellas schüttelte den Kopf: 'Ich weiß, daß die Zwillinge kreuz und quer durch Deutschland verhandeln. Aber ich sehe nicht ein, warum gerade ich Ihnen helfen soll. Ich habe im Moment andere Sorgen, ich muß sehen, daß meine Mannschaft nicht absteigt.'

Aldenhoven bohrte weiter: 'Ich respektiere Ihre Verärgerung. Ich kann verstehen, daß Spieler wie die Kremers-Zwillinge bei den Summen, die im Raum stehen, abgelenkt werden. Aber darum will ich Ihnen ja helfen. Offenbach kann bei uns gewinnen.'

Canellas horchte auf: 'Hören Sie mal, Sie sind das erste Mal in meiner Wohnung und sagen mir nun so etwas. Das hat doch einen Haken.'

Der Schalker: 'Ja, der Haken kommt jetzt. Die Sache würde so 100.000 Mark kosten.'

'Und was soll diese Summe? Soll sie von der Ablösesumme für die Zwillinge abgezogen werden?'

'Nein, nein, das ist nur für Ihren Sieg. Wir lassen Sie doch gewinnen. Das Geld müßte aber ich haben, möglichst in bar, da ich den Spielern was abgeben muß.'

Canellas lehnte ab. Aldenhoven kündigte an, noch einmal anzurufen. Dann begab er sich in die Wohnung der Brüder Kremers. Einige Tage später rief Erwin Kremers bei Canellas an: 'Boß, darf ich mit zwei Herren aus Bielefeld zu Ihnen kommen?

Es geht um unseren Vereinswechsel.' Canellas: 'Ich dachte, ihr wolltet zu Schalke?' Kremers lachte: 'Ach wo, Boß, jetzt gehen wir endgültig nach Bielefeld.'

Canellas rief sogleich Aldenhoven an: 'Hören Sie mal, das wird ja immer schlimmer. Die Zwillinge wollen jetzt nach Bielefeld.'

'Das biege ich ab.'

'Haben Sie denn soviel Einfluß auf die Bielefelder?'

'Den habe ich', prahlte Aldenhoven. 'Die machen doch, was ich will.'

Zwei Tage später las Canellas in der Zeitung: Bielefeld trat von der Verpflichtung der Kremers-Zwillinge zurück.

Noch einmal meldete sich Aldenhoven telephonisch bei Canellas: 'Ich möchte kommen und das Geld abholen, ich denke, es ist jetzt alles okay. Der Siebert hat mich zwar gewarnt, ich sollte mich nicht von Canellas übers Ohr hauen lassen, aber ich kenne Sie ja besser.'

Bei diesem Anruf hatte Canellas Zeugen: außer seiner Frau noch den Geschäftsführer Willi Konrad und Offenbachs Trainer Kuno Klötzer. Canellas verbat sich Aldenhovens Besuch, da 'es kein Geld gibt'.«

Nach Informationen des Magazins soll Aldenhoven – Schalke 04 verlor auch ohne Geldzuwendungen aus dem Süden mit 1:2 – noch nach den Canellas-Enthüllungen vom 6. Juni von Schalke die 100.000 Mark gefordert haben. »Canellas erklärte ihn für verrückt.« Aldenhoven dementierte, den Versuch unternommen zu haben, ein Spiel zu »verschaukeln«, es sei Canellas gewesen, der für zwei Punkte einen der Kremers-Zwillinge angeboten habe.

Aus diesem Grund konnte auch nicht das Spiel gegen Offenbach den FC Schalke später in Bedrängnis bringen – es war das Spiel gegen Arminia Bielefeld, das den Schalkern erneut den Titel »Skandalklub« und später »FC Meineid« einbringen sollte. Doch vorerst ahnte noch niemand etwas von den dunklen Geschäften der Schalker.

Am 10. Juni 1971 hatte Kindermann mit seinen Ermittlungen begonnen, bereits sieben Tage später erhob der DFB-Kontrollausschuß Anklage gegen Manglitz, Patzke und Wild, gegen den Verein Kickers Offenbach und dessen Präsidenten Canellas (»er hat die Affäre selbst inszeniert«).

Am 2. Juli dann erklärte der in Köln lebende Spielervermittler Peter Georg Friesdorf eidesstattlich, der Verein Rot-Weiß Oberhausen habe seinen Sieg in Köln gekauft. Und schon im Juli wurde Anklage gegen den Klub erhoben. Manfred Manglitz, vom 1. FC Köln bereits gefeuert, wurde auf Lebenszeit gesperrt, ebenso Tasso Wild von Hertha BSC. Bernd Patzke entzog der Verband für zehn Jahre die Lizenz. Urteile, die zum Teil bereits nach kurzer Zeit wieder revidiert wurden: Wild und Patzke sollten nur zwei Jahre aussetzen müssen.

Als am 14. August 1971 die ersten Spiele der neuen Saison angepfiffen wurden, beeinträchtigten die Ermittlungen des Fußball-Bundes die Spiele kaum: Arminia Bielefeld war dabei, Rot-Weiß Oberhausen und natürlich auch der FC Schalke 04. Bielefeld und Oberhausen trafen sogar gleich am erste Spieltag aufeinander – den Oberhausenern gelang ein 1:0-Auswärtserfolg. Geld soll vor dem Spiel nicht geflossen sein.

Schalke trat mit einer »Fohlenmannschaft« in Hannover an. Die Kremers-Zwillinge (22 Jahre alt) hatten den Verein verstärkt und ergänzten nun den Schalker »Kindergarten«, der voller Talente war. Gegen Hannover 96 spielten mit Huhse und Holz zudem zwei 18jährige im Trikot der Königsblauen. Mit 5:1 besiegten sie die Niedersachsen und machten damit auf sich und insbesondere ihren Mittelstürmer Klaus Fischer aufmerksam, der das Kunststück fertigbrachte, viermal in einem Spiel zu treffen, davon dreimal hintereinander (in der 76., 78., und 88. Minute).

Es schien, als hätte sich Günter Sieberts Praxis, mit jungen Spielern zu arbeiten, ausgezahlt. »Das Rezept ist einfach«, erklärte er. »Ich bin von der Tatsache ausgegangen, daß wir nicht das nötige Kleingeld haben, um uns teure Stars leisten zu können. Also haben wir fast ausschließlich junge, talentierte

Nachwuchsleute verpflichtet.« Vier Jahre war der egozentrische Präsident (»Wo lebt Günter Siebert? Im Herzen aller Schalker!«) nun im Amt, und in der juvenilen Mannschaft standen mit Fichtel und Libuda (A-Nationalmannschaft), Nigbur, Sobiray, Rüssmann, Scheer, Lütkebohmert, Helmut und Erwin Kremers und Fischer (Juniorennationalmannschaft), sowie den beiden ehemaligen Jugendnationalspielern Holz und Huhse zwölf Auswahlspieler des DFB.

Es wurde für die Überraschungsmannschaft ein Start nach Maß. Am zweiten Spieltag merkten die Schalker zudem, daß auch noch Reinhard Libuda bei ihnen mitspielte. Gegen den MSV Duisburg fummelte er wie zu seinen besten Zeiten. Obwohl die Schalker nicht gerade zu überzeugen vermochten, gewannen sie mit 2:0. Beide Tore hatte der kleine Dribbelkönig (1,72 Meter groß, 69 Kilo schwer) geschossen. In der 39. Minute hatte er nacheinander seine Gegenspieler Bella, Linßen und Riedel aussteigen lassen und aus 18 Metern in den Winkel geknallt. Und zwei Minuten vor Schluß schnappte er sich am eigenen Strafraum den Ball, trieb ihn über das gesamte Spielfeld, verlud den Duisburger Pirsig, danach MSV-Torwart Danner und schoß den Ball ins leere Tor.

Im »Sport-Beobachter« vom 23. August 1971 sah sich Harald Landefeld zu einem offenen Brief an Bundestrainer Helmut Schön genötigt:

»Sie kennen meine Einstellung in Sachen Reinhard Libuda? Selbst auf die Gefahr hin, Sie damit zu langweilen; nochmals: 'Stan' ist ein gottbegnadeter Fußballer. In Mexiko vor einem Jahr sahen wir jedes Training der deutschen Nationalelf. Nicht einer aus der Mannschaft konnte einen Libuda stoppen, wenn er am Ball war. So erlebte der Schalker dann auch die Krönung seiner Laufbahn im Spiel gegen Bulgarien, das er ganz allein gewann. Er war es auch, der uns durch sein entscheidendes Tor gegen Schottland in Hamburg überhaupt nach Mexiko geschossen hatte. Kein anderer als sein berühmter Vorgänger auf dem Rechtsaußenposten, nämlich Helmut Rahn, hat damals über

Libuda gesagt: 'Der kann am Ball und im Dribbling mehr, als ich je gekonnt habe.'

Und ist dennoch kein Rahn und wird nie einer werden! Das braucht trotzdem nicht gegen den 'Stan' zu sprechen oder gegen ihn ausgelegt zu werden. Stan ist einer, der ständig zwischen 'Himmelhochjauchzend-Zutodebetrübt' schwankt, einmal wie ein Mann absoluter Weltklasse, dann wieder wie ein Anfänger spielt. Ein gütiges Schicksal hat ihm alles in die beiden Füße gelegt, in seinen Charakter, der die Gut- und Kleinmütigkeit eines Kindes hat, weniger. Der Reinhard kann einfach keinem etwas zuleide tun.

Gottlob ist er seit einem Vierteljahr, etwa genau von dem Zeitpunkt an, wo ihn Helmut Schön geschnitten hat, ruppiger, selbstbewußter geworden. Libuda war der einzige neben Rolf Rüssmann, der in Schalkes tiefster spielerischer Krise gegen Ende der Saison ständig eine '2' bekommen hat.

Langer Rede kurzer Sinn: Bitte, Helmut Schön, noch einmal eine Chance für den Stan! Wissen wir doch beide, was er für den deutschen Fußball wert sein kann.«

Nachdem die Schalker am vierten Spieltag den 1. FC Köln gleich mit 6:2 bezwangen, standen sie mit 8:0 Punkten an der Spitze der Tabelle. Auch in diesem Spiel wurde Libuda eine herausragende Leistung bescheinigt. Er »wirbelte wie in seinen besten Tagen. Ganz gleich, wer sich ihm in den Weg stellte, auch der schnellste Kölner, der sonst Stürmer spielende Kapellmann konnte ihn nicht bremsen«, jubelte die »Westdeutsche Allgemeine«, die die Wiederkehr des Fußballhelden schon nahen sah. Doch es kam – wieder einmal – ganz anders.

Gegen Frankfurt (0:1) und Dortmund (1:0) spielte er noch zweimal, dann setzte ihn erneut eine rätselhafte Krankheit außer Gefecht. »Ist Libuda verletzt, oder hat er Sorgen mit seiner Familie« fragte die »Bild«, all die Gerüchte aufwärmend, die dem Schalker bereits in der Vergangenheit so zu schaffen gemacht hatten. »Jahrelang hatte er kaum Konkurrenz auf dem Rechtsaußenposten«, berichtete das Blatt. »Jetzt hockt er wie ein Einsiedler zu Hause und begreift die Welt nicht mehr. Wieder einmal gibt es Rätselraten um Schalkes Nationalspieler Reinhard 'Stan' Libuda (27). Seit vier Wochen sitzt der Ruhrpott-Liebling auf der Reservebank, während seine Truppe von Erfolg zu Erfolg eilt. Verletzt – heißt die eine Version. Der 'Stan' ist krank, sagen andere. Aber hinter der vorgehaltenen Hand wird geflüstert: Der 'Stan' hat familiäre Sorgen.

Obwohl die Mannschaft an der Tabellenspitze der Bundesliga steht, gibt es als Antwort nur Kopfschütteln im Schalker Vorstand, wenn von Libuda die Rede ist. Präsident Günter Siebert: 'Der Junge ist ein Rätsel geworden. Laufend zieht er sich Verletzungen zu. Er hat aber auch ein verdammtes Pech. Wir können nur hoffen, daß er bald wieder fit ist.'

Von den familiären Sorgen aber will niemand etwas hören. Siebert: 'Alles nur Gerüchte. Natürlich, Ärger gibt es überall. Aber im normalen Rahmen. Das kommt schließlich in den besten Familien vor.'

Reinhard Libuda aber wird heftig, wenn er darauf angesprochen wird: 'Das ist eine Unverschämtheit, wie sich die Leute darüber das Maul zerreißen. Mir hat man sogar auf den Kopf zugesagt: Meine Frau sei mit 30.000 Mark durchgegangen. Das ist der größte Blödsinn, den ich je gehört habe. Meine Frau ist zu Hause. Sie sitzt neben mir.'« In Gelsenkirchen sähe man Libuda nur noch beim Training, sonst habe er sich vollkommen zurückgezogen. »Ich kann das Gerede nicht mehr haben. Die Leute glauben mir ja bald meine Verletzung nicht mehr...«

Bedrohlicher als seine Formschwankungen und Verletzungen sollte für die Zukunft des Fummlers allerdings etwas werden, was sich im Oktober im nahen Bielefeld zusammenbraute. Lange konnte der des Torekaufs beschuldigte Verein (nun wurde auch bekannt, daß ein Spiel gegen den VfB Stuttgart verschoben worden sein soll) seine Verteidigungsstrategie nicht aufrechterhalten. Zu erdrückend waren die Beweise. Nun brach die Mauer aus Lügen und Vertuschungen in Ostwestfalen zusammen.

Das schlimmste Wochenende des Jahres war für Libuda das des 22. und 23. Oktobers. Erst verloren die Schalker in Mönchengladbach sensationell hoch mit 0:7. Libuda, der ein miserables Spiel machte und sich immer wieder an der Borussenabwehr festlief, wurde öffentlich ausgelacht. Dann bezichtigte sich der Vorstand von Arminia Bielefeld selbst, Spielbetrug begangen zu haben.

In der Erklärung, die der Bielefelder Präsident Wilhelm Stute in einer Pressekonferenz verlas, hieß es:

Der DSC Arminia hat sich Verfehlungen zuschulden kommen lassen. Er ist bereit, die Konsequenzen dafür zu tragen. Er weigert sich aber, inmitten einer Landschaft von Skrupellosigkeit als alleiniger oder der Schuldige hingestellt zu werden. Er wird alles in seinen Kräften stehende tun, um die Wahrheit der Bundesliga ans Licht zu bringen. Er wird erklären, welche Spieler von Eintracht Braunschweig und Hertha Berlin Gelder erhielten, und wer davon wußte. Er wird erklären, welche Spieler von Schalke 04 Geld erhalten haben. Er wird ferner alles tun, um die Hintergründe der Spiele von Rot-Weiß Oberhausen zu klären. Er wird alles tun, um das sensationelle 7:0 von Bayern München gegen den FC Köln zu erklären, als Manglitz das Tor hütete, und er wird überprüfen, ob nicht seit einiger Zeit Spieler des FC Köln in schlechter nervlicher Verfassung sind.

Nun steckte auch Schalke 04 im Bestechungs-Sumpf. Die Gerüchte, daß das Spiel gegen Bielefeld gekauft worden war, erhärteten sich, als der Bielefelder Spieler Jürgen Neumann, der in einigen Fällen als Geldbriefträger fungiert hatte, gegenüber der »Bild«-Zeitung exklusiv erklärte, die Schalker hätten 40.000 Mark für die freiwillige Niederlage erhalten. Später bestätigte der Spielerbetreuer der Arminia, Franz Greif, die Neumann-Version. Slomiany, den sie in Gelsenkirchen so liebevoll »Waldi« genannt hatten und der erst zu Saisonbeginn 70/71 nach Bielefeld gewechselt war, habe das Geld erhalten und gemeinsam mit Schalke-Spieler Klaus Senger, der an dem fraglichen Tag allerdings gar nicht mitgespielt hatte, unter den blauweißen Kickern verteilt. Dann hätten Libuda, Fichtel, Rüssmann, Fischer, Lütkebohmert, Sobiray, van Haaren und Wittkamp den »Judas«-Lohn brüderlich unter sich aufgeteilt.

Die Beschuldigten dementierten sofort erbost, und zum Zeichen ihres reinen Gewissens verklagten sie Neumann »auf Widerruf« vor dem Landgericht Essen. Das war nicht besonders schlau von den Ballvirtuosen, denn nun kam die Fußballsache vor ein ordentliches Gericht. Die Schalker mußten aussagen, gegebenenfalls »unter Eid«.

Bereits am Dezember 1971 stellte der Bielefelder Rechtsanwalt Dr. Karl Lamker einen »Klageabweisungsantrag«. Er begründete: »An einem Montag oder Dienstag nach dem Spiel Schalke 04 / Arminia Bielefeld hat der Beklagte (also Jürgen Neumann, Anm.) mit den Lizenzspielern Slomiany und Klein (von Arminia Bielefeld) in der Gaststätte 'Schultheiß' in Bielefeld gesessen. Bei dem dort stattgefundenen Gespräch hat Slomiany dem Beklagten (Neumann) und dem Zeugen Klein gegenüber eine klare Andeutung gemacht, aus der entnommen werden mußte, daß das Spiel Schalke 04 gekauft sei und alle Spieler Geld bekommen hätten und er selbst das Geld nach Schalke überbracht habe, nachdem es ihm von dem Herrn Greif des DSC Arminia zu diesem Zwecke übergeben worden sei.«

Erhärtet würde »vorstehender Vortrag« durch »folgende Tatsache«: »Am Donnerstag vor dem Spiel Schalke 04 / Arminia Bielefeld hat der Zeuge Slomiany zu dem Zeugen Klein gesagt, daß das Spiel Schalke 04 / Arminia Bielefeld gekauft sei bzw. manipuliert sei und auf dem Tototippzettel man ohne weiteres eine 'zweier Bank' setzen kann. Dieses hat der Zeuge Klein an den Beklagten (Neumann) weitergegeben, so daß der Zeuge Klein und der Beklagte (Neumann) gemeinsam getippt und das Spiel Schalke mit einer '2' angesetzt haben.«

»Waldi« habe daraufhin die Möglichkeit eines kleinen Nebenverdienstes erkannt: »Der Zeuge Slomiany hat mit einigen Spielern des DSC Arminia Bielefeld Wetten dahingehend abgeschlossen bzw. angeboten, daß er das Spiel Arminia Bielefeld im Verhältnis 2:1 wetten würde. Der Inhalt der Wette ging dahin, wenn Arminia das Spiel gewinne, jeder Wetter an Slomiany 100,– DM zahlen müsse und wenn Schalke 04 das Spiel gewinne, er jedem Wetter 200,– DM zahle.«

Des weiteren habe der Bielefelder Klein eine Unterredung mit dem Schalker Angreifer Klaus Fischer während des umstrittenen Spiels zu Protokoll gegeben. Als Lütkebohmert in der ersten Halbzeit den Ball an den Pfosten knallte, habe der entgeisterte Klein, der ja schon eine »2« für Auswärtssieg getippt hatte, Klaus Fischer gefragt: »Macht der denn nicht mit und spielt der gegen uns?« Worauf Fischer erklärt haben soll: »Solange der an den Pfosten schießt, geht es ja noch.«

Außerdem: »Auch der Vorsitzende des Schalke 04 (also Günter Siebert, Anm.) und der Schatzmeister Aldenhoven sollen über die Manipulierung unterrichtet worden sein. Unterrichtet könnte hier auch möglicherweise als beteiligt angesehen werden.«

Die beiden widersprachen dieser Behauptung.

Während sich die Juristen nun mit den Geschehnissen der vergangenen Saison beschäftigten, spielten die Schalker erfolgreicher denn je. Bayern München bezwangen sie in Gelsenkirchen mit 1:0 und gingen mit drei Punkten Vorsprung als »Herbstmeister« in die Winterpause.

Doch die Schalker Himmelsstürmer waren mittlerweile ziemlich nervös geworden. Es deutete sich an, daß Dieter Burdenski, der an jenem Tag im Tor der Schalker gestanden hatte und mittlerweile bei Arminia Bielefeld spielte, möglicherweise auspacken könnte. Die Staatsanwaltschaft in ihrer Klageschrift: »An einem datumsmäßig nicht bekannten Tag, jedoch in der Woche vom 25./30.10.1971, hielt sich ... Burdenski in der Geschäftsstelle des FC Schalke auf, wo er den Angeschuldigten Siebert traf.« Siebert habe mit ihm über eine eventuelle Verpflichtung gesprochen. »In diesem Zusammenhang berichtete der Zeuge Burdenski dem Angeschuldigten Siebert, daß er von Pohlschmidt (Schalke 04, Anm.) etwa DM 2.300,– erhalten habe und daß u.a. die Angeschuldigten (Schalke-Spieler) Sobiray und Galbierz zugegen gewesen seien.«

Doch gefährlicher noch war Waldemar Slomiany für seine

Schalker Kumpels. Am 28. Februar, so die Staatsanwaltschaft, sollen die aufgeregten Spieler Senger und Wittkamp verzweifelt versucht haben, Dieter Burdenski zu erreichen. Zweimal hob dessen Mutter Dora den Hörer ab, beim drittenmal klappte der Kontakt. Wittkamp soll Burdenski klarzumachen versucht haben, daß Slomiany »ein entscheidender Mann« sei; »wenn er den Mund halte, komme nichts heraus: ... Slomiany brauche Geld; insgesamt solle er DM 130.000,– oder 150.000,– erhalten, ... Burdenski solle sich mit DM 15.000,– beteiligen. Am 29.2.1972 holte ... Wittkamp dann bei Dora Burdenski DM 10.000,– ab. Dabei bemerkte er, alle müßten zahlen; für die, die nicht flüssig seien oder gerade kein Geld auftreiben könnten, sprängen andere ein.«

Nun besorgten die Mitglieder der Solidargemeinschaft emsig Geld: »Der Angeschuldigte Lütkebohmert ließ am 28.2.1972 durch seine Mutter, die Zeugin Maria Lütkebohmert, von seinem Konto Nr. 2172 der Spar- und Darlehenskasse Heiden einen Betrag von DM 11.270,– abheben. Der Angeschuldigte Fischer nahm am 28.2.1972 bei der Kreissparkasse Regen, Hauptzweigstelle Zwiesel, einen Kredit von DM 15.000,– auf. Der Angeschuldigte Sobiray hob am 29.2.1972 von seinem Konto Nr. 844281/60 bei der Commerzbank Gelsenkirchen-Buer DM 11.000,– und DM 8.000,– ab.«

In Bielefeld wurden derweil zwei Quittungen sichergestellt, versehen mit den Unterschriften »Jansen« und »Barkmann«. Arminia-Präsident Stute erklärte, das sei die »buchtechnische Absicherung eines am 14.4.1971 abgehobenen Betrages von 40.000,- DM« gewesen, »der für die Beeinflussung des Spieles FC Schalke ./. DSC Arminia Bielefeld vom 17.4.1971 verwendet und dem Angeschuldigten Slomiany zur Weiterleitung an die Schalker Spieler übergeben worden sei«, so die Staatsanwaltschaft Essen. Slomiany habe diese Darstellung jedoch in Abrede gestellt.

Sein Schweigegeld hingegen dürfte er in der Zwischenzeit erhalten haben, denn nun gab er, wie die Ermittler notierten, eine neue Version zum besten:

»Später soll er – Presseberichten zufolge – geäußert haben, er habe den Betrag zwar bekommen, jedoch für sich behalten und nicht an die Schalker Spieler weitergegeben.«

Doch das Schweigen wurde gebrochen. Als der junge Dieter Burdenski am 5. April 1972 vernommen wurde, gestand er, 2.300,– Mark erhalten zu haben. Er, der an diesem Tag ein erstaunlich gutes Spiel gemacht hatte, versicherte jedoch glaubwürdig, er habe erst nach dem Spiel unter der Dusche erfahren, daß die Bielefelder 30.000,– Mark gezahlt hätten, »und daß das Geld am gleichen Abend im Löwenpark verteilt worden sei«.

Langsam packte die ehemaligen Kollegen Verzweiflung. »Nachdem ihnen zugetragen worden war, daß der Zeuge Burdenski 'ausgepackt' hätte, erschienen in der Nacht zum 7.4.1972 gegen 2 oder 3 Uhr Senger und Wittkamp mit ihren Ehefrauen sowie Slomiany in 2 Fahrzeugen bei Burdenski, um zu erfahren, was der Zeuge im einzelnen ausgesagt hatte. Wittkamp hatte die Bielefelder Anschrift des Zeugen Burdenski zuvor bei Dora Burdenski erfragt. Während die Ehefrauen der Angeschuldigten Senger und Wittkamp in dem einen Fahrzeug saßen und weinten, unterrichtete in dem anderen Wagen Burdenski die Angeschuldigten.«

Mittlerweile türmten sich die Akten. Vor dem Spiel, so die Staatsanwälte, soll es zu einem Treffen zwischen Bielefeldern und Schalkern gekommen sein. »An dem verabredeten Gespräch, das im 'Tribünenstübchen' der 'Glück-Auf-Kampfbahn' stattfand, nahmen von Bielefelder Seite neben (Trainer Egon) Piechaczek (Vorstandsmitglied) Pieper, auf Schalker Seite außer (Präsident) Siebert der (Schatzmeister) Aldenhoven teil.«

Im Verlauf des Gesprächs, in dem es um das Bielefelder Interesse am Schalker Torhüter Dieter Burdenski ging, soll Pieper in Aussicht gestellt haben, »Burdenski zu übernehmen, wenn man von Schalke einen Punkt bekomme; in diesem Falle könne Schalke auch die Ablösesumme, die normalerweise bei DM 80.000,- liege, selbst festsetzen«. Siebert soll jedoch entgegnet haben, »der Schalker Vorstand wolle davon nichts wissen, bei Bielefeld spiele doch der frühere Schalker Spieler ... Slomiany; der solle das mit den Jungen, d.h. mit der Schalker Mannschaft, unmittelbar regeln«, er selbst werde im Falle irgendeiner Absprache mit Slomiany »nichts unternehmen, das sei allein Sache der Spieler«.

Siebert und Aldenhoven bestritten jedoch diese Darstellung. Siebert: »Ich habe dann noch gesagt, man könne ja den Spieler Slomiany fragen, der kenne unsere Spieler und wisse auch, daß unsere Spieler so etwas nicht machen würden.« Und Aldenhoven konnte sich in seiner Aussage lediglich daran erinnern, daß er erst gekommen sei, »als man sich auf eine Ablösesumme von 120.000,- DM geeinigt hatte«.

Als die Gespräche fruchtlos blieben, so die spätere Rekonstruktion, schickte das Bielefelder Vorstandsmitglied Pieper seinen Vermittler Slomiany zur Schalker Mannschaft. Der soll dann nach seiner Rückkehr aus Gelsenkirchen erklärt haben, er habe mit Libuda, Wittkamp und Fichtel gesprochen, »es würden 40.000,- DM benötigt«.

Der Betrag wurde unmittelbar vor dem Anpfiff an Waldemar Slomiany übergeben.

Soweit die Darstellung.

Für die Schalker ginge es jetzt um Kopf und Kragen, befanden die Bielefelder Juristen Karl Lamker und Karl-Dietrich Hüffmann gegenüber dem »Spiegel«. Doch hatten die Advokaten eine stille Hoffnung: »daß Fußballspieler von Haus aus alle so doof sind, daß man sie im Rahmen einer Beweisaufnahme nagelt, und dann wissen sie nicht mehr ein noch aus und verplappern sich.«

Die mutmaßlichen Gelsenkirchener Skandalsünder jedoch schwiegen eisern und hielten sich in ihren Vernehmungen wakker an die abgesprochene Version. Schornsteinfeger Klaus Senger etwa, nachdem ihm die Aussage seines ehemaligen Mannschaftskameraden Dieter Burdenski vorgelesen wurde:

»Das soll der Budde ausgesagt haben. Das gibts doch gar nicht. Ich habe den Budde, seitdem ich von Schalke fort bin, nie wieder getroffen. Das ist das Größte, was ich je gehört habe. Das hat Budde wirklich gesagt?

Ich habe mit Budde nicht, wie er behauptet, darüber gesprochen. Ich habe nicht gesagt, daß ich Geld erhalten habe. Wieso soll ich darüber sprechen, wenn ich kein Geld bekommen habe? Ich habe Budde auch nicht erzählt, daß ich viel Ärger gehabt hätte, weil ich Geld genommen hätte. Ich weiß nicht, wann ich mit Budde gesprochen haben soll. Ich habe nichts davon gesagt, daß die Manipulation nicht bekannt würde, wenn wir zusammenhielten.

Frage: Herr Senger, ist das die reine Wahrheit, würden Sie das jederzeit beeiden?

Antwort: Ja.«

Die Vorwürfe gegen die Schalker häuften sich, nachdem immer mehr Bielefelder Spieler vernommen worden waren. Nach der Aussage des Bielefelder Verteidigers Horst Stockhausen etwa ergab sich folgendes Bild:

»Als trotz Bielefelder Überlegenheit zählbare Erfolge ausblieben, sprach der in der Bielefelder Mannschaft eingesetzte Zeuge Stockhausen – der aus verschiedenen Umständen entnommen hatte, daß Geld nach Schalke geflossen war – zu Beginn der 2. Halbzeit seinen Gegenspieler – den Angeschuldigten – Libuda mit den Worten an, wenn nicht bald ein Tor falle, müßten die Schalker das Geld zurückzahlen.

Im weiteren Verlauf der zweiten Spielhälfte äußerte der Zeuge Stockhausen gegenüber dem Angeschuldigten Libuda sinngemäß: 'Ich kann das nicht mehr mit ansehen; ich gehe jetzt vor und mache ein Tor!' Daraufhin antwortete der Angeschuldigte Libuda sinngemäß: 'Das kannst Du ruhig machen; wir bringen sowieso nichts mehr!'

Als noch etwa 10 Minuten zu spielen waren, wandte sich der Zeuge Stockhausen erneut an den Angeschuldigten Libuda und äußerte etwa, so gehe es nicht weiter, sie (die Bielefelder) müßten jetzt einen Elfmeter machen. Daraufhin riet der Angeschuldigte Libuda, der Zeuge möge doch zu dem in der Schalker Abwehr spielenden Wittkamp gehen. Noch während sich der

Zeuge Stockhausen auf dem Weg zu dem Angeschuldigten Wittkamp befand, fiel das 1:0 für den DSC Arminia Bielefeld.«

Doch auch Libuda, das erste Mal am 13.4.1972 vom Amtsgericht Gelsenkirchen eidlich vernommen, log hartnäckig. Er wisse von nichts:

»Der Zeuge erklärte: Ich bin zur Aussage bereit. Der Zeuge ist weiter darauf hingewiesen worden, daß in einem staatsanwaltschaftlichen Ermittlungsverfahren – im Gegensatz zur Sportgerichtsbarkeit des DFB – die Möglichkeit richterlicher Vernehmung und Beeidigung besteht.

Mit dem Gegenstand der Vernehmung vertraut gemacht, erklärte der Zeuge:

An dem Bundesligarückrundenspiel Schalke 04 gegen Arminia Bielefeld habe ich als Rechtsaußen teilgenommen. Eine Durchsicht der Spielkritiken würde ergeben, daß ich an diesem Tage einer der Besten war. Unsere Mannschaft befand sich damals in einer Krise, so daß wir mehrere Spiele verloren, die wir eigentlich gar nicht verlieren durften, wenn man nach der Papierform geht.

Über Manipulationen oder geldliche Zuwendungen im Zusammenhang mit dem Spiel gegen Bielefeld ist mir nichts bekannt. Alles, was ich weiß, weiß ich aus der Zeitung und sonstigen Publikationsorganen.

Frage: Sie haben im Zusammenhang mit dem Spiel gegen Bielefeld also keinerlei Geldzuwendungen erhalten?

Antwort: Nein. Ich hätte auch kein Geld genommen, wenn man mir etwas angeboten hätte. Auf so etwas lasse ich mich nicht ein.

Frage: Haben Sie Geld erhalten und zurückgezahlt?

Antwort: Nein.

Frage: Ist Ihnen etwas davon bekannt, ob andere Mannschaftsmitglieder oder Ersatzspieler Zuwendungen erhalten haben?

Antwort: Ob andere etwas bekommen haben, interessiert mich nicht. Von Geld war nicht die Rede.

Auf nochmaligen eindringlichen Vorhalt: Ich weiß wirklich nichts davon, ob irgend jemand aus unserer Mannschaft Geld bekommen hat. (...) Als Schalke wegen des Bundesligaskandals ins Gerede kam, wurden wir praktisch von der Öffentlichkeit dahin gedrängt, gegen Neumann zu klagen. Dazu hat uns auch der Rechtsanwalt Becker geraten. Im Verlaufe des Prozesses erklärte Rechtsanwalt Becker dann, Slomiany habe zugegeben, das Geld unterschlagen zu haben. Er hat uns dann geraten, den Prozeß auf sich beruhen zu lassen. Wir waren darüber sehr froh, weil wir vom Gericht sowieso nichts verstehen und uns lieber auf Meisterschaft und Pokal konzentrieren wollten. (...)

Frage: Ist innerhalb der Mannschaft mal abgesprochen worden, was man hier aussagen soll?

Antwort: Innerhalb der Mannschaft? Ich kann immer nur betonen: Wir spielen, wir trainieren und dann fahren wir meistens nach Hause.

Frage: Haben Sie irgendwelche Schweigegelder an Slomiany gezahlt?

Antwort: Wenn ich nichts gemacht habe, brauche ich auch keine Schweigegelder bezahlen. (...)

Auf Vorhalt: Was soll ich dazu sagen! Ich weiß davon nichts. Da kann ich auch nichts zu sagen. Soweit Slomiany angeblich behauptet hat, er habe mit mir über eine Manipulation gesprochen, ist das eine glatte Lüge. Ich weiß davon nichts.

(...)

Gelsenkirchen, den 13.04.1972«

In einer späteren Vernehmung vor dem Amtsgericht mochte Libuda sich auch an die Unterhaltungen mit Stockhausen nicht erinnern:

»Es kann stimmen, daß in dem Spiel Schalke 04 gegen Arminia Bielefeld der Zeuge (Horst, Anm.) Stockhausen mein unmittelbarer Gegenspieler war. Wenn mir jetzt die Aussage des Zeugen Stockhausen, er habe während der ersten Halbzeit zu mir gesagt, wenn wir nicht bald ein Tor schössen, müßten die Schalker das Geld zurückzahlen, vorgehalten wird, so kann ich nur sagen, daß das nicht stimmt. Ich habe mit Stockhausen überhaupt nicht gesprochen. Ich halte die Darstellung von Stockhausen für gelogen.

Auch wenn mir die weitere Aussage des Zeugen Stockhausen, die er in der zweiten Halbzeit mir gegenüber gemacht hat, vorgehalten wird, so kann ich nur sagen, daß auch diese Darstellung von Stockhausen nicht stimmt. Ich unterhalte mich grundsätzlich nicht mit den mir gegenüber stehenden Verteidigern. Ich habe mich nicht gegenüber Stockhausen geäußert, ich habe mich nicht mit ihm unterhalten. Die Antworten, die ich Stockhausen gegeben haben soll und von denen Stockhausen in seiner Vernehmung vom 3.5.1972 berichtet, habe ich nicht gegeben. Ich habe schon einmal erwähnt, daß ich mich mit meinem Gegenspieler während eines Spiels nicht unterhalte.«

Libuda saß in der Klemme. Immer mehr Beweise für den Betrug legten DFB-Ermittler, Staatsanwälte und Journalisten vor, doch aus Angst vor einer Strafe wegen Meineids und Betrugs und auch aus Solidarität gegenüber den anderen »Sündern« blieb ihm nichts anderes übrig, als den Betrug weiter zu leugnen. »Die Gefahr, bei einer wahrheitsgemäßen Aussage ihren Beruf als Fußballspieler zu verlieren, bereitete ihnen die größte Angst«, erkannten die Staatsanwälte. »Es läßt sich aber nicht ausschließen, daß sie daneben nunmehr noch stärker als früher von der Vorstellung geleitet wurden, daß sie sich durch ihre Teilnahme an der Manipulation des Spiels auch strafbar gemacht hätten.« Der DFB drohte mit Lizenzentzug – das wäre einem Berufsverbot gleichgekommen.

Dabei war Libuda in der Bestechungs-Affäre zwar Kapitän der Schalker Mannschaft, aber beileibe nicht eine treibende Kraft gewesen. Selbst die wegen Meineids ermittelnde Essener Staatsanwaltschaft hielt die Schalker nicht für ausgekochte Betrüger, sondern eher für leichtsinnige Knaben, die an einen Dumme-Jungs-Streich glaubten, dann unsicher wurden und später, als das Geld schon da war, nicht mehr »nein« sagen konnten.

»Es läßt sich nicht ausschließen, daß damals Schalker Spielern, darunter auch den Angeklagten, bereits bekannt war, daß abstiegsbedrohte Vereine den Ausgang von Bundesligaspielen durch Zahlung von Verlustprämien an Spieler gegnerischer Mannschaften verfälschten. In der Woche vor dem Spiel vom 17.04.1971 kam Slomiany nach Gelsenkirchen und schlug einigen Schalker Spielern vor, das für jenen Tag angesetzte Bundesligaspiel zugunsten des DSC Arminia Bielefeld zu manipulieren. Die angesprochenen Spieler gingen auf diesen Vorschlag ein. Vor dem Spiel wurden sie und auch andere inzwischen eingeweihte Spieler der Schalker Mannschaft jedoch wieder unentschlossen; die meisten von ihnen wollten dem DSC Arminia Bielefeld nunmehr wieder einen sportlich offenen Wettkampf liefern. Nachdem sie aber in der Halbzeit von 'Bielefelder' Geld in der Schalker Kabine gehört hatten, fühlten sich die meisten Spieler, darunter auch Senger, Sobiray, Galbierz, Fischer, Libuda, Rüssmann, Wittkamp und Lütkebohmert wieder an die Slomiany gemachte Zusage gebunden. Sie spielten nicht mehr voll auf. In der zweiten Halbzeit gelang dann Arminia Bielefeld der Sieg über Schalke 04. Die Verlustprämie für die Schalker wurde nach dem Spiel abends auf dem Parkplatz am Löwenpark in Gelsenkirchen Buer oder an den nächsten Tagen beim Training verteilt. Der Anteil von Senger, Sobiray, Galbierz, Fischer, Libuda, Rüssmann, Wittkamp und Lütkebohmert betrug 2.000,– bis 2.300,– DM. Die Manipulation des Spiels wurde von Schalker und zunächst auch von Bielefelder Seite geheimgehalten, weil beide Seiten bei Bekanntwerden des unsportlichen und betrügerischen Wettkampfs Sanktionen des Deutschen Fußballbunds (im folgenden DFB genannt) und auch sonst andere Unannehmlichkeiten fürchteten.«

Daß Libuda gegen die Schiebung gewesen war, konnten die Ankläger aufgrund der Verschwiegenheit der Mannschaft nicht ahnen. Sehr viel später gestand Klaus Fischer in einem »Spiegel TV«-Interview:

»Das kam von einem Spieler von Arminia Bielefeld mit zwei, drei Spielern von Schalke 04, nicht mit der ganzen Mannschaft.

Stan Libuda war Kapitän und das hat der abgelehnt. Ja? Und dann war für uns das Ding auch erledigt, daß das nicht verschoben oder nicht verkauft wird das Spiel. Aber dann, ich weiß nicht, haben sie ihn oder die Spieler wieder bekniet, da war ich nicht dabei, und dann hieß es, daß das Spiel verloren wird. Und hinterher habe ich das Geld genommen, am Dienstag, drei Tage später. So ein Blödsinn.«

Libuda war zwar die ganze Angelegenheit nicht geheuer gewesen, aber er hatte letzten Endes nicht die Courage gehabt, sich gegen seine Kollegen durchzusetzen. Als er als Kapitän der Truppe gefordert war, versagte er. Gutendorfs Aufbauprogramm funktionierte zwar – temporär – auf dem Spielfeld; einen selbstbewußten Mann hatte er aus dem Nervenbündel in der kurzen Zeit der Zusammenarbeit nicht machen können.

Nun schlugen in Schalke die Wellen hoch. Helmut Schön strich alle Schalker Nationalspieler mit Ausnahme der Kremers-Zwillinge aus dem Kader für das Spiel gegen Ungarn. Es sollte erst abgewartet werden, ob die Vorwürfe, die gegen Schalke geäußert worden waren, erhärtet werden konnten. Das rief einen Sturm der Entrüstung hervor. »Wo steckt die Logik, daß unsere betroffenen Spieler für uns weiterspielen dürfen und für die Nationalmannschaft gesperrt werden?« fragte Günter Siebert und polterte: »Was Canellas macht, ist armselig. Er ist wie ein Hund, der aus der Hütte gewiesen wurde und nun den Mond anbellt. Er kommt immer wieder mit den alten Märchen.« Und ein Leserbriefschrieber fand »als Freund des Fußballsports«: »Faul ist einiges in unserem Vaterland. Faul scheint mir aber alles im DFB zu sein!!!«

Jürgen Kurbjuhn traf noch einmal auf seinen Gegenspieler »Stan« Libuda. Doch diesmal nicht als Kontrahent, sondern als Abgesandter der Spielergewerkschaft, organisiert in der Deutschen Angestellten-Gewerkschaft. Als die Schalker vor dem DFB-Bundessportgericht in Frankfurt auszusagen hatten, war Kurbjuhn Beisitzer. »Bestimmt 15- bis 20mal sahen wir uns und unternahmen lange Spaziergänge immer rund um das Hauptgebäude des DFB, doch für mich war es erschreckend. Die Schalker, auch Libuda, hatten sich überhaupt keine Gedanken gemacht, was dort auf sie zukommen könnte. In den Verhandlungen saßen diese blonden Jünglinge da herum, kauten Kaugummi und machten Blasen oder spielten völlig gleichgültig unter dem Tisch Schiffeversenken. Sie sagten nichts und guckten nur dumm in die Gegend. Wir witzelten damals über die Fußballer: Die Füße sind so weit vom Kopf entfernt. Da schien was Wahres dran zu sein. Auch Libuda machte einen so desinteressierten Eindruck, daß ich glaubte: Der hat bestimmt ausgesorgt. Wenn er gesperrt wird, kratzt den das nicht, der hat eine Toto-Lotto-Annahmestelle, und dem ist völlig egal, was passiert. Ich glaube, ich machte mir mehr Sorgen um seine Zukunft als er selbst.«

In einem hatte Libuda, das bezweifelten auch die Staatsanwälte nicht, recht gehabt: Von Pokal und Meisterschaft hatten die Kicker mehr Ahnung als von der Justiz. So sehr die hartnäkkigen Schalker in Sachen Bundesligaskandal auch in die Bredouille gerieten, so überzeugend spielten sie in diesem Jahr Fußball. Lange Zeit führten sie die Tabelle an und wurden erst am 26. Spieltag von den Bayern als Spitzenreiter abgelöst; gegen den 1. FC Köln gelang ihnen der Einzug ins Finale des DFB-Pokals. Und das nach bravourösem Kampf: Im Hinspiel hatten die Schalker in Köln mit 1:4 verloren, nun siegten sie in der Glückaufkampfbahn mit 5:2 nach Verlängerung. Im Elfmeterschießen hatten sich dann die Schalker mit etwas Glück 6:5 durchsetzen können. Lediglich Libuda zeigte Nervenschwäche, als er seinen Schuß nicht verwandeln konnte. Dabei soll er im Training neben Beverungen, der gleich zwei Elfmeter verschoß (einen während des Spiels) der treffsicherste Elfmeterschütze gewesen sein.

Der einstige Fußballheld aus Gelsenkirchen, flatterig, formschwach und immer stärker bedrängt von den DFB-Ermittlern – im Frühjahr 1972 war er seinem Verein nicht viel mehr als eine Wertanlage, die zügig zu veräußern sei, da die Kurse zu fallen drohten. Racing Straßburg hatte Interesse an Heinz van Haaren bekundet. Nun versuchte Schalke 04 ihnen schnell noch einen weit prominenteren Mann schmackhaft zu machen: Stan Libuda. Der war bereits 28 Jahre alt, also nicht mehr der Jüngste, und verlangte einen Vierjahresvertrag – Präsident Siebert lehnte dankend ab. Im Hintergrund köchelte ein Prozeß wegen Spielbetrugs, der dem Ausnahmefußballer eine lebenslängliche Sperre einbringen konnte. Die Schalker werden erleichtert gewesen sein, als die Franzosen Bereitschaft signalisierten, mit Libuda zu sprechen. Am 3. Mai 1972 kamen sie in die Zechenstadt.

Man traf sich im Hotel »Zur Post«. An einem Tisch des Restaurants saßen Racing-Präsident Alfred Wenger und seine Begleiter, am anderen Libuda und »WAZ«-Redakteur Hans-Josef Justen, der seit Jahren den Werdegang des Spielers journalistisch begleitet hatte. Der »Flankengott« war unsicher. Justen wollte, daß er bleibt. »Herr Libuda«, riet er, »bleiben Sie hier. Sie kamen sich doch schon in Dortmund vor wie im Ausland. Was wollen Sie denn in Frankreich, Sie verstehen doch nicht einmal die Sprache.« Libuda nickte. »Sie haben recht.« Nach einer Weile setzte sich Justen in sein Auto und fuhr in die Redaktion. Im Radio liefen die Nachrichten. »'Libuda verkauft' lautete die Meldung, ich mußte schmunzeln und dachte 'April, April' – reingefallen. Doch dann bestätigte sich der Transfer – er war umgefallen.«

Vielleicht hatte er wieder einmal nicht ablehnen können, vielleicht war das Angebot auch einfach zu verlockend gewesen, vielleicht hatte sein Trotz den Ausschlag gegeben. Von Schalke 04, dem »Wie-lieb-ich-Dich-Verein«, hatte sich Libuda verlassen gefühlt wie ein betrogener Ehemann. »Man hat den Reinhard behandelt, als sei er minderwertig«, schimpfte Gattin Gisela über den »treulosen Verein«, in dem so oft von Tradition und Freundschaft schwadroniert wurde. Und Libuda äußerte geknickt: »So hatte ich mir meinen Abschied wirklich nicht vorgestellt. Aber ich hatte den Eindruck, die Schalker wollten mich nicht mehr.«

Was die Franzosen zu zahlen bereit waren, so hatte der Kölner »Express« ausgerechnet, war in der Tat erstaunlich: Libuda »kassierte einen Barscheck von 130.000 Mark netto. Dazu übernehmen die Franzosen die Rückzahlung eines Darlehens von über 200.000 Mark an Schalke, das als Ablösesumme für den 26fachen Nationalspieler selbst eine halbe Million erhält.« Das war die bis dahin höchste Ablösesumme, die jemals für einen deutschen Fußballprofi gezahlt worden war. 130.000 Mark und schuldenfrei (Libuda war dabei, ein Hochhaus in Gelsenkirchen zu bauen) – das konnte sich sehen lassen.

Dennoch soll Libuda schon am Abend seine Unterschrift bedauert haben. Da wurde bekannt, daß von Hertha BSC und auch aus Nizza »Traumangebote« gekommen seien. Gisela: »Wir hätten uns doch mehr Zeit lassen sollen.« Und da wurde Libuda wohl klar, daß der Wechsel in die erste französische Division das Aus in der Nationalmannschaft bedeuten konnte. Zwei Jahre vor der Weltmeisterschaft in Deutschland. Stan: »Ich glaube, ich habe Blödsinn gemacht.«

Libudas Enttäuschung über die ablehnende Haltung seines Präsidenten war nicht ganz unverständlich, hatte Siebert doch noch Anfang des Jahres über Spieler wie Fichtel oder Libuda gesagt: »Die Spieler wären nicht gut beraten, gerade zu einem Zeitpunkt wegzugehen, wo es erst richtig losgeht, wo wir, meiner Ansicht nach, erst am Anfang unseres Erfolgs stehen. Denn mit unserer Mannschaft kann man als Fußballspieler noch eine Menge Geld verdienen. Außerdem sind unsere Spieler doch stark mit dem Verein verhaftet und fühlen sich in erster Linie als Schalker und erst dann als Fußballprofi.« Doch das Wir-Gefühl der Schalker – im Laufe der Jahre verkam es immer mehr zur öden Floskel.

Im Verein, so berichteten Zeitungen, soll der Verkauf des scheuen Stars allerlei Zerwürfnisse produziert haben. Schatzmeister und Taubenzüchter Aldenhoven, der öffentlich Krokodilstränen weinte (»Für mich war es ein Genuß, Stan spielen zu sehen«) soll mit seiner Frau Roswitha Ärger bekommen haben

(»Bei gutem Willen wäre der Reinhard sicher geblieben. Mir tut alles sehr leid«), und Präsident Siebert (»Wir haben Stan geboten, was in unseren Möglichkeiten lag«) prallte mit seinem »Vize« Heinrich Orzewalla aufeinander: »Der Verkauf von Libuda ist völlig unnötig übers Knie gebrochen worden. Wir hätten mit dem Jungen noch einmal in aller Ruhe sprechen müssen.« Die »Sport-Illustrierte« sprach gar von einem Zusammenstoß, der so heftig gewesen sei, »daß Siebert zunächst seinen Rücktritt angeboten habe«.

Die französischen Vereinsmanager hatten vorsorglich eine Klausel in den Vertrag aufgenommen: Sollte Libuda in den Bundesligaskandal verwickelt sein und deshalb gesperrt werden, muß Schalke die Ablösesumme zurückzahlen und Libuda das Handgeld.

Am letzten Spieltag wurde in München die deutsche Fußballmeisterschaft entschieden. Bayern München hatte lediglich einen Punkt Vorsprung auf den Verfolger Schalke 04, nun trafen die beiden Spitzenklubs im Olympiastadion aufeinander. Für Schalke sollte es das erste »Endspiel« in diesem Sommer werden, denn im DFB-Pokal stand noch die Partie gegen den 1. FC Kaiserslautern auf dem Programm. Es wurde für den Gelsenkirchener Verein zur Enttäuschung. Für Libuda wurde es eine öffentliche Demütigung.

Eigentlich hatte niemand damit gerechnet, daß die Schalker die favorisierten Bayern, die gleich sechs Europameister in ihren Reihen hatten, schlagen könnten. Daß sie vor 80.000 Zuschauern gleich mit 1:5 unter die Räder kommen würden, kam indes unerwartet. Für Libuda waren die 90 Minuten ein einziger Spießrutenlauf gewesen. Zuschauer Walter Mayr erinnert sich: »Sie riefen immer wieder: 'Libuda, hau doch ab nach Frankreich und hol Dir Deine Rente ab!' Dann lachten sie ihn aus.« Angewidert verließ Mayr das Stadion. Der Schalker Kapitän stammelte nach dem Spiel hilflos: »Gegen Bayern und das entfesselte Publikum aufzuspielen, ist sehr schwer.«

Doch noch einmal würde er Genugtuung erfahren, noch einmal würden sie ihn feiern. Ein letztes Mal vielleicht. Einmal noch würde er es Präsident Siebert zeigen.

Das Pokalfinale wurde zur letzten großen Libuda-Show. In Hannover zelebrierten sie würdig den Abschied des Fummelkönigs.

Von der ersten Minute an machten die Schalker den Druck, den sie gegen München nicht hatten entfalten können. Libuda gelang an diesem Tag fast alles. Kein Wunder, daß sie ihn wieder mit Stanley Matthews verglichen. Fünf Tore schenkten die Schalker den Pfälzern ein. Eines schöner als das andere. Helmut Kremers traf bereits in der 14. Spielminute, dann Scheer in der 32., Lütkebohmert nach herrlichem Alleingang in der 57. zum 3:0. Dann flitzte Libuda los, überlief einen Verteidiger, narrte zwei, drei andere und schob zum völlig freistehenden Klaus Fischer: 4:0. Helmut Kremers setzte noch einen drauf. Sein Freistoß, acht Minuten vor Schluß, landete im rechten oberen Eck.

Als Libuda später den schweren Pokal in die Höhe reckte und das »Schalke, Schalke« wie ein liturgischer Gesang durchs Niedersachsenstadion hallte, da wirkte er ein wenig traurig. Am Abend traf ihn sein »Berater« Hans-Josef Justen. Er schrieb seine Begegnung mit dem abtrünnigen Dribbler auf:

»Der 'Stan' vom Schalker Markt umklammerte sein Bierglas, gab seinem Gesicht just jene – für ihn typische – Gestik, die den Betrachter rätseln läßt. Lacht der Libuda nun, oder heult er gleich? 'Tja', sagt er dann, 'weg aus dem Ruhrgebiet, weg aus Gelsenkirchen – leicht fällt es mir bestimmt nicht.' Doch dann, mit so einer 'Ich-bin-doch-ein-Kerl-Reaktion', richtig trotzig: 'Ist aber nicht meine Schuld. Wenn der Siebert gewollt hätte, wäre ich geblieben. Aber er wollte nichts als Geld mit mir machen. Die halbe Million hat der Kasse ganz gut getan.'«

Als die Gelsenkirchener ihren Lieblingen einen überwältigenden Empfang bereiteten und die Spieler im Triumphzug durch die Stadt chauffiert wurden, da vergaßen Zehntausende nicht, was sie ihrem Helden zu verdanken hatten. Unaufhörlich skandierten sie jenes aus der Glückaufkampfbahn so vertraute »Li-bu-da, Li-bu-da«.

Doch als die Mitspieler den Mund aufmachten, war von Trauer nicht viel zu spüren. »Heute hat der Stan gespielt wie ein Weltmeister«, fand Klaus Fichtel im »Express«: »Doch das tut er höchstens dreimal im Jahr. Und das ist zuwenig.« Um dann noch nachzulegen. »Wenn unser neuer Rechtsaußen, Frey vom VfR Heilbronn, nur ein durchschnittlich guter Bundesligaspieler wird, dann sind wir stärker als mit Libuda.« »Bei Schalke weint niemand um ihn…« resümierte das Blatt. Und Günter Siebert bekannte: »Wir hatten uns im Vorstand aus finanziellen Gründen zu entscheiden: entweder Norbert Nigbur oder Reinhard Libuda.«

Libuda weinte, als er fortging.

Lebenslänglich

Straßburg und das DFB-Urteil

Jeden Samstag saß Jörg Berger abends vor dem Fernseher und guckte in der Sportschau, was die Bundesligaspieler im anderen Deutschland so trieben. Westfernsehen, das war eines der Privilegien, die der 27jährige Jugendtrainer von Lokomotive Leipzig genoß. Darüber hinaus durfte er bundesdeutsche Sportzeitschriften wie den »Kicker« studieren und Bücher lesen, die andere nicht einmal anfassen konnten. Diese »Schund- und Schmutzliteratur«, so die Befürchtung der Zensoren, hätte womöglich das labile Gleichgewicht im realsozialistischen Arbeiterstaat ins Wanken bringen können. Doch ihren Fußballern gewährte man die eine oder andere Freiheit. Von der Bundesliga lernen heißt siegen lernen, wußten die erfolglosen DDR-Kicker. Auch, wenn sie das nicht offen aussprechen durften.

So kam es, daß der frühere Flügelstürmer Berger vor der Mattscheibe saß, wann immer Schalke 04 spielte, denn dort flitzte ein Mann am rechten Flügel, der es dem angehenden Fußball-Lehrer angetan hatte. »Ein genialer Spieler, den man allenfalls mit Garrincha oder Matthews vergleichen kann. Solche Spieler waren große Individualisten, meistens exzentrisch und irgendwie tragisch.«

Am 10. Juli 1972 reichte Berger, Student an der »Deutschen Hochschule für Körperkultur« in Leipzig, seine Diplomarbeit ein. Den Außenstürmern im Fußball widmete er sich. Und wie man sie am besten trainiert.

»Wichtiger Bestandteil der sozialistischen Körperkultur ist der Leistungssport. Erfolge im Leistungssport stärken das Ansehen der DDR und leisten einen wichtigen Beitrag zur allseitigen Festigung unserer Republik. Der Leistungssport dient zur Verständigung und Entwicklung freundschaftlicher Beziehungen zwischen anderen Ländern«, begann er so linientreu, wie das verlangt wurde. Dann kam der Libuda-Fan zu seinem Thema: »Oft kann man bei Fußballspielen beobachten, daß durch die individuelle Leistung eines Spielers, vor allem eines Angriffsspielers, über Sieg oder Niederlage einer Mannschaft entschieden wird. Das Niveau einer Mannschaft hängt also vorrangig vom individuellen Können der einzelnen Spieler ab.«

Dabei sei gerade das Dribbling »das wichtigste und wirksamste Angriffsmittel des Außenstürmers. Spieler wie Best, Libuda oder Dzajic, um nur einige zu nennen, bilden durch ihre gekonnte Art des Dribbelns für jede Abwehr Gefahr. Mannschaften ohne ähnliche Individualisten auf den Flügeln sind heute kaum in der Lage, Weltklasse zu verkörpern.«

Die meisten Flügelstürmer, so Berger, »besitzen nur eine einzige Fähigkeit. Emmerich hatte zum Beispiel einen Bombenschuß, Libuda konnte eigentlich 'nur' dribbeln, aber keine Tore schießen.« Angriffsspieler müßten in erster Linie »Täuschungshandlungen« beherrschen, »weil diese oft auf sich alleingestellt sind, individuell handeln müssen und am ehesten einen Ballverlust in Kauf nehmen können«.

Darüber hinaus, schrieb der Sachse unter Punkt 5.3.2., benötigten sie eine gute Portion Mut: »Weil die Aktionen eines guten Flügelstürmers zielgerichtet und torgefährlich sind, ist er besonders in Strafraumnähe der harten, kompromißlosen und oftmals unfairen Spielweise des Gegenspielers ausgesetzt.

Mit dem Ball am Fuß, im Kampf um den Ball, auf engem Raum (teilweise durch Seitenauslinie Radius begrenzt) oder gegen mehrere Abwehrspieler ist er häufig im Nachteil, da seine Gegner reine Zerstörungsarbeit leisten können. Um immer wieder den oft ungleichen Zweikampf aufzunehmen, sich der Härte des Gegners auszusetzen und sich dabei auch in Verletzungsgefahr zu begeben, wird von ihm viel Mut und Risikobereitschaft verlangt. Ängstliche und sehr sensible, weichliche Spielertypen sind für diese Position nicht geeignet.«

Libuda saß derweil mit Gisela und Matthias-Claudius in seinem weißen Bungalow im Elsaß und versuchte sich an die französische Lebensweise anzupassen. Er trank jetzt häufiger Wein statt Bier, wie er einem Bekannten in Gelsenkirchen berichtete. Doch richtig entspannen konnte er sich fern der Heimat nicht. Zumal von dort auch keine guten Nachrichten kamen. DFB-Ankläger Kindermann ließ nämlich nicht locker und lud den Stürmer am 30. September vor das Sportgericht des Deutschen Fußball-Bundes. Um was es ging, wußte Libuda. Was ihm drohte, hatte er wenige Tage vor der angesetzten Vernehmung aus der Presse erfahren. Die hatte mitgeteilt, daß nun auch Schalkes Mittelstürmer Klaus Fischer von den Fußballfunktionären gesperrt worden sei, nachdem bereits Sobiray, Pirkner, Galbierz und Pohlschmidt verurteilt worden waren. Pohlschmidt erhielt lebenslängliches Spielverbot, die anderen kamen mit einer zweijährigen Sperre davon.

Doch nun rebellierte Libudas französischer Arbeitgeber. Bevor sie die Ablösesumme für den Schalker gezahlt hätten, ließ Straßburgs Geschäftsführer Armand Züschner verlauten, hätten die Franzosen sich am 29. Juni 1972 beim DFB erkundigt, ob gegen Libuda etwas vorliege und am 7. Juli eine abschlägige Antwort erhalten. Jetzt sei man nicht bereit, Libuda nach Frankfurt fahren zu lassen. »An Kindermann kommt keiner vorbei – außer Libuda«, lästerte daraufhin der »Sport-Informations-Dienst«. Züschner: »Libuda ist für uns ein wertvoller Spieler. Wir wollen ihn auf alle Fälle behalten. Wenn er wirklich in den Skandal verwickelt ist, hätte es der DFB schon damals wissen müssen. Er soll uns jetzt gefälligst in Ruhe lassen.« Sollte Libuda hingegen in Abwesenheit verurteilt werden, dann erhebe man Schadensersatzansprüche an den Deutschen Fußball-Bund.

Als der DFB am 30. September sein Urteil sprach, konnte sich Libuda noch der Unterstützung durch seinen Verein gewiß sein. Und das trotz eines vernichtenden Urteils: Libuda wurde lebenslang gesperrt und erhielt zudem eine, allerdings lächerliche, Geldstrafe von 2.300,– Mark. Das entsprach der Summe, die Libuda nach dem Skandalspiel »eingenommen« haben soll. »Wir stellen uns voll und ganz vor Libuda, der selbstverständlich weiterspielen darf«, verkündete Präsident Wenger.

Als ihn ein Reporter der »Bild«-Zeitung in der Route Mittelhausbergen, Straßburg-Dingsheim, Bungalow 23 besuchte, gab sich der Dribbler lässig. »'Ein Glück', sagt der Mann in der saloppen Lederjacke. 'Ein Glück, daß ich in Straßburg bin. Sonst wäre ich jetzt ein toter Mann. Schließlich ist der Fußball mein Leben.'« Er könne nicht verstehen, wie man ihm »knochenhart die Existenz« nehmen will. »Und das auf Grund eines Schauermärchens...«

In Frankreich dagegen fühle er sich pudelwohl: »Die Landschaft und die Luft sind eine Sommerfrische für einen Ruhrpottmenschen. Die meisten Spieler und die Nachbarn sprechen deutsch, so daß wir keine Kontaktschwierigkeiten haben. Vielleicht mache ich hier, wenn ich mit dem Fußballspielen aufhöre, mit meiner Frau ein Geschäft auf.« Der siebenjährige Matthias lerne französisch (»Kinder lernen ja eine fremde Sprache viel schneller«), nur: »Das Bier ist nicht mit unserem zu vergleichen.«

Derart zuversichtlich äußerte sich Libudas Mitspieler, der Torwart Jean-Pierre Rey, nicht bezüglich »Stans« Zukunft in Straßburg. Er orakelte in der Öffentlichkeit, der Verein könne es sich nicht erlauben, einen Spieler auflaufen zu lassen, den der DFB für Deutschland gesperrt habe. Schließlich habe der französische Verband auch Olympique Marseille untersagt, den »Skandalsünder« Zoltan Varga von Hertha BSC Berlin spielen zu lassen. Eine Meinung, die auch die Sportzeitschrift »L'Equipe« teilte: »Ein Spieler, der wegen einer Manipulation von Ergebnissen in Deutschland für immer gesperrt wird, hat auch in Frankreich nichts verloren!«

Viel Freude hatte Racing Straßburg ohnehin nicht an seinem Rechtsaußen. Im Oktober bereits zog er sich einen Wadenbeinbruch zu und fiel wochenlang aus.

Als deutlich wurde, daß die deutschen Ankläger nicht daran dachten, sich von den forschen Tönen aus dem Elsaß einschüchtern zu lassen, kippte die Stimmung in Frankreich. Nachdem der DFB sein Urteil verlesen hatte, machte auch Jaques Georges, Präsident des französischen Fußballverbands, einen Rückzieher: »Wenn das Urteil gegen Libuda in der Berufungsverhandlung bestätigt wird, müssen wohl auch wir ihn sperren.« Zuvor hatte Georges immer versichert, man werde Libuda nicht sperren, weil der DFB im Sommer »grünes Licht« gegeben habe.

Nun gerieten langsam auch die Frankfurter Fußballfunktionäre ins Schwitzen, denn Racing Straßburg kündigte für den Fall, daß Libuda in Frankreich gesperrt wird, eine Schadensersatzklage gegen den DFB an.

Man habe tatsächlich eine Anfrage aus Frankreich bekommen, verteidigte sich DFB-Referent Wilfried Straub, und wahrheitsgemäß »geantwortet, daß Libuda nicht bestraft wurde und daß er keines Vergehens beschuldigt wird. Dies war richtig.« Das fand auch Hans Kindermann: »Es wäre verantwortungslos gewesen, etwas zu behaupten, was er nicht beweisen konnte.« DFB-Sprecher Wilfried Gerhard versuchte den kompletten Briefwechsel gar zu bagatellisieren: »Das ist ein formeller, vorgedruckter Satz, der sich nur darauf bezieht, daß der Spieler seine Trikots zurückgegeben hat, keine Schulden bei seinem Verein und dem DFB hinterlassen hat und dergleichen mehr.«

Dennoch hatte Straub in seinem Antwortschreiben unerwähnt gelassen, daß auch gegen Libuda ermittelt wurde und längst Zeugenaussagen etwa seines Bielefelder Gegenspielers Horst Stockhausen vorgelegen hatten, die Libuda belasteten.

Nach knapp dreizehnwöchiger Verletzungspause war Libuda im Dezember 1972 wieder einsatzbereit und sorgte gleich für einen Eklat. Sein Verein hatte ein Freundschaftsspiel mit dem TSV 1860 München verabredet und ließ sich nicht davon abbringen, im Olympiastadion mit kompletter Mannschaft anzutreten, inklusive Libuda. »Ich spiele, wann es mir paßt«, soll der Rechtsaußen frech gesagt haben. »Man kann mir meinen Beruf nicht nehmen.« Der DFB, der Libuda gerade erst gesperrt hatte und im Januar die Berufungsverhandlung durchzuführen gedachte, mußte fassungslos und ohnmächtig mit ansehen, wie »Stan« munter über den deutschen Rasen fegte. Zwar verlor er mit seinem Team 2:3, doch dämpfen konnte das die Wut der Sittenwächter des Fußballs nicht. »Das Geschmackloseste, was ich mir nur denken kann«, stammelte Kindermann konsterniert ob dieser Respektlosigkeit. Der DFB-Sportgerichtsvorsitzende Werner Kirsch kündigte gar an: »Er schaufelt sich sein eigenes Grab. Jetzt hat er mit rechtlichen Konsequenzen zu rechnen.«

Da hatte der gute Mann recht. Am 13. Januar bestätigte der DFB sein Urteil gegen Libuda: lebenslange Sperre, die allerdings nur für den Einflußbereich des Deutschen Fußball-Bundes galt. Die Franzosen hatten ja bereits angekündigt, sich dem Frankfurter Urteil anzuschließen.

Dennoch nominierte Racing den Rechtsaußen für das kommende Meisterschaftsspiel gegen AS St. Etienne. Libuda-Anwalt Dr. Karl-Heinz Hütsch erwog die Anrufung des Bundesverfassungsgerichts: »Dieses Urteil verstößt gegen Artikel zwölf des Grundgesetzes.« Die Sperre käme einem Berufsverbot gleich.

Daß Libuda in St. Etienne spielte, wunderte den neuen Präsidenten des französischen Fußballverbandes Fernand Sastre. Nicht hingegen, daß St. Etienne nur unter Protest spielte. Weil der Libuda-Klub 1:5 verlor, war der Protest gegenstandslos, doch barg er die Gefahr der Nachahmung. Alle Vereine, die fortan gegen Libuda anzutreten hatten, würden beim Verband Protest anmelden. Racing mußte handeln. Und Libuda ernsthaft um seinen Arbeitsplatz besorgt sein.

Auch wenn er sich nach außen hin sehr selbstbewußt gab. Sollte ihn der französische Verband ebenfalls sperren, wolle er Ärger machen, »dann würde ich mit meinem Anwalt einen gehörigen Wirbel gegen den DFB veranstalten«. Der habe sich sehr unsportlich ihm gegenüber verhalten: »Wenn ich an die Verhandlung in Frankfurt denke, ist mir zum Kotzen. Ich bin so wütend, daß ich es kaum beschreiben kann. Wütend nicht wegen des Urteils, sondern vor allem wegen der Art, wie ich von den Herren behandelt worden bin. Wenn mein Anwalt mich nicht davon abgehalten hätte, wäre ich lange vor der Urteilsverkündung aus dem Saal gegangen.« Noch glaubte er, von seinem neuen Verein Rückendeckung in der leidigen Angelegenheit zu haben (»Meine Arbeitgeber sind davon überzeugt, daß ich mit dem Bundesliga-Skandal nichts zu tun habe«). Doch im Racing-Präsidium wurden bereits Pläne geschmiedet, wie man den dauerverletzten und lauffaulen Spieler am elegantesten loswerden konnte. Besonders zufrieden waren sie mit dem teuren Einkauf ohnehin nicht gewesen.

Anfang März hatten sich alle Spekulationen dann erübrigt. Der französische Fußballverband entzog Libuda die Lizenz, und Racing Straßburg gab bereits am selben Tag die Trennung von Libuda bekannt. In der Begründung des Rausschmisses hieß es unter anderem: »Libuda hat keinen Willen gezeigt und keineswegs als Berufsspieler operiert.« Er habe ein Verhalten an den Tag gelegt, »das eines Spielers seiner Klasse nicht würdig ist«. Im übrigen würden »die Untersuchungen gegen ihn es nicht mehr erlauben, ihn in der Profi-Abteilung des Klubs zu behalten, ohne gegen den Geist der allgemeinen Regeln des französischen Fußballverbandes zu verstoßen«.

Als die Straßburger die Kündigung offiziell bekanntgaben, weilte Libuda gerade wieder einmal in seiner alten Heimat. »Was, die haben mich gefeuert?« fragte der Paria fassungslos, als er in Gelsenkirchen vom Ende seines Engagements in Frankreich unterrichtet wurde. »Dann hat der Verein selbst schuld, wenn er absteigt.«

Als er noch einmal Hans-Josef Justen traf, da klagte er dem Mann, der ihm so vehement von dem Vereinswechsel abgeraten hatte, sein Leid. »Ich Idiot«, sagte er, »eine amateurhaft trainierte, fast nur aus Amateuren bestehende Mannschaft. Als ich sah, was da gespielt wurde, verging mir rasch die Lust. Da hätte ich ja besser zu einem Gelsenkirchener Vorortklub gehen können.« Als »Stan« seinen Vertrag unterschrieben hatte, da hatte er den neuen Verein nicht ein einziges Mal spielen sehen. Er hatte in seinem Zorn über Sieberts Zurückhaltung einfach das erstbeste Angebot angenommen.

In Frankreich mußte er scheitern. »Er kam, sah – und resignierte«, beobachtete Justen. Nun hatte er einen ratlosen Fußballer vor sich, der nicht wußte, was er tun sollte. Sicher, er hatte ein fast fertiges 17-Familienhaus im Tossehof in Gelsenkirchen und ein Sechsfamilienhaus in Dortmund. Damit sollte er über die Runden kommen. Aber Fußballspielen? Das war ihm fortan untersagt, und etwas anderes hatte Reinhard Libuda nie gelernt. Abgesehen von seiner begonnenen Lehre in der Consolidation. Aber wieder als Schlosser arbeiten? Nein. »Vielleicht mache ich mit meiner Frau einen Laden auf.« Gisela hatte ja immer schon von einer Boutique geträumt. In die Werbung wie Erwin Kremers, der sich für eine Biermarke einsetzte? »Ich könnte das nicht, ich bin kein Typ dafür.« Und dann zog er eine Zwischenbilanz seines Fußballerlebens: »Sollte ich noch einmal wieder beginnen dürfen, würde ich vieles ganz anders machen.«

Wahrscheinlich dachte er dabei auch an das Bielefelder Geld. Noch stritt er ab, jemals etwas erhalten zu haben. Doch andere wußten das besser. Nun zahlte er, so schien es, mit dem Ende seiner Karriere. Und das, weil er sich wieder einmal nicht hatte durchsetzen können. Weil er für den lächerlichen Betrag von 2.300,– Mark einen Spielbetrug begangen hatte. Aber, was heißt 2.300,– Mark? Nach dem Spiel hatte er noch getönt, ein Fußballer würde doch nicht auf 1.000,– Mark Prämie verzichten. Er hatte es getan. Er hatte 1.300,– Mark mehr verdient als bei einem Sieg. Ein auch für damalige Verhältnisse absolut lächerlicher Betrag. Jetzt war er am Ende.

Und er schämte sich für das, was er getan hatte. Später traf er seinen einstigen Weggefährten Erwin Kostedde wieder. Beide waren nicht gerade Glückskinder im Fußballzirkus gewesen. Mit Kostedde sprach er über seinen »Sündenfall«: »Er hatte sehr bereut, daß er sich damals hatte breitschlagen lassen, und er konnte nicht ›nein‹ sagen. Das hat ihn gequält. Das war ja auch kein Kavaliersdelikt. Das war ja auch eine Sauerei: die Toto-Spieler, die Zuschauer, die Mannschaften, die wegen der Manipulation absteigen mußten. Den Spielern wurde die Lebensgrundlage genommen. Wenn man sensibel ist und ein gerechter Mensch, dann hat man daran zu knabbern.«

Über die letzten sechs Monate in Frankreich sagte Libuda: »Straßburg war die Hölle für mich. Von einem Tag auf den anderen war ich arbeitslos.« Er verkroch sich und verließ das Haus nur noch bei Dunkelheit. Wenn er sah, daß die Nachbarn fernsahen, dann schlich er sich aus dem Haus und lief im blauen Trainingsanzug durch ein nahegelegenes Waldstück. »Oft saß er tagelang da, grübelte, war nicht ansprechbar«, erzählte Gisela einem Journalisten. »Sogar den Jungen schickte er weg, wenn der mit ihm Fußball spielen wollte. Weil er glaubte, die Leute würden ihn deswegen auslachen.«

Immer wieder kündigten sich »Zeitungsfritzen« an. »Da war eines Tages ein Reporter von der Bild-Zeitung bei meiner Frau. Und er fragte sie, ob wir uns scheiden lassen. Weil ich nicht mehr Fußball spiele. Bin ich denn Freiwild für alle?«

Am 19. August 1973 flimmerte ein »Tatort« über die Mattscheibe. Ein rauhbeiniger Fernseh-Kommissar Trimmel hatte sich dort auf die Suche begeben nach den Mördern eines Mannes, der tot im Fußballtor des Hamburger Sport-Vereins entdeckt worden war. In der Folge stieß Trimmel auf ein Geflecht dunkler Machenschaften, die eine verblüffende Ähnlichkeit mit dem Bundesligaskandal hatten. Spielervermittler dealten mit Fußballern wie mit Schweinenacken, und Bestechungsgelder flossen in alle möglichen Taschen. Irgendwann sagte einer: »Ich muß die ganze Zeit an den Stan Libuda denken. Nimmt angeblich die Piepen aus Bielefeld, steckt se weg und fängt an zu heulen...«

Im Herbst 1973 kehrte Reinhard Libuda zurück in den Kohlenpott, »froh, daß ich wieder zu Hause bin«. Frankreich wollten er und Gisela so schnell wie möglich vergessen: »In Straßburg fand er nie den richtigen Kontakt. Er ist sehr sensibel«, versuchte die Gattin zu erläutern: »Wenn es nicht von der ersten Minute an klappt, steckt er auf. Aber nicht nur das machte ihm das Leben dort so schwer. Er fühlte sich nicht wohl. Er hat es immer bereut, von Schalke weggegangen zu sein.«

Nun schlich er um das Trainingsgelände »seines« Vereins Schalke 04 herum und beobachtete seine früheren Mannschaftskameraden beim Üben. Am 10. September faßte er sich abends ein Herz. Schüchtern kam er auf Trainer Horvat zu wie vor 20 Jahren auf Fritz Thelen und sagte: »Ich möchte gerne mitmachen.«

Er habe ein wenig verloren gewirkt, erinnerte sich Ivica Horvat an den schüchternen Star. Aber alle hätten sich gefreut, daß »Stan« wieder da war. Ein paar Pfunde zuviel vielleicht, aber immer noch mit den Tricks aus der Vergangenheit.

Eine Rechnung stand allerdings noch offen. Racing Straßburg schickte seine Anwälte los und forderte nun eine Million Mark. Die Elsässer wollten gehört haben, daß Schalke 04 plante, Libuda auf die Transferliste zu setzen. Nun meldeten sie Besitzansprüche an. »Libuda gehört uns«, stellte der neue Racing-Präsident Phillip Faß klar: »Wir wollen ihn zwar nicht mehr haben. Aber dafür die Ablöse.« Der Anwalt des Vereins rechnete vor: »Wir wollen die 500.000,– Mark Ablösesumme zurückhaben. Außerdem 500.000,– Mark für die moralische Schädigung, die uns mit dem Verkauf von Libuda zugefügt worden ist.« Zu zahlen von Schalke 04, im Zweifelsfall vom DFB. Doch darüber mochte Schalke-Präsident Siebert nur lachen: »Das einzige, was die Straßburger von uns bekommen können, ist eine Vereinsnadel.«

Libuda harrte der Dinge und wartete angespannt auf seine Verhandlung vor dem DFB-Schiedsgericht, das über seinen Antrag auf Begnadigung zu befinden hatte. Er hatte fleißig trainiert und fünf Kilo abgenommen. Seinen Marktwert schätzte er im Gespräch mit Jörg F. Hüls, dem einstigen Kameraden aus der Bundeswehrpressestelle in Unna, auf 250.000,- Mark. Er sei älter und damit auch billiger geworden. Daran, daß Schalke 04 diese Summe zahlen würde, zweifelte er nicht. »Präsident Siebert sagt doch immer: Die Leute reißen vor Freude die Tribüne ein, wenn ich wieder spiele.« Das Spiel der anderen vom Sitzplatz aus zu verfolgen, gehe ihm an die Nieren: »Ein furchtbares Gefühl, ich kriege immer das Heulen, wenn ich die Spielerei sehe...«

Er selbst durfte noch nicht einmal mit seinem ehemaligen Mitspieler Lothar Emmerich in einem Freundschaftsspiel zwischen Klagenfurt und Beerschot (Belgien) kicken – der österreichische Verband lehnte ab.

Doch noch war unklar, wie die Zukunft des Dribbelkünstlers aussehen würde. Zwischen dem deutschen umd französischen Verband, zwischen Racing Straßburg und dem FC Schalke 04 gab es noch einige Dinge zu klären.

Darüber, wie dann letztlich eine einvernehmliche Lösung gefunden wurde, wartet Günter Siebert, mittlerweile Gastronom auf Gran Canaria, mit einer interessanten Version auf. »Eines Abends klingelte bei mir das Telefon. Am Apparat: Hubert Claessen, der Schatzmeister der DFB. Er druckste ein wenig herum. Dann kam er zur Sache. Man solle mal über den Fall Libuda sprechen. Das sei ja nun ziemlich blöd mit den Forderungen aus Frankreich und so. Aber wenn Schalke Libuda zurückkaufen würde, sei ja die Sache für Straßburg erledigt. Und beim DFB, na ja, da könne man vielleicht ein Auge zudrükken und sich dafür einsetzen, Libuda zu begnadigen. Dann könne er wieder für Schalke spielen. Was ich davon hielte. 'Wir haben kein Geld', antwortete ich: 'Und was ist mit den anderen Spielern?' Ich wollte sie schließlich alle wieder zurückbekommen. Auch Rolf Rüssmann, den wir an Brügge ausgeliehen hatten. Wenig später kam es zur Verhandlung des Gnadengesuchs. Aus fünf Personen bestand der Vorstand: Schatzmeister Claessen, der Vorsitzende der Bundesligavereine Gramlich, Präsident Gösmann, dazu die Vizepräsidenten Neuberger und Müller. Sie stimmten ab. Müller und Neuberger waren gegen die Begnadigung, die drei anderen dafür. Libuda durfte wieder spielen.«

Daß es eine Absprache mit dem DFB gegeben habe, hatte Siebert damals schon angedeutet. Der Fußballbund hingegen dementierte stets. DFB-Jurist Eilers: »Es gibt keine Geheimabsprachen. Über Libudas Fußball-Zukunft entscheidet das Schiedsgericht.«

9.250,– Mark hatte Libuda an Gebühren zahlen müssen, um seine Verhandlung überhaupt zu erwirken. Nun durfte er wieder für Schalke spielen. Doch er zauberte nicht mehr lange.

Am 19. Januar 1974 hatten die Schalker ihren Liebling wieder. Der HSV kam in das neuerrichtete Parkstadion, und 46.500 Zuschauer wollten den legendären Held wiedersehen. »10.000 Zuschauer«, jubelte Heinrich Orzewalla, »sind alleine wegen Libuda gekommen.« Eine herausragende Leistung hatte der mittlerweile 30jährige nicht zeigen können. Doch als er zur Halbzeit ausgewechselt wurde, pfiff niemand im Stadion am »Berger Feld«. Nach dem Aufeinandertreffen mit seinem alten Bekannten meinte Hamburgs Willi Schulz tröstend: »Der Stan kommt wieder. Natürlich ist er noch nicht so schnell wie früher. Doch das Dribbeln hat er nicht verlernt.« Vergeblich warteten die Journalisten nach dem Spiel auf den Heimkehrer. Libuda, »der scheuste Liebling der Massen, den der Fußball je hervorgebracht hat« (»die tageszeitung«), hatte sich frühzeitig aus dem Staub gemacht und war kommentarlos nach Hause gefahren.

Eine Woche später durften auch Klaus Fichtel, Herbert Lütkebohmert und Rolf Rüssmann wieder mitspielen – Klaus Fischer war schon seit Oktober wieder dabei, und am 2. Februar sprach man in Gelsenkirchen nur noch von »Schalkes Wiedergeburt«, als gegen Borussia Mönchengladbach fast die komplette alte Mannschaft wieder auflaufen konnte und den Favoriten vom Niederrhein mit 2:0 besiegte.

Nur Libuda, der sollte nicht mehr allzu oft zum Einsatz kommen. Beim 6:1 gegen Fortuna Köln konnte er noch einmal begeistern. »Stan wackelt mit den Hüften wie ein Hulahoop-Mädchen«, schrieb Jörg F. Hüls in einer Kolumne: »Schwaba verliert das Gleichgewicht, fällt auf den Rücken, strampelt wie ein Maikäfer. Stan wartet, bis sein 'Opfer' auf den Füßen ist, schiebt Schwaba den Ball durch die Beine. Flanke, Kopfball Fischer-Tor. Dann die zweite Nummer. Libuda im Sprintduell mit Schwaba. Der hat gar nicht mitbekommen, daß Stan den Ball liegengelassen hat. Libuda stoppt, Schwaba rennt blind weiter. Libuda geht langsam zurück, holt sich den Ball. Schallendes Gelächter. Fortuna-Trainer Luppen hat Mitleid mit Schwaba, wechselt die Verteidiger. Und dann beölen sich die 30.000 über Neues, der genauso vorgeführt wird. Schalke siegt 6:1.«

Diesem Auftritt folgten genau 13 Einsätze, in denen Libuda sechsmal ausgewechselt wurde. Immer häufiger sprachen sie über den neuen, jungen Mann namens Rüdiger Abramczik, der Furore machte. Immer seltener erwähnten sie ihren Stan Libuda. Als er am 21. September 1974 beim Spiel gegen Fortuna Düsseldorf nur sieben Minuten vor Schluß eingewechselt wurde, da ahnten sie, daß es der letzte Auftritt ihres Fummelkönigs war. Der »Flankengott aus dem Kohlenpott«, das war ab jetzt ein anderer.

Libuda widmete sich seinem Mehrfamilienhaus im »Prominentenviertel« Tossehof, wo auch Norbert Nigbur, Heinz van Haaren und Klaus Fichtel gebaut hatten. Und er suchte eine Tätigkeit für die Zeit nach dem Fußball. Zum Training erschien er nicht mehr, weil er sich als Auswechselspieler überflüssig vorkam. Der Schalker Vorstand mußte ihn erst daran erinnern, daß sein Vertrag noch bis 1976 lief, dann kehrte er zurück in den Kreis der Mannschaft.

Doch aufs Spielfeld ging er nicht mehr. Max Merkel hatte Ivica Horvat, dem man Erfolglosigkeit vorgeworfen hatte, abgelöst, und trotz anfänglicher Bereitschaft (Merkel: »Der Junge hat alles, was ein Fußballer braucht«) sortierte ihn der neue Mann aus. Zeitungen spekulierten auf eine Rückkehr, und sie zitierten den einstigen Helden mit markigen Sprüchen (»Ich spiele nicht aus lauter Lust und Laune«, »Was die augenblicklichen Schalker Stürmer bringen, das schaffe ich auch«), doch Libuda nahm schnell alles zurück. »Vielleicht mache ich einen Fehler. Wenn es schiefgeht, ist mein Name ruiniert«, zweifelte er an seinem Können. Und fürchtete den Kommando-Ton des neuen Trainers: »Anbrüllen lasse ich mich von niemand. Dann ist gleich Schluß.«

Doch eine Chance wollte Merkel ihm gar nicht mehr geben. Man habe mit Elgert und Abramczik zwei bessere Rechtsaußen. »Ich sehe schwarz für ihn.«

Eine neue Existenz wollte sich der Dribbler aufbauen, bei Schalke 04 hatte man nun keine Verwendung mehr für ihn. Doch als er sich entschloß, den Tabakladen von Ernst Kuzorra

(x) B. Roy

zu übernehmen, da machte er den Fehler, vor dem er sich gefürchtet hatte.

Die Freundschaft war aus

Leben nach dem Fußball

Ernst Kuzorra war alt geworden. Er hatte nicht mehr die Kraft und auch nicht mehr die Lust, sich um seinen Zigarettenladen zu kümmern. Ein Generationswechsel bot sich an. Und wer war schon für das traditionsreiche Geschäft, direkt neben der Glückaufkampfbahn, besser geeignet als Reinhard Libuda? »Kuzorra – Libuda« stand in dicken Lettern über dem Laden, in dem neben Zigaretten und Totozetteln auch Eintrittskarten für Schalke 04 angeboten wurden.

Hinter dem Tresen stand fortan ein Mann, den sie einst sehr verehrt hatten »auf Schalke«, der aber stets unnahbar gewesen war. Nun hatten die Schalker ihren »Stan zum Anfassen«. Wahrscheinlich war dies das Dilemma.

Noch träumte das Idol hinter der Kasse. Als Jörg F. Hüls einmal vorbeischaute, schwärmte er von einem Abschiedsspiel: »Ich will Real Madrid holen. Die kosten zwar 120.000 Mark. Aber 50.000 Zuschauer kommen bestimmt.« Nach Abzug aller Unkosten blieben ihm rund 200.000 Mark. Geld, das er dringend benötige. An Kuzorra zahle er 600 Mark Pacht im Monat, erzählte er, und sein Mietshaus müsse auch noch abbezahlt werden. Die Abschiedsgala blieb ein Traum.

»'Einmal HB – Zwozwanzig', sagt der Stan geschäftstüchtig, 'einmal Lotto, Vierzwanzig.'« Hüls meinte: »Eine wahre Goldgrube. Denn jeder Schalker, der was auf sich hält, kauft bei ihm seine Zigaretten.«

Am Anfang war der Laden wirklich rappelvoll. Nach einer Weile kamen immer weniger. Ein paar Freunde schauten mal rein, Neugierige. Dann kamen die Väter und schleppten ihre Söhne in den Tabakladen am Schalker Markt. Sie zeigten auf den Mann, der einst angeblich als einziger an Gott vorbeikam und nun vor ihnen stand: eine klägliche Erscheinung, die da

Sandaletten tragend mit Fahrradspange an der Hose selbst einfachste Rechenaufgaben (»sechs Karten bitte«) mit der Registrierkasse zu bewältigen versuchte. »Sieh nur, was geschieht, wenn man nichts Anständiges lernt«, lautete die pädagogische Botschaft derartiger Besuche. Der traurige Held hinter der Kasse nahm den Charakter dieser Abstecher in seine Welt wahr, doch wehren konnte er sich dagegen nicht.

Der Laden erschien wie ein Ausstellungsraum im Fußball-Panoptikum des Ruhrpotts, und Libuda fühlte sich nicht ganz zu Unrecht wie ein besonders exotisches Stück in der Sammlung. Ständig begafft von einer nach Sensationen und kumpelhaftiger Nähe lechzenden Kundschaft, die nach absolvierter Visite zufrieden von dem, was sie sah, raunte: »Der arme Stan, im Leben scheint er wohl nicht so zurechtzukommen.«

So wurde aus der Legende Libuda langsam das »Original« Libuda. Aus Bewunderung wurde Mitleid. Aus dem Geschäft wurde ein Käfig.

Auch Libudas ehemaliger Trainer Rudi Gutendorf schaute noch einmal in der Kurt-Schumacher-Straße vorbei und sah einen »deprimierten Mann in einem nach Tabak stinkenden Kasten, vielleicht 16 Quadratmeter groß. Ausgestellt wie ein schönes, wildes Tier. Und Schalke 04 hat nicht die geringsten Anstrengungen unternommen, ihn da herauszuholen. Ganz im Gegenteil: Der Verein war doch froh, den Spieler auf diese Art und Weise 'elegant' loszuwerden.«

All die Versuche des Klubs, Libuda in die Vereinsarbeit einzubinden, hält Gutendorf nur für halbherzige Manöver. »Hätten sie ihm helfen wollen, hätten sie ihn gedrängt, Jugendtrainer zu werden. Sie hätten ihn, der ja doch immer ablehnte, einfach verpflichten müssen. Doch das wollten sie nicht. Auf Libuda war ja so wenig Verlaß. Und nichts wird so schnell vergessen wie die Erfolge der Vergangenheit.« Alle Versuche etwa Rudi Assauers, ihn zum Fußballspielen mit den »Ehemaligen« zu bewegen, lehnte Libuda brüsk ab. »Laßt mich mit dem Kram in Ruhe. Ich will kein Theater.« Im Freundeskreis gestand er seine Furcht vor der Blamage. »Ich bin doch so dick geworden«, klagte er:

»Der Siebert und der Assauer, die sind so sportlich. Hinterher lachen mich alle aus und rufen: 'Stan hau ab.'«

Doch daß Libuda schwer zu irgend etwas zu bewegen war, war von vornherein klar. »Er wollte doch auch nicht Mannschaftskapitän werden«, berichtet Gutendorf. Nur: »Weil mir etwas an Libuda lag, habe ich ihn dazu gedrängt, ihm keine Wahl gelassen. Und es hat ihm gut getan. Schalke hingegen hat Libuda hängengelassen.«

Besonders tragisch für einen Mann, für den Schalke 04 immer weit mehr war als nur irgendein Verein.

Es hat nicht allzu lange gedauert, bis Libuda seinen neuen Arbeitsplatz gehaßt und auch gefürchtet hat. Nicht von der burschikosen Konstitution der Schalke-Überfigur Ernst Kuzorra, war Toto-Lotto-Libuda mit seinem Versuch als Geschäftsmann eigentlich von Anfang an zum Scheitern verurteilt. Und das trotz der für solche Nostalgiegeschäfte geradezu traumhaften Lage am Schalker Markt, einen Steinwurf von der berühmten Glückaufkampfbahn, jener Pilgerstätte des Gelsenkirchener Fußballs, entfernt. Mit etwas Geschäftssinn hätte der legendäre Rechtsaußen hier steinreich werden können.

Doch Libuda sah man in seinem Tabakladen nur sporadisch. Manchmal hing ein handgeschriebener Zettel an der Tür, der mitteilte, daß der Pächter gerade Pause mache oder wichtige Besorgungen zu erledigen habe. Doch das war lediglich ein Euphemismus für den Abstecher in die nächstgelegene Kneipe: »'n Bier und 'n Korn« – im Ruhrgebiet sagt man auch Gedeck dazu. Hier gafften sie nicht und stellten dumme Fragen, denn am Tresen kannten sie die Antworten schon, und sie kannten den Schmächtigen mit der Sonnenbrille und seine krankhafte Empfindsamkeit sowohl gegenüber Neugier als auch gegenüber Anteilnahme.

Auf Gisela als Partnerin im Laden konnte er nicht bauen. Der Fußballheld als Tabakhändler – das entsprach nicht gerade ihrem Entwurf eines Lebens nach dem Sport. Gegenüber der Frauenzeitschrift »Jasmin« hatte sie 1969 ihre Wünsche artikuliert, da hatte sie von einer Boutique und einem Bungalow geträumt. Nicht von einem Tabakladen. Sie kam aus Haverkamp, und nun blieb sie dort.

Im übrigen war ihr Geschäftssinn offenbar auch nicht übermäßig ausgeprägt. Geld hatte da zu sein, und Geld mußte ausgegeben werden. Wie man es verdient, das wollte die Fußballbraut nicht wissen. Und davon verstand sie wohl auch nicht besonders viel.

So kam es, daß die Eltern Libuda die einzigen waren, die helfend einsprangen: Mutter Martha und Vater Paul, der Pensionär, der sein Leben lang in der Zeche geschuftet hatte. Auch nicht gerade eine besonders glückliche Konstellation, um ein vom Ruin bedrohtes Geschäft wieder flott zu machen. »Stan« selbst fehlte längst die Kraft, seine – in diesem Fall – finanziellen Probleme in den Griff zu bekommen.

Wie ein Alp lastete noch immer der Bundesligaskandal auf dem Fummler. Vor dem Landgericht Essen kam es zur Anklage wegen Meineids. Am 27. Dezember 1975, um 11.27 Uhr, kam endlich Licht ins Dunkel. Hans-Jürgen Wittkamp, mittlerweile Libero bei Borussia Mönchengladbach, brach sein Schweigen und gestand mit stockender Stimme: »Wir alle haben Geld bekommen. Auch die Ersatzspieler.«

Man wäre eigentlich entschlossen gewesen, das Spiel nicht zu verkaufen, erklärte der Spieler, denn Libuda habe die Manipulation abgelehnt. Doch in der Halbzeitpause sei plötzlich das Geld aufgetaucht. Da wollte man nicht wortbrüchig werden. Der Gang der Dinge habe die Mannschaft überrollt. Der Vorstand habe zur Klage gegen den Bielefelder Neumann gedrängt, danach hatte man bei Staatsanwalt Dieckmann aussagen müssen, »und zu unserem Entsetzen wurden wir alle dort vereidigt.«

Dem Geständnis Wittkamps schlossen sich die anderen Angeklagten an. Das Landgericht Essen verurteilte sie wenig später, Reinhard Libuda »zu einer Geldstrafe von 120 Tagessätzen zu je 83,– Mark«. Das waren 9.960,– Mark. »Die Angeklagten haben die Kosten des Verfahrens zu tragen.«

Als Günter Siebert und Heinz Aldenhoven vom Vorwurf freigesprochen wurden, von den Vorgängen gewußt und sich aktiv an der Schiebung beteiligt zu haben, schrieb der »Schalker Kreisel« übermütig: »Freispruch für Günter Siebert. Alle Schalker können stolz sein!« Und Siebert tönte: »Jetzt können alle Schalker wieder mit hocherhobenem Kopf ihre Liebe zu unserem Klub dokumentieren.« Ein paar Anekdoten aus dem Prozeß wurden noch süffisant aufgewärmt. Etwa Sieberts Bemerkung, der Verein habe den beschuldigten Spielern eidesstattliche Versicherungen abgenommen, worauf der Vorsitzende Pohl geäußert haben soll: »Eidesstattliche Versicherungen? Na, sagen wir mal: Die haben den Vereinseid geleistet, auf die blau-weiße Fahne.« Ansonsten legte man bei Schalke 04 die Akten erleichtert zur Seite. Nur der spöttische Beiname »FC Meineid«, der schmerzte ein wenig.

Reinhard Libuda wuchsen seine finanziellen Belastungen über den Kopf. Er hatte Anwalts- und Gerichtskosten zu zahlen, die Pacht an Ernst Kuzorra, und auch das Mietshaus in der Plutostraße 96 verschlang immer mehr Geld. Zudem verstarb am 22. Oktober 1976 Heinrich Orzewalla, selber ein recht erfolgreicher Unternehmer, der Libuda immer geholfen hatte, seine Geschäfte in den Griff zu bekommen. Nun mußte er sich, ohne Verein und ohne »Onkel Heini«, um alles selbst kümmern.

Er entschloß sich, das Mehrfamilienhaus zu verkaufen. Als er den Bau begonnen hatte, äußerte Libuda später, habe ihm Schalke 04 dabei unter die Arme gegriffen. »Aber als ich dann nach Straßburg gehen mußte, da war es mit dieser Hilfe schlagartig vorbei. Aus den Augen, aus dem Sinn, na ja. Monatelang wurde nicht weitergebaut.« Und jetzt fühle sich auch seine Familie nicht mehr wohl. Er wollte raus aus dem Klotz am Tossehof, und er fand jemanden, der durchaus interessiert war an dem Objekt: Norbert Nigbur, der aufgrund seiner Differenzen mit Trainer Merkel jetzt bei Hertha BSC spielte. Doch was immer Nigbur ihm auch vorrechnete: Viel sprang für Libuda nicht heraus. »Wert dieses Mietblocks: 1,45 Millionen«, hatte eine Tageszeitung geschätzt. Doch nach dem Verkauf seien Libuda gerade 220.000,– Mark geblieben. Das reichte für ein kleines Reihenhaus und die Abzahlung der Schulden.

»Er trinkt zuviel«, munkelten sie in Gelsenkirchen und wurden in ihrer Annahme bestätigt, als Libuda 1979 den Führerschein verlor. Mit 2,34 Promille wurde der Fußballer in seinem Mercedes gestoppt. Er habe nur einen Freund nach Hause fahren wollen, beteuerte er. Doch das nützte ihm nicht mehr viel. Er sattelte um auf sein Fahrrad und erhielt den Führerschein auch nicht mehr wieder. Als er nach Verbüßung der Strafe vom Richter gefragt wurde, ob er denn noch regelmäßig trinken würde, antwortete er: gelegentlich. Das war ehrlich, aber nicht besonders clever. Der »Lappen« wurde ihm nicht wieder ausgehändigt.

»Mehr als alle anderen wurde der Stan in Schalke verhätschelt und herumgereicht«, erzählte Rolf Rüssmann, der einer der wenigen war, die den Kontakt zu dem sensiblen Dribbler nie abreißen ließen. »Und als dann alles vorbei war, wurde er mit der neuen Situation nicht mehr fertig. Zudem war er geschäftlich nicht sehr begabt.«

»Die sogenannten Freunde kamen, solange der Reinhard ihnen in seinem Tabakladen am Schalker Markt Freikarten für die Bundesligaspiele gegeben hat«, meinte Martha Libuda resignierend. »Sie haben sich an ihm gesundgestoßen, jetzt sind sie mit seinem Geld in Urlaub. Es wird sich nie wieder sehen lassen.«

Irgendwann war gar nichts mehr übrig. Von 49 Mark Tagesumsatz könne er nicht leben, sagte er. »Die Leute haben doch kein Geld mehr für Zigarren.« Außerdem verlange Kuzorra jetzt 700,– Mark Miete.

Doch er selbst kümmerte sich mittlerweile weniger um das Geschäft als seine Mutter. Anfang der achtziger Jahre verlor Libuda seinen Vater, der an der Bergarbeiterkrankheit Staublunge starb. 1983 verlor er seinen Laden.

»Seinen Mann stand freilich auch Reinhard Libuda nicht immer«, schrieb der »Weser-Kurier«. »Kenner der traurigen Szene sagen, daß er, wenn ihn die Unlust überfiel, einfach den Rolladen heruntergelassen und sich in die nächste Kneipe gesetzt habe. Den Rest, so die Mutter, habe ihm dann Kuzorra gegeben. 'Der Ernst hat genug Geld, der hätte mit seinen Forderungen ruhig noch ein bißchen warten können', meint sie. Bundesverdienstkreuzträger Kuzorra, dem das Haus mit dem Laden gehört, habe auf 1.000 Mark Nachzahlung für Öl sofort bestanden und so den Kollaps beschleunigt.« Dann berichtete die Mutter dem Blatt: »Ich habe dem Reinhard fast meine gesamten Ersparnisse, zuletzt noch 25.000 Mark, gegeben. Zurück bekomme ich das Geld bestimmt nie.«

Ihm ginge es nicht schlecht, erklärte Libuda. »Ich brauche noch kein Trockenbrot zu essen und kann mir auch noch ein Bier leisten.« Über seine Zukunft indes hatte sich der gescheiterte Geschäftsmann keine Gedanken gemacht. Nun wolle er im Freien arbeiten, verkündete er. Den Job einer Bremer Firma, die ihm anbot, Pokale zu verkaufen, lehnte er freilich ab. Das sei mit zu vielen Reisen verbunden.

Die letzten Waren holte Martha Libuda mit ihrem neuen Lebensgefährten, einem Witwer aus Döbeln in Sachsen, aus dem Laden und verscherbelte sie. Auf die Frage nach ihrem Sohn antwortete sie: »Er sitzt zu Hause und heult sich aus.« Doch die größeren Vorwürfe machte die alte Frau ihrer Schwiegertochter. »Der Reinhard war zu gutmütig«, schimpfte sie, »und die hat das Geld durchgebracht.« Das sei für Gisela eine »reine Geldheirat« gewesen. »Es mußte ja eine Pelzjacke für 4.000 Mark sein. 18 Blusen hängen noch heute in ihrem Schrank.« Hätte er sich doch eine Frau gesucht, die auch im Laden ausgeholfen und mit angepackt hätte. Jetzt war es zu spät.

Kurze Zeit darauf hatte Libuda in der »Sport Illustrierten« ausführlich Stellung genommen zu dem Reinfall mit den Tabakwaren. »Eigentlich habe ich ja geglaubt, mit dem Laden von Ernst Kuzorra eine Arbeit auf Dauer zu haben. Jedenfalls dachte ich das, als ich vor acht Jahren damit begann. Doch schon ziemlich bald habe ich da draufbezahlt. Die Miete war relativ hoch, und die Lage am Schalker Markt im Endeffekt nicht gerade gut. Denn der Umsatz war abhängig vom Tabellenstand des Klubs. Nur wenn die Schalker gut spielten, konnte ich mich mit dem Laden über Wasser halten. Jetzt heißt es immer, es hätte dennoch alles klappen können, wenn ich nur eine Frau gehabt hätte, die sich auch um das Geschäft gekümmert hätte. Sicher, vielleicht wäre ich dann in der Lage gewesen, noch etwas länger Fußball zu spielen, ich hab ja schon mit 31 aufgehört. Zumindest für die zweite Liga hätte es wohl noch gereicht, und ich hätte dann gleichzeitig zusammen mit meiner Frau Gisela den Laden führen können.«

Doch nicht alle hatten »Stan« Libuda vergessen. Als Rolf Rüssmann von der Misere erfuhr, in der sich sein Freund befand, versuchte er prominente Fußballer zu einem Benefizspiel zu bewegen. Verschiedene Möglichkeiten wurden erwogen: Die Pokalsieger von '72 wollten gegen die Schalker Mannschaft von 1983 antreten. Auch frühere Kollegen aus der Nationalmannschaft, wie Wolfgang Overath, erklärten sich bereit, für Libuda zu spielen. »Ein Benefizspiel in der alten Glückaufkampfbahn an einem Sonntagmorgen mit Bergwerkskapelle, das ist unser Ziel«, erklärte Rüssmann, der mit einem Erlös von 25.000 Mark rechnete. Doch »Stan« war zu stolz und beschämt, die Hilfe der anderen anzunehmen. »Laßt mich in Ruhe«, knurrte er und zog sich zurück.

»Wahrscheinlich wäre Libuda froh, wenn er das Vermögen hätte, was Franz Beckenbauer als Steuerschulden zahlen mußte«, mutmaßte die »Bunte«.

Die finanziellen Probleme und der Alkohol gaben auch der Ehe den Rest. Einen Monat nach der »Pleite« mit dem Kuzorra-Geschäft kam es zum blutigen Streit. »Es war schon fast dunkel, als Reinhard Libuda nach Hause kam, in sein Reihenhaus in Gelsenkirchen«, hielt eine Zeitung fest. »Angeblich war er betrunken – wie oft in letzter Zeit. Ein guter Freund der Familie schildert, was danach passierte: 'In der Küche trifft er seine Frau, beschimpft sie, schlägt ihr mehrfach ins Gesicht, packt sie an den Schultern, schüttelt sie. Mit der Stirn bricht er ihr das Nasenbein. Sie torkelt, hat Todesangst. Auf dem Tisch liegt ein Küchenmesser. Gisela Libuda greift danach und stößt zu. Vom Brustbein ihres Mannes prallt die Klinge ab.'«

vgl. Bubi Scholz?

EHE-SCHEIDUNG

Gisela wurde in Zimmer 73 des Marienhospitals behandelt. Danach zog sie mit Matthias-Claudius zu ihrer Mutter. Reinhard wurde nach ambulanter Behandlung mit einer Stichwunde knapp unterhalb des Kehlkopfs entlassen. »Ich habe nicht angefangen, und ich war nicht besoffen – wie sie behauptet«, verteidigte sich der einstige Fußballheld. Im übrigen sei seine Frau seit Jahren alkoholkrank und habe schon einmal zugestochen.

Kurz darauf erklärte er: »Krach kommt überall vor – und daß es bei uns eskalierte, hängt auch damit zusammen, daß meine Frau krank und dadurch bedingt mit den Nerven am Ende ist. Nach dem Streit war sie zehn Tage bei ihrer Mutter und ist dann in unser Haus zurückgekommen, von Scheidung ist nicht mehr die Rede. Wichtig ist nur noch, daß sie gesund wird. Doch das ist nicht so einfach, weil sie einfach nicht das Haus verlassen will, obgleich es sicher besser wäre, wenn sie eine Kur machen würde. Aber ich kann sie doch nicht mit Gewalt wegbringen. Nur: So wie bisher kann es nicht weitergehen, so ist es kein Leben...«

Libudas Hoffnung auf Heilung war ein Trugschluß. Es dauerte nicht lange, da wurde die Ehe geschieden.

»Je mehr ich darüber nachdenke, um so mehr komme ich zu der Überzeugung, daß fast alles seinen Ursprung in meiner Verwicklung in den Skandal hat«, sinnierte er. »Und das ausgerechnet bei mir, der sich nachweislich von allen Schalkern am längsten gewehrt hat, das Spiel gegen Bielefeld zu verschieben. Die anderen Spieler waren jünger, hatten Zeit, die Folgen zu verkraften. Bei mir war das anders. Ich war so enttäuscht, auch über mich selbst, daß ich einfach nicht drüber weg kam. Ob ich nun nach Straßburg wechselte oder zurückkehrte, ob lebenslange Sperre durch den DFB oder Begnadigung – ich hatte vom Auffliegen der Manipulationen an einfach keine Lust mehr. Ich hatte die Lust am Fußball verloren.«

Er hatte auch die Lust am Leben verloren, von dem er ja behauptet hatte, es bestünde aus Fußball.

Wenn Libuda nun wieder einmal Schlagzeilen machte, dann als gescheiterter Held. Mit Rudi Brunnenmeier (»Geschäftsführer hinter der Theke der 'Dolly-Bar'«) verglich man ihn und mit Bubi Scholz (»erschoß seine Ehefrau im Suff«). Libuda verkaufte das kleine Reihenhaus und zog in die »Komfortwohnung« von Martha. Dort hatte er zehn Quadratmeter, Platz für ein Bett und ein Poster der Pokalsieger-Elf von 1972. Erinnerungen in schwarz-weiß an den letzten großen Triumph im Niedersachsenstadion. Seitdem war es nur noch bergab gegangen. Wenn er im Stadion saß, dann hielt er das Bier nicht in der Hand, sondern hatte es vor sich auf dem Betonboden stehen. Wenn niemand guckte, beugte er sich heimlich hinab und nahm verschämt ein paar Schlucke.

Es gibt nur wenige Vereine, die sich so intensiv um ehemalige Spieler kümmern wie Bayern München. »Das Risiko, daß Fußballer, die ja sehr schnell sehr viel verdienen, sich verspekulieren, ist sehr groß«, weiß Manager Uli Hoeneß. »Da gibt es die dubiosesten Sachen: Bauherrenmodelle, Warentermingeschäfte und so weiter. Um den Spielern bei der Anlage zu helfen, haben wir extra einen Investment-Klub gegründet, um darüber bei Großbanken das Geld vernünftig anzulegen. Am Anfang war das Interesse sehr groß, danach ist das ganze Projekt allerdings eingeschlafen.« Schließlich hätten sich die Zeiten geändert. Heute würden die meisten Spieler von Kopf bis Fuß von Beratern und Managern verwaltet. Dennoch beschäftigt der Verein außergewöhnlich viele ehemalige Spieler wie Dremmler, Aumann, Pflügler, Sepp Maier oder Gerd Müller heute noch. Hoeneß spricht »von einer moralischen Verpflichtung«, die die Vereine hätten. Das mag heute in einigen Klubs so sein. Libuda jedoch hatte niemanden, der sich um seine Geldgeschäfte kümmern konnte.

Die Alkoholprobleme bekam er rasch in den Griff, die Finanzen nicht. Morgens zwischen 8 und 8.30 Uhr ging der Frühaufsteher auf den Friedhof Bismarck und hielt Zwiesprache mit seinem verstorbenen Vater. Zu dieser Zeit war sonst fast niemand dort, so war er ungestört. Danach fuhr er auf seinem

Rennrad, Schirmmütze auf dem Kopf und Rucksack auf dem Rücken, durch den Stadtteil, manchmal schaute er beim Training der Schalker in der Glückaufkampfbahn vorbei und samstags saß er auf der Tribüne, wenn Schalke Heimspiele hatte. Erkannt werden wollte er nicht mehr. »Er hatte immer eine Sonnenbrille auf«, erinnert sich Vereinswirt Gerd Bosch, »und dachte, man erkennt ihn dann nicht. Doch alle haben gewußt, wer er war. Und diejenigen, die ihn nicht ohnehin erkannten, wußten: Libuda ist der mit der Brille.«

Das Stadion verließ er meistens zehn Minuten vor Schluß, danach schaute er gelegentlich bei Bosch in der Kneipe vorbei und setzte sich an den letzten Tisch. Wenn jemand kam und sich zu ihm setzte, um alte Geschichten erzählt zu bekommen, stand er auf und ging. »Ein Fatzke oder ein Disco-Typ bin ich nie gewesen. Ich weiß, daß ich ein guter Fußballer war, doch ich habe deshalb nie abgehoben. Und Schulterklopfer waren mir ständig zuwider«, sagte er. Freunde hatte er zu diesem Zeitpunkt kaum noch, denn denen, die ihn einst umschwärmt hatten, hatte der verarmte 26fache Nationalspieler nicht mehr viel zu bieten.

Als Ärzte eine Darmgeschwulst feststellten, die dringend operiert werden mußte, war das dem »Kicker« am 17. April 1986 eine Zwanzig-Zeilen-Meldung wert. Libuda lag im Marienhospital in Gelsenkirchen-Ückendorf. Mit Blaulicht hatten sie ihn einliefern müssen, dann war er sofort in den OP gebracht worden. »Keine Journalisten«, baten die Mediziner. Libuda wollte seine Ruhe haben. »Aber wer soll das bezahlen?«, klagte Martha Libuda: »Seit ein paar Jahren schon hat mein Reinhard doch keine Beiträge mehr für die Krankenkasse eingezahlt. Mein Junge hat nichts mehr. Er hat nur noch Schulden, nichts als Schulden. Er hat nicht einmal mehr einen Schlafanzug. Ich hatte ihm vom Papa einen mitgegeben. Was wäre bloß, wenn ich die Garderobe seines verstorbenen Vaters nicht immer fein gebügelt und aufbewahrt hätte...«

Er hatte wohl nur noch seine Mutter, die sich um ihn kümmerte. Mit ihren 1.300 Mark Rente, die sie im Monat bekam.

Doch ganz aufgeben mochte sich Reinhard Libuda nicht. Obwohl ihm der Gang schwergefallen war, hatte er sich beim Arbeitsamt um eine neue Stelle bemüht. Irgendjemand fotografierte ihn dort. Doch als ein »Stern«-Reporter die Geschichte recherchierte, stieß er in Gelsenkirchen auf eisiges Schweigen. »Keiner sitzt mehr an der Theke, die ganze Kneipe hat sich im Seitenraum um den Dia-Projektor versammelt. Gerd Bosch, der Gastwirt, zieht die Gardinen zu. Der Apparat springt an. Bild eins unscharf, Bild zwei unscharf, Bild drei: stop. 'Das soll der Stan sein?' ruft Bosch. Die Männer ringsum schweigen, einer schüttelt den Kopf. 'Nie. Nie und nimmer ist das der Stan.' Die Schattengestalten nehmen ihr Pilsglas und einen tiefen Hieb. 'Nee, isser nich', murmelt ein Rentner. Alles im Eimer. Die ganze Geschichte im Mülleimer.«

Heinz-Wilhelm Bertram konnte seinen Bericht dennoch schreiben. Es war Libuda, den die Männer auf dem Foto gesehen hatten. Libuda vor dem Arbeitsamt Gelsenkirchen. Eigentlich undenkbar, doch er war es.

Günther Thomas leitet eine Papierveredelungsfirma. Verpackungkartons, Plakate, Werbebroschüren. Irgendwann klingelte das Telefon. Am Apparat war Rolf Rüssmann. Er hatte erfahren, daß Libuda vor dem Arbeitsamt gesehen worden war. Nun wollte er helfen. »Rolli Rüssmann bat mich, seinen Freund Stan doch in unserem Unternehmen unterzubringen.« Der sei arbeitslos, jetzt müsse man helfen. »Kein Problem«, erwiderte Thomas, der sich geschmeichelt fühlte und die Gelegenheit sah, sich bei Libuda zu revanchieren, »weil er mir in meiner Jugendzeit mit seinen Flankenläufen auch eine Freude bereitet hat.« Der Betrieb war klein, und er lag nur einen Steinwurf von der Wohnung des Idols entfernt. Das Arbeitsamt begrüßte die Vermittlung. Libuda, das war nicht irgendein Name in der Kartei.

An ein Gespräch kann sich Thomas besonders gut erinnern: »Beim Arbeitsamt gab es viele Fußballfreunde, Anhänger von Stan Libuda, die das Anliegen hatten, ihn da aus dem Verkehr zu ziehen. So sagte ein Mitarbeiter des Arbeitsamts zu mir: 'Gelsenkirchen hat 29.000 Arbeitslose, aber nur einen Stan Libuda.'«

Libuda willigte ein und wurde an den Veredelungsmaschinen ausgebildet, er lernte Folie aufs Papier zu bringen, in Glanz- und Mattbereichen, »eignete sich einige praktische Griffe in dieser Unternehmung an und assistierte den Mitarbeitern«. Libuda gefiel der neue Job offensichtlich.

Einem Freund erzählte er, endlich fühle er sich wohl. Hier habe er seine Maschine, hier würde ihn niemand drängen. Selbst als Fußballspieler habe er doch nicht machen können, was er eigentlich wollte. Das sei nun anders.

Nur gelegentlich wurde es ihm zur Qual. Manchmal begleitete er seinen Arbeitgeber auf dessen Drängen zu irgendwelchen Schützenfesten »gerade in der sauerländischen Gegend, um sich dort zu präsentieren«. Oder er mußte nach dem Besuch einer Druckerei im Münsterland sein Autogramm an die Wand eines italienischen Restaurants kritzeln. Seiner Mutter hatte er sich einmal anvertraut. »Als er in der Druckerei vor einer Besuchergruppe auf den Knien einen Ölfleck wegwischen mußte, da sagte er zu mir: 'Ach Mama, damals, als ich die vielen Tore geschossen habe, wer hätte da ahnen können, daß ich einmal so da knien müßte...'«

Wenn es ihm besonders schlecht ging, dann machte ihm Martha sein Leibgericht, Königsberger Klopse. Aber manchmal auch Kaninchen oder Taube.

Mit Matthias-Claudius telefonierte Libuda täglich um 18 Uhr. Und auch das Verhältnis zu Gisela besserte sich. Jeden Sonntag besuchte er sie. Dann brachte er Blumen mit und eine Schachtel Zigaretten. »Wir waren zu jung, als wir heirateten«, sagte er und sprach davon, vielleicht doch einmal wieder mit ihr zusammenzuleben. Auch das blieb ein unerfüllter Wunsch.

Karl-Heinz Schnellinger hörte vom Mißgeschick des einstigen Gefährten und meldete sich aus Italien. »Der Mann hat so viel für den deutschen Fußball getan und wird jetzt so im Stich gelassen.« Der DFB müsse endlich einen Sozialfonds für verarmte Nationalspieler gründen. »Es ist zuwenig, immer nur salbungsvolle Reden zu halten.«

Es hatte ein Wandel stattgefunden.

Als Libuda im Dezember 1992 heiser wurde, da hätte ihm auch ein Sozialfonds nicht mehr helfen können. Er klagte über Halsbeschwerden, und die Ärzte vermuteten Bronchitis. Kurz vor Weihnachten arbeitete er noch, doch als er ins Krankenhaus eingeliefert wurde, da erkannten sie einen Kehlkopftumor. Er wurde sofort operiert, ein Stimmband wurde entfernt. Doch von diesem letzten Schlag erholte sich der Dribbler nicht mehr.

Seinen 50. Geburtstag feierte er zurückgezogen in Bad Reichenhall, wo er sich von Operation und Kehlkopfkrebs erholen wollte. In der Öffentlichkeit ließ er sich kaum noch blicken. Manchmal schlich er mit einem breiten Halstuch über die Straße und verschwand in einer seiner beiden Stammkneipen, in den »Grieser Stuben« um die Ecke oder in der »Sternschänke« in Wanne-Eickel, wo er mit Wirt Werner Flachert über Fußball und Boxen fachsimpelte. Wo Fußballwimpel an Eichenholz an schöne Zeiten erinnerten. Wo sie manchmal Blau-und-Weiß auflegten und manchmal das Kufsteinlied. Und wo niemand fragte, wieviel Bier er zu trinken gedächte.

Die Kumpels von der »Sternschänke« erinnern sich gerne an ihren Stan. »Er hat die Bohnensuppe immer dem Kaviar vorgezogen«, resümieren sie. »Und eins hat er nicht verkraftet: Dat mit dem vielen Geld. Dat Fernsehen bestimmt die Anstoßzeiten, und Treue, die gibts nicht mehr. Der Stan, der hat dat nicht wahrhaben wollen. Der sachte, dat es früher mehr Zusammenhalt gab in der Truppe. Nur als es anfing mit den unterschiedlichen Gehältern, da fiel alles auseinander. Da kam die Mannschaft nur noch bei großen Anlässen zusammen. Die Freundschaft war aus.«

Nach der erfolgreich verlaufenen Operation, die Ärzte hatten gute Heilungschancen attestiert, schmiedete der ehemalige Fußballer noch einmal Zukunftspläne. In der Fabrik würde er wegen der Belastung nicht wieder arbeiten können, das war klar. Aber er hätte da was, erklärte er einem Freund. Irgendwas mit Schalke. Da könne er wohl arbeiten. Jetzt plane er, sich erneut zur Fahrschule anzumelden, um den Führerschein noch einmal zu bekommen. »In Wanne-Eickel vielleicht – da sind nicht gleich die Presseleute hinter mir her.« Seiner Mutter erzählte er davon noch nichts, denn es sollte eine Überraschung sein.

Bekannte glaubten, er hätte wohl im Verein einen Job bekommen. So, wie Willi Koslowski, den sie wegen seiner pechschwarzen Haare »den Schwatten« nennen. Der war auch einmal Nationalspieler gewesen und verdient heute sein Einkommen bei Schalke 04 als »Mädchen für alles«. Mal holt er Pommes rot-weiß, mal bringt er Eilpost mit dem Auto nach Frankfurt zum DFB.

Einmal noch fuhr Reinhard Libuda mit einem Freund in den Urlaub. Sie wohnten in Gran Canaria: schönes Hotel in Maspalomas, Sonne, keine Schornsteine und viel Ruhe. Nur wenige Kilometer entfernt betrieb Günter Siebert seine Kneipe: »Oscar's Pub«, ein gediegener Tanzschuppen für alle, denen die Insel noch zu spanisch ist und die nur beim deutschen Schlager in Stimmung kommen. »Komm doch mit«, drängte der Bekannte. »Der Günter freut sich bestimmt, wenn Du kommst.« Doch Libuda wollte nicht mehr. Er hatte wohl nicht vergessen, wie sie ihn in Schalke verabschiedet hatten. Er wollte den gebräunten Ex-Präsidenten nicht mehr sehen. Und auch nicht seinen Klüngel, den er dort um sich scharte. Er wollte nur noch seine Ruhe.

Heinz war der letzte der Kumpels, mit denen sich Reinhard Libuda immer noch regelmäßig getroffen hatte. Am 25. August 1996 klingelte bei ihm um 8.30 das Telefon. Eigentlich lief zu dieser Zeit immer das Band, doch weil die zwei sonntags gelegentlich gemeinsam auf den Friedhof gingen, nahm er ab. Matthias-Claudius war dran: »Kannst Du kommen? Es ist etwas Schreckliches passiert.« »Was denn?« »Ich kann es nicht sagen. Es ist so schlimm. Komm bitte vorbei.« Die Befürchtung des Freundes: Es ist etwas mit Gisela. Um die hatten sie sich die meisten Sorgen gemacht. Im Auto dachte er: »Hoffentlich ist mit Reinhard alles in Ordnung.« Doch als er und seine Frau die Wohnung von Gisela erreichten, stand Matthias-Claudius schon weinend in der Tür: »Heinz, der Papa ist tot. Er ist im Wohnzimmer.« Reinhard Libuda hatte die Augen geschlossen, neben dem Sofa lagen noch die Kanülen verstreut. Der Arzt hatte bereits den Totenschein ausgefüllt. Unter »Ursache« trug er »Schlaganfall« ein. Auf eine Obduktion verzichtete die Familie.

Er trug Turnschuhe, als er starb.

Zeittafel

10.10.1943: Reinhard Libuda kommt in Wendlinghausen bei Lemgo zur Welt.

1952: Libuda wird Mitglied beim FC Schalke 04.

1957: Libuda beginnt, nachdem er die Schule nach der achten Klasse beendet hatte, eine Schlosserlehre in der Zeche Consolidation.

18.08.1962: Erster Einsatz von Libuda für Schalke 04 in der Oberliga (gegen Bayer Leverkusen, 2:2). In dieser letzten Oberligasaison wird Libuda in 25 Spielen eingesetzt und erzielt 8 Tore.

24.08.1963: Erster Spieltag der neugegründeten Bundesliga, Schalke gewinnt gegen den VfB Stuttgart mit 2:0, Libuda spielt Rechtsaußen.

14.09.1963: Libuda schießt sein erstes Bundesligator, die Schalker 2:1-Führung in Köln (Endstand 2:2).

28.09.1963: Länderspieldebüt gegen die Türkei (3:0) in Frankfurt.

03.11.1963: Länderspiel gegen Schweden in Stockholm (1:2).

29.12.1963: Länderspiel gegen Marokko in Casablanca (4:1).

01.01.1964: Länderspiel gegen Algerien in Algier (0:2), Libuda spielt nur 45 Minuten.

29.04.1964: Länderspiel gegen die CSSR in Ludwigshafen (3:4), Libuda spielt 45 Minuten.

12.05.1964: Länderspiel gegen Schottland in Hannover (2:2), Libuda spielt 45 Minuten.

29.01.1965: Libuda wird in Gelsenkirchen die Stadtplakette verliehen.

12.07.1965: Sohn Matthias-Claudius kommt zur Welt.

Sommer 1965: Libuda wechselt zu Borussia Dortmund.

30.10.1965: Libuda schießt sein erstes Bundesligator für Borussia Dortmund beim 4:0 gegen den 1. FC Kaiserslautern.

25.01.1966: Testspiel der Nationalmannschaft in Saarbrücken gegen Dukla Prag (Endstand 0:2).

19.04.1966: Testspiel der Nationalmannschaft in Bremen gegen eine ungarische Auswahl, Libuda spielt 45 Minuten (1:0).

05.05.1966: Finale Europapokal der Pokalsieger Borussia Dortmund-Liverpool 2:1, in Glasgow (Hampdon Park), Libuda erzielt in der 107. Spielminute das entscheidende 2:1 – ein Heber aus 35 Metern Entfernung.

30.07.1966: Endspiel der Fußballweltmeisterschaft in London, England-Deutschland 4:2 n.V.

10.12.1966: DFB-Präsident Gösmann überreicht den Spielern von Borussia Dortmund die Dr.-Peco-Bauwens-Medaille in Gold für den Gewinn des Europapokals.

15.09.1967: Günter Siebert wird im Hans-Sachs-Haus in Gelsenkirchen zum neuen Präsidenten von Schalke 04 gewählt.

09.09.1967: Im Bundesligaspiel Borussia Dortmund gegen Bayern München (6:3) schießt Libuda ein Tor, bereitet drei weitere Treffer vor. Jahre später bezeichnet Libuda in einem Interview dieses Spiel als sein bestes.

31.09.1967: Libuda beendet seinen Wehrdienst bei den Panzergrenadieren in Unna.

Sommer 1968: Libuda geht zurück zu Schalke 04. Für den BVB hat er 74 Bundesligaspiele absolviert und dabei acht Tore geschossen.

26.03.1969: Libuda erhält für sein zehntes Länderspiel (gegen Wales) die silberne Ehrennadel des DFB.

14.06.1969: DFB-Pokal-Endspiel Bayern München gegen Schalke 04 (im Frankfurter Waldstadion), die Bayern gewinnen durch zwei Tore von Gerd Müller mit 2:1, Libuda spielt Rechtsaußen für Schalke 04.

01.10.1969: Schalke 04 spielt im Europapokal der Pokalsieger gegen Shamrock Rovers, im Rückspiel (auswärts wurde 1:2 verloren) schießt Libuda das 1:0 (Endstand 3:0 für Schalke).

22.10.1969: WM-Qualifikationsspiel Deutschland-Schottland in Hamburg (3:2), Libuda erzielt in der 79. Minute das 3:2, Deutschland ist damit für Mexiko qualifiziert.

23.12.1969: Eine junge Frau beschuldigt Libuda, sie nach einem Kneipenaufenthalt unsittlich belästigt zu haben.

01.04.1970: Halbfinale Europapokal der Pokalsieger zwischen Schalke 04 und Manchester City, Schalke gewinnt nach einem Treffer von Libuda in der 75. Minute mit 1:0.

15.04.1970: Halbfinale Europapokal der Pokalsieger zwischen Manchester City und Schalke 04, Manchester gewinnt mit 5:1, Libuda gelingt in der 89. Minute das Schalker Tor.

07.06.1970: WM Mexiko, Deutschland-Bulgarien 5:2, Libuda schießt das 1:1 (28. Minute), bereitet drei weitere Tore der deutschen Mannschaft vor.

10.06.1970: WM Mexiko, Deutschland-Peru 3:1, Libuda spielt von Beginn, wird aber in der 64. Minute gegen Jürgen Grabowski ausgewechselt.

14.06.1970: WM Mexiko, Deutschland-England 3:2 n.V., Libuda wird in der 57. Minute ausgewechselt.

17.06.1970: WM Mexiko, Deutschland-Italien 3:4 n.V., Libuda kommt in der 56. Minute für Hannes Löhr und gibt in der 109. Spielminute die Vorlage für Müllers 3:3.

20.06.1970: WM Mexiko, Spiel um Platz 3, Deutschland gegen Uruguay 1:0, Libuda wird in der 74. Minute von Hannes Löhr ersetzt, daraufhin kommt es zur Auseinandersetzung zwischen dem Schalker und Bundestrainer Schön.

17.04.1971: Spiel Schalke 04 gegen Arminia Bielefeld (0:1), Schalker Spieler sollen insgesamt 40.000 Mark erhalten haben, damit sie das Spiel verlieren.

25.04.1971: Libuda bestreitet sein 22. Länderspiel mit der Nationalmannschaft in Istanbul gegen die Türkei.

12.05.1971: DFB-Pokal-Halbfinale Schalke 04 gegen den 1.FC Köln 2:3, Libuda erzielt in der 17. Minute das 2:0 für Schalke 04.

06.06.1971: Horst Gregorio Canellas, Präsident der Offenbacher Kickers, läßt zur Feier seines 50. Geburtstags Tonbandaufzeichnungen von Telefongesprächen zwischen ihm und den Spielern Manglitz (1. FC Köln), Patzke, Wild (Hertha BSC Berlin) und Lutz Lamers (einem Bekannten des Braunschweiger Spielers Ulsass) ablaufen. Der Vorwurf: Etliche Bundesligaspieler seien bestochen worden.

17.06.1971: Canellas behauptet, Schalke 04 habe Kickers Offenbach angeboten, am 22.05.71 für 100.000 Mark absichtlich zu verlieren. Das Spiel endete mit einem Offenbacher 2:1-Sieg. Schalkes Schatzmeister Aldenhoven dementiert.

22.10.1971: Tabellenführer Schalke 04 verliert in Mönchengladbach 0:7.

23.10.1971: Bielefelds Präsident Wilhelm Stute bezichtigt sich selbst, Manipulationen begangen zu haben. Es geht auch um Geld, das Spieler des FC Schalke 04 erhalten haben sollen.

05.04.1972: Der frühere Schalke-Torwart Dieter Burdenski sagt vor dem Amtsgericht Bielefeld aus, er habe nach dem Bundesligaspiel Schalke gegen Bielefeld von Schalke-Spielern gehört, daß Bielefeld Geld für einen Sieg gezahlt hatte.

13.04.1972: Libuda wird zur eidlichen Vernehmung vor das Amtsgericht Gelsenkirchen geladen, es geht um den Vorwurf der Bestechlichkeit.

03.05.1972: Im Gelsenkirchener Hotel »Zur Post« unterschreibt Libuda einen Dreijahresvertrag beim französischen Erstligisten Racing Straßburg.

18.06.1972: Deutschland wird (ohne Libuda) Fußball-Europameister durch ein 3:0 gegen die Mannschaft der Sowjetunion in Brüssel.

19.06.1972: Libuda wird richterlich vernommen vom Amtsgericht Gelsenkirchen.

28.06.1972: Am letzten Spieltag der Saison besiegt Bayern München den Tabellenzweiten Schalke 04 (mit Libuda in seinem vorerst letzten Bundesligaspiel) 5:1 und wird dadurch deutscher Fußballmeister.

29.06.1972: Der französische Fußballverband fragt beim DFB an, ob die Spieler Libuda und van Haaren vom DFB-Gericht verurteilt worden seien.

01.07.1972: DFB-Pokal-Endspiel Schalke 04 gegen den 1. FC Kaiserslautern im Niedersachsenstadion in Hannover, Schalke gewinnt 5:0.

07.07.1972: Auf die Anfrage des französischen Fußballverbandes antwortet der DFB, daß Libuda keines Vergehens beschuldigt wird.

30.09.1972: Der DFB sperrt Libuda auf Lebenszeit und verhängt gegen den Spieler eine Geldstrafe von 2.300 Mark.

13.01.1973: Der DFB bestätigt in der Berufungsverhandlung das Urteil.

01.03.1973: Der französische Fußballverband schließt sich der Entscheidung des DFB an und sperrt Reinhard Libuda.

02.03.1973: Racing Straßburg feuert Libuda fristlos.

10.09.1973: Erstmalig trainiert Reinhard Libuda wieder bei Schalke 04.

05.01.1974: Der DFB hebt die lebenslange Sperre gegen Libuda wieder auf.

19.01.1974: 46.500 Zuschauer erleben das Comeback Stan Libudas im Parkstadion, 3:1 besiegen die Schalker den HSV, Libuda wird zur Halbzeit ausgewechselt.

25.04.1974: Anklage der Staatsanwaltschaft Essen gegen diverse Schalker Bundesligaspieler und Funktionäre wegen Meineids.

03.03.1974: Schalke besiegt Fortuna Köln 6:1, und die Zuschauer feiern ihren Rechtsaußen, der seine Gegenspieler Schwaba und Neues mehrfach blamiert.

21.09.1974: Stan Libuda bestreitet sein letztes Spiel für Schalke 04, gegen Fortuna Düsseldorf (3:0) wird er sieben Minuten vor Schluß für Erwin Kremers eingewechselt. Insgesamt hat Libuda für Schalke 190 Bundesligaspiele absolviert und dabei 20 Tore erzielt.

02.01.1975: Libuda übernimmt den Tabakladen von Ernst Kuzorra (Kurt-Schumacher-Straße 121, Gelsenkirchen).

27.12.1975: Hans-Jürgen Wittkamp, Libero von Borussia Mönchengladbach und als Schalke-Spieler beteiligt am 0:1-Skandalspiel gegen Arminia Bielefeld, legt ein Geständnis ab, Geld erhalten zu haben. Seiner Darstellung schließen sich die anderen Angeklagten, unter ihnen Libuda, an.

1981: Paul Libuda, der Vater von Reinhard, stirbt an Staublunge.

15.07.1983: Libuda übergibt seinen Tabakladen an Rita van Haaren, Frau des ehemaligen Mitspielers Heinz van Haaren.

1983: Es kommt zum Streit mit Gisela, Libuda läßt sich scheiden.

1986: Libuda findet nach Arbeitslosigkeit einen Job in einer Papierveredelungsfirma.

Dezember 1992: Ärzte stellen Kehlkopfkrebs fest.

Januar 1993: Libuda wird operiert.

25.08.1996: Libuda stirbt in Gelsenkirchen an Herzversagen.

29.08.1996: Beerdigung auf dem Gelsenkirchener Ostfriedhof.

Dank an...

Martha Libuda, die ich in Gelsenkirchen besuchen durfte,
Heinz und Sandra Salomon, die bis zum Tod mit Reinhard Libuda eng befreundet waren,
Günter Siebert, den ich in seiner Kneipe »Oscar's Tanz Pub« auf Gran Canaria traf,
Rudi Gutendorf, der Libuda trainierte und zum Mannschaftskapitän machte,
Rudi Assauer, Charly Neumann, Klaus Fischer und Hoppy Kurrat, mit denen ich in den »Zooterrassen« sprach,
Herbert Burdenski, ehemaliger Schalke-Spieler, und Jörg Berger, ehemaliger Schalke-Trainer, der in der DDR eine Diplomarbeit über Rechtsaußen schrieb,
Jürgen Grabowski, der über die Zeit in Mexiko erzählte, und Hennes Löhr, der zur Beerdigung gekommen war,
die HSV-Spieler Jürgen Kurbjuhn und Gerd Krug, die gegen Libuda spielten,
Gerd Kolbe, der das Archiv von Borussia Dortmund führt und umfangreiches Material zur Verfügung stellte,
Günther Thomas, der mir den letzten Arbeitsplatz Libudas zeigte,
Bodo Berg von der Schalker Fan-Initiative und Gerd Bosch aus der Vereinsgaststätte,
Spiegel TV, deren Material ich verwenden durfte, und Redakteur Steffen Haug, der mit Uli Hoeneß und Erwin Kostedde sprach,
die Journalisten Hans-Josef Justen (»Westdeutsche Allgemeine Zeitung«) und Jörg F. Hüls (»Bild«), die über Libuda einst berichteten und nun mit mir über ihn sprachen.

Literatur

Baroth, Hans Dieter, »Anpfiff in Ruinen. Fußball in der Nachkriegszeit« (Essen 1990)
Baroth, Hans Dieter, »Jungens, Euch gehört der Himmel«, Zur Geschichte der Oberliga West (Essen 1988)
Bausenwein, Christoph, »Geheimnis Fußball. Auf den Spuren eines Phänomens« (Göttingen 1995)
Beckenbauer, Franz, »Franz Beckenbauer – meine Gegner, meine Freunde« (Hamburg 1987)
Böström, Jörg, »Schalke, Untersuchungen in einer Arbeiterstadt« (Bielefeld 1974)
Böttiger, Helmut, »Günter Netzer – Manager und Rebell« (Frankfurt/Main 1994)
Böttiger, Helmut, »Kein Mann, kein Schuß, kein Tor« (München 1993)
Bovermann, Rainer; Goch, Stefan; Priamus, Heinz-Jürgen, »Das Ruhrgebiet – Ein starkes Stück Nordrhein-Westfalen« (Essen 1996)
Frank, Wolfgang, »Nach dem Spiel ist vor dem Spiel. Die wunderbare Welt des Fußballfans« (Hamburg 1996)
Hansen, Klaus, »Verkaufte Faszination. 30 Jahre Fußball-Bundesliga« (Essen 1993)
Harder, Ben, »Die deutsche Fußballbundesliga 1965/66« (Lengerich 1965)
Harig, Ludwig; Kühn, Dieter, »Netzer kam aus der Tiefe des Raumes« (München 1974)
Heymann, Alfred, »Borussia Dortmund – Die Borussen kommen«, (Düsseldorf)
Homann, Ulrich; Thomann, Ernst, »Als die Ente Amok lief. Geschichten aus den ersten zehn Jahren Fußball-Bundesliga« (Essen 1989)

Hornby, Nick, »Ballfieber. Die Geschichte eines Fans« (Hamburg 1996)
Huba, Karl-Heinz, »Sternstunden des Fußballs« (München 1991)
Huberty, Ernst, »Die Fußballweltmeisterschaften 1966-1970-1974« (Hamburg 1974)
Karasek, Hellmuth, »Go west!« Eine Biographie der 50er Jahre (Hamburg 1996)
Kropp, Matthias, »Fußball-EM-Almanach«, Zahlen, Bilder, Analysen (Kassel 1996)
Kropp, Matthias, »Deutschlands große Fußballmannschaften: Hamburger Sport-Verein« (Kassel 1996)
Kropp, Matthias, »Deutschlands große Fußballmannschaften: Schalke 04« (Kassel 1995)
Leinemann, Jürgen, »Sepp Herberger. Ein Leben, eine Legende« (Berlin 1997)
Lingen, Helmut; Huberty, Ernst; Wange, Willy B.; »Weltmeisterschaft 1974« (Köln 1974)
Neumann, Herbert (Hrsg.), »Das große Fußballbuch 1970« (Frankfurt/Main 1970)
Renggli, Josef, »Große Stars des runden Leders« (Dietikon 1970)
Riha, Karl (Hrsg.), »Fußball literarisch« (Frankfurt/Main 1981)
Röwekamp, Georg, »FC Schalke 04 – Der Mythos lebt« (Göttingen 1996)
Roth, Jürgen; Bittermann, Klaus, »Wieder keine Anspielstation. Fußballexperten, Die Kommentare des Grauens« (Berlin 1996)
Rowohlt, »Die 100 Fußballer des Jahrhunderts« (Hamburg 1996)
Schön, Helmut, »Fußball« (Berlin 1978)
Schumacher, Toni, »Anpfiff. Enthüllungen über den deutschen Fußball« (München 1987)
Schulze-Marmeling, Dietrich, »Der gezähmte Fußball. Zur Geschichte eines subversiven Sports« (Göttingen 1992)
Schulze-Marmeling, D.; Steffen, Werner, »Borussia Dortmund. Der Ruhm, der Traum und das Geld« (Göttingen 1995)

Simon, Sven, »Uwe, Uwe«, Uwe Seeler und die Bilanz seiner einmaligen Karriere (München 1969)
Steiniger, Andreas (Redaktion), »FC Schalke 04, 90 Jahre, 1904-1994« (Gelsenkirchen 1994)
Steffan, Frank (Hrsg.), »So ein Tag...«, Die Spielberichte von Borussia Dortmund (Köln 1992)
Steffan, Frank (Hrsg.), »So ein Tag...«, Die Spielberichte des FC Schalke 04 (Köln 1991)
Steffan, Frank (Hrsg.), »So ein Tag...«, Die Spielberichte aller WM-Spiele der Deutschen Nationalmannschaft (Köln 1994)
Viellvoye, Jo, »Borussia Dortmund, die Geschichte einer großen Mannschaft« (München 1966)
Walter, Fritz, »3:2« (München 1954)

Der Autor

Thilo Thielke, Jahrgang 1968, lebt als Journalist in Hamburg. Von 1990 bis 1997 war er Redakteur bei »Spiegel TV«, seit 1997 beim Nachrichtenmagazin »Der Spiegel«. 1997 wurde seine Reportage über »Massengräber in Bosnien« beim New York TV Festival in der Kategorie Nachrichten- und Informationsprogramme mit Silber ausgezeichnet.

FUSSBALLBÜCHER IM VERLAG DIE WERKSTATT
FÜR FANS, DIE MEHR WISSEN WOLLEN

Geheimnis Fußball. Auf den Spuren eines Phänomens.
Christoph Bausenwein verfolgt die Wurzeln der modernen Fußball-Faszination bis ins vorindustrielle England und ins Italien der Renaissance. »Das beste aller Fußballbücher.« (Bayer. Rundfunk)
576 Seiten, Leineneinband mit Schutzumschlag, ca. 100 Abbildungen
ISBN 3-89533-139-2, DM 68,– / sFr 63,– / öS 496,–

Schalke 04: Der Mythos lebt.
Kuzorra und Libuda, Triumphe und Skandale: »Eine lückenlose Chronologie, kenntnisreich und glaubwürdig.« (Hattrick)
352 Seiten, Fotos, Spielerporträts, statistischer Anhang.
ISBN 3-89533-164-3, DM 39,80 / sFr 37,– / öS 291,–

Borussia Dortmund: Der Ruhm, der Traum und das Geld.
Dietrich Schulze-Marmelings Buch ist »Vereinschronik und zugleich Geschichte des Ruhrgebietes. Nichts wird ausgelassen. Beeindrukkend.« (Süddt. Zeitung). 412 Seiten, Fotos, Spielerporträts, statistischer Anhang.
ISBN 3-89533-110-4, DM 39,80 / sFr 37,– / öS 291,–

FC Bayern: Die Geschichte eines Rekordmeisters.
Lückenloses Porträt über den populärsten deutschen Verein und seine Balance zwischen »Dream Team« und »FC Hollywood«.
544 Seiten, Fotos, Spielerporträts, statistischer Anhang.
ISBN 3-89533-203-8, DM 44,– / sFr 41,– / öS 321,–

Gebt uns das Spiel zurück! Fans und Fußball.
»Das Manifest der Fan-Bewegung.« (St. Pauli-Fanzin Unhaltbar)
272 Seiten, Paperback, zahlreiche Abbildungen
ISBN 3-89533-118-X, DM 24,– / sFr 22,– / öS 175,–

VERLAG DIE WERKSTATT
LOTZESTR. 24a · 37083 GÖTTINGEN